증오
상업주의

증오 상업주의

ⓒ 강준만, 2013

초판 1쇄 2013년 1월 24일 찍음
초판 1쇄 2013년 1월 31일 펴냄

지은이 | 강준만
펴낸이 | 강준우
기획·편집 | 김진원, 문형숙, 심장원, 이동국
디자인 | 이은혜, 최진영
마케팅 | 박상철, 이태준
인쇄·제본 | 대정인쇄공사

펴낸곳 | 인물과사상사
출판등록 | 제17-204호 1998년 3월 11일

주소 | (121-839) 서울시 마포구 서교동 392-4 삼양E&R빌딩 2층
전화 | 02-325-6364
팩스 | 02-474-1413
www.inmul.co.kr | insa@inmul.co.kr

ISBN 978-89-5906-231-7 03300
값 13,000원

이 저작물의 내용을 쓰고자 할 때는 저작자와 인물과사상사의 허락을 받아야 합니다.
파손된 책은 바꾸어 드립니다.

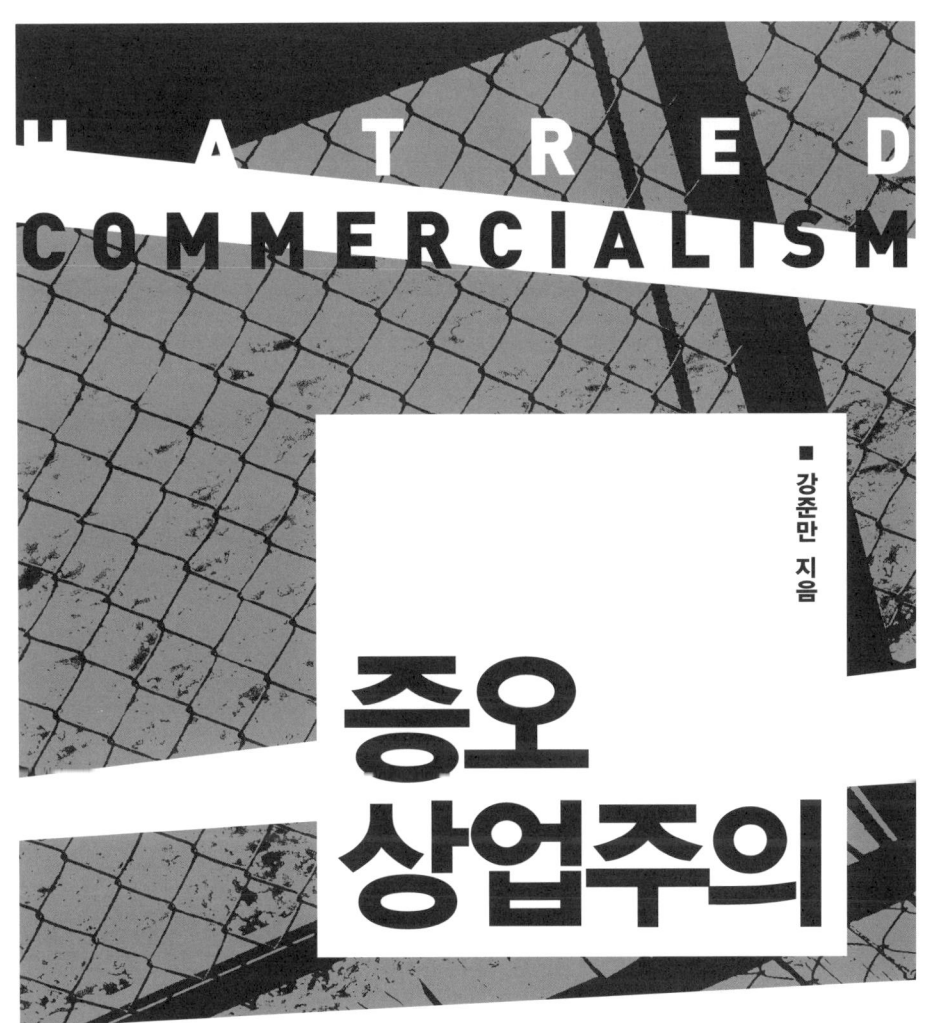

강준만 지음

증오 상업주의

정치적 소통의 문화정치학

인물과 사상사

■ 이 책은 2010년도 전북대학교 연구교수 연구비 지원으로 연구되었음.

머리말
'증오 시대'의 종언을 위해

"화는 고통을 동반하지만 증오는 고통을 동반하지 않는다."

"화는 감정, 곧 함축적으로 순수한 감정인 반면 증오는 다른 사람이나 집단에 대한 공격적인 충동이 오랜 기간 구조화된 복잡한 감정이다."

첫 번째는 아리스토텔레스Aristotle, 두 번째는 심리학사 고든 올포트 Gordon Allport의 말이다.[1] 화anger와는 달리 증오hatred는 카타르시스 효과를 낳아 즐길 수 있는 놀이로 전환될 수 있다는 점을 시사하는 것으로 볼 수 있겠다. 그렇지 않다면, 증오의 악플 달기에 열정적으로 매달리는 수많은 당파적 전사들을 무슨 수로 이해할 수 있으랴.

우리는 편견과 증오를 극복해야 할 악덕으로 여기지만, 편견과 증오는 보편적인 인간 현상이다. "사람은 이성만으로 살지 않는다. 자아를 규정하기 전까지는 자기 이익을 추구하면서 합리적으로 계산하고 행동할 수 없으며, 이익 추구 정치는 정체성을 전제로 한다"[2]라고 새뮤얼 헌팅턴Samuel P.

Huntington이 잘 지적했듯이, 바로 이 정체성 형성의 근간이 되는 것이 편견과 증오다. "편견 없는 인간은 확신이 없는 인간이며 궁극적으로는 아무런 성격이 없는 사람이다"라고 한 로버트 파크Robert E. Park는 "친구와 적敵은 상호 관련되어 있다"며 다음과 같이 주장한다.

"친구 없는 세상을 생각할 수 없는 바와 마찬가지로 이러한 세상 속에서 적 없이 산다는 것은 불가능한 일인 것 같다. 왜냐하면 이 둘은 어떤 의미에서 또 어느 정도 상호 관련되어 있으므로 우리가 우리 친구의 자질을 평가하는 바로 그 편견 때문에 우리 적의 미덕을 공정히 판단하는 일이 불가능하지는 않더라도 어렵게 되기 때문이다."[3]

카를 슈미트Carl Schmitt는 정치성을 '친구와 적'을 구분하게 하는 것이라고 했고, 마이클 딥딘Michael Dibdin의 소설 《죽은 늪Dead Lagoon》에 나오는 베네치아 민족주의 선동가는 "진정한 적이 없다면 진정한 친구도 있을 수 없다. 우리가 아닌 것을 증오하지 않는다면 우리 것도 사랑할 수 없다"라고 했다.[4] 또 엘리아스 카네티Elias Canetti는 다음과 같이 주장한다.

"군중의 가장 주목할 만한 내적 특성 중 하나는, 한 번 적으로 지명한 (그리하여 영원히 적인) 자들에게 자신들이 박해받는다고 느낀다는 것, 그리고 그들에게 유달리 쉽게 화내거나 민감하게 반응한다는 것이다. 그들이 강경하거나 회유적이거나, 냉정하거나 호의적이거나, 엄격하거나 관대하거나, 그 어떤 식으로 행동하든 확고부동한 악의, 즉 자신들을 파멸시키려는 공공연한 의도 혹은 저의에서 나온 것으로 해석한다."[5]

증오가 정치의 원동력이라는 걸 말하기 위해 소개한 주장들이다. 정치는 '공격성 분출의 제도적 승화'로 탄생한 것인바, 정치의 원동력이 증오라는 건 매우 자연스러운 일인지도 모른다.[6] 증오가 정치의 원동력이자 본질이라면 그걸 사라지게 하는 건 영원히 가능하지 않다. 그건 인간의 본성을 바꾸는 일과 다를 바 없기 때문이다. 우리가 할 수 있는 일은 증오의 양을 조절하는 것이다. 증오가 정치의 주요 동력과 콘텐츠가 되는 지금과 같은 '증오 시대'는 필연이거나 숙명은 아니다. 따라서 증오를 가급적 줄이는 방향으로 나아가면서 화합을 모색하는 건 얼마든지 가능한 일이다.

이 책의 제목이자 주제인 '증오 상업주의: 정치적 소통의 문화정치학'은 지난 10년간 내가 몰두해온 화두다. 여기서 '증오 상업주의'는 비상하지 않은 상황에서 명분·영향력·이익의 실현이나 확대를 위해 증오를 주요 콘텐츠로 삼는 정치적 의식과 행태를 뜻한다. 독립 투쟁이나 반독재 투쟁과 같은 비상한 상황에서 증오를 동력으로 삼는 걸 증오 상업주의라 부를 수는 없다. 반면 선의에서 비롯된 정의로운 증오일지라도, 그것이 비상한 상황에서 나온 것이 아니라면 증오 상업주의로 볼 수 있다. '비상한 상황'에 대한 정의는 각자 다를 수 있겠지만, 나는 한국에선 1987년 대통령

직선제 실현 이후, 아니면 적어도 1997년 반세기만의 평화적·수평적 정권 교체 이후, 비상하다고 볼만한 정치적 상황은 일어나지 않았다는 입장을 취한다.

증오 상업주의의 주체는 증오 상업주의의 모든 과정을 의식하지 못할 수도 있다. 따라서 자신들이 정의로운 투쟁을 한다고 믿는 사람들에게 증오 상업주의라는 딱지를 들이밀면 펄쩍 뛸 수 있다. 달리 말해, 증오 상업주의의 주체에겐 자신이 어떤 목적을 위해 증오를 이용한다는 의식이 전혀 없을 수도 있다는 것이다. 일반적으로 상업주의는 주체의 명확한 의도를 전제로 한 개념이지만, 여기선 의도보다는 결과에 무게를 둔다. 주체가 의식하건 의식하지 못하건 결과적으로 증오가 명분, 영향력, 이익의 실현이나 확대를 위한 동력이 된다는 점에 주목하고자 하는 것이 바로 증오 상업주의다.

2011년 미국 콜로라도 대학University of Colorado-Denver에서 일 년간 교환교수로 지내면서 내가 가장 관심을 두었던 것도 바로 이 주제였다. 이 책은 그 결과물이다. 나는 우선 미국에서 벌어지는 증오 상업주의의 대표적 주체라 할 폭스 뉴스Fox News와 무브온MoveOn에 주목했다. 이를 다룬 것이 제1장 〈편향성은 이익이 되는 장사다: 미국 폭스 뉴스의 성장 전략〉과 제2장 〈중립은 곧 악의 편이다: 미국의 '무브온 모델'과 한국의 '정치적 양극화'〉다.[7]

미국에 있는 동안 한국언론학회에서 주최한 소통 세미나에 참석해 〈소통의 정치경제학: 소통의 구조적 장애요인에 관한 연구〉를,[8] 귀국 직후 한국소통학회의 논문집 《스피치와 커뮤니케이션》에 〈한국 '포퓰리즘 소통'의 구조: '정치 엘리트 혐오'의 문화정치학〉을 발표하기도 했다.[9] 이 글들을 기초로 하여 이 책에 맞게 다시 쓴 글이 제3장 〈우리의 소원은 소통입니다: 한국 정치적 소통의 구조적 장애 요인〉과 제4장 〈정치인들은 쓰레기다: 한국 '포퓰리즘 소통'의 구조〉다. 또한 '증오'와 '소통'에 관한 한 빼놓을 수 없는 인물이라 할 솔 알린스키Saul Alinsky의 사상을 탐구하는 차원에서 제5장 〈'100대 0'의 증오에서 '51대 49'의 이성으로: 솔 알린스키의 운동론이 주는 교훈〉을 썼다. 각 장의 내용을 요약해 소개하자면 다음과 같다.

제1장 〈편향성은 이익이 되는 장사다: 미국 폭스 뉴스의 성장 전략〉. 미국의 24시간 케이블 뉴스 채널인 폭스 뉴스는 '공화당의 선전 기구'라는 악명을 얻으면서도 경제적 성공을 거둔 동시에 미국 정치의 한복판에 설 정도로 영향력을 행사하는 유력 매체가 되었다. 폭스 뉴스의 노골적인 우익 성향과 그에 따른 정치적 논란을 다룬 연구는 많아도 그 이유를 심층적으로 분석하면서 그 언론사적 의미를 짚어보는 연구는 찾아보기 어렵다.

이 글은 이런 문제의식에서 출발해 폭스 뉴스의 성장을 '우리 대 그들

Us Against Them'의 문화정치학을 보여주는 좋은 사례 연구 주제로 간주했으며, 그 성장 비결을 '적 만들기' 전략, 호전적 애국주의, 반反엘리트 포퓰리즘, 퍼스널리티 엔터테인먼트 등으로 분석하였다. 이 글은 미국 정치와 언론을 지배하고 있는 양극화polarization 구도야말로 폭스 뉴스가 성장할 수 있었던 근본 배경임을 지적하면서, 폭스 뉴스를 모든 문제와 논란의 근원으로 삼는 이른바 '폭스 뉴스 결정론'은 올바른 대처법이 아님을 시사한다.

제2장 〈중립은 곧 악의 편이다: 미국의 '무브온 모델'과 한국의 '정치적 양극화'〉. 최근 한국의 진보 진영에선 미국 온라인 진보 운동 단체인 무브온MoveOn.org의 모델을 수입하려는 움직임이 매우 활발하다. 국가적·사회적 차원에서 '무브온 모델'을 수입하는 것이 우리 모두에게 좋으며 바람직할까?

이 글은 이런 문제의식에서 출발해 무브온 모델의 명암明暗을 살펴보면서 무브온 모델의 수입은 득보다 실이 더 크다고 주장한다. 미국은 주州마다 정치체제와 방식이 다른 연방제 국가라서 당파 싸움과 승자 독식의 완충 효과를 기대할 수 있지만, 한국은 정반대로 초강력 일극주의 국가로 그 어떤 완충 효과도 기대할 수 없다는 이유에서다.

아울러 한국에서 벌어지고 있는 정치적 양극화의 메커니즘과 효과를 과잉 정치화, 집단 극화, 초기 효과, 대표성의 왜곡 등 네 가지 단계에서 분석하면서, 인물 중심형 참여에서 목적 지향형 참여로의 전환, 그리고 목적 지향에서도 당파적 이슈보다는 초당파적인 최대공약수 이슈들에 집중하는 방식으로 전환할 필요가 있다고 제안한다.

제3장 〈우리의 소원은 소통입니다: 한국 정치적 소통의 구조적 장애 요인〉. 소통 불능이나 장애는 정치·경제적 구조와 그에 따른 문화적 관행의 결과이자 증상임에도 우리는 소통을 뜻과 의지의 문제로 환원시켜 논의하는 경향이 강하다. 소통의 결과로 여겨지는 타협과 화합은 우선적으로 정치·경제적 이해관계가 조정될 때 가능하다. 그걸 외면하고 명분만으로 일을 풀려고 하는 건 소통을 더욱 어렵게 만들 뿐이다.

우리는 시노사와 권력을 가신 사람들의 소통 능력을 문제 삼는 일엔 익숙하지만, 우리 사회가 전반적으로 소통을 중요하게 생각하고 높게 평가하는가 하는 점은 외면하고 있다. 한국은 '빨리빨리'에 중독된 사회다. 소통은 시간이 좀 걸린다. 한국인들이 사랑하는 '과감한 결단'과 '저돌적 추진'의 적이라고 해도 좋을 정도다. 오늘날 한국인 다수가 자랑스럽게 생각하는 '압축 성장'은 소통을 건너뛰고 시간을 절약한 결과로 보는 게 옳지 않을까?

이 글은 기본적으로 소통에 관한 논의가 한국 사회 전반의 작동 방식에 관한 고민을 포함해야 한다는 전제하에 한국 사회에서 작동하는 소통의

5대 구조적 장애 요인으로 초강력 일극주의, 승자 독식주의, 속도주의, 연고주의, 미디어 당파주의 등을 제시한다. 또 비교적 실천 가능한 '소통 살리기' 3대 방안으로 승자 독식에서 자유로운 '비무장지대'의 확대, 인물 중심형 참여에서 목적 지향형 참여로의 전환, 권력 중심적인 '인정 투쟁' 문화에 대한 성찰 등을 제시한다.

제4장 〈정치인들은 쓰레기다: 한국 '포퓰리즘 소통'의 구조〉에서는 포퓰리즘이 주로 소통의 문제라고 하는 점에 착안해 포퓰리즘이 오늘날 한국 사회에서 이루어지고 있는 정치적 소통의 핵심을 구성하고 있으며, 그 양상은 '포퓰리즘 소통'이라 부를 만하다는 논지를 전개한다. '포퓰리즘 소통'은 정치적 소통 행위가 포퓰리즘 위주로 이루어지거나 그 지배를 받는 것을 뜻하며, 주요 동력은 '기성 정치 엘리트 혐오'다.

포퓰리즘 소통의 구조는 크게 보아 '엘리트'에 대한 극단적 불신, '물갈이(인물 교체)'의 상례화, 지대地代 평등주의, '적敵 만들기'의 제도화, 완충(중립) 지대의 소멸 등과 같은 다섯 단계 또는 측면을 갖고 있다. 이런 포퓰리즘 체제하에서 선거는 집권 세력에 대한 인물 중심주의적 '반감과 응징'이라는 순환적 이벤트의 성격을 띠게 되며, 그 결과 '열망과 환멸'이라는 악순환을 반복하게 된다.

제5장 〈'100대 0'의 증오에서 '51대 49'의 이성으로: 솔 알린스키의 운

동론이 주는 교훈〉에서는 "있는 그대로의 세상과 우리가 원하는 세상 사이엔 큰 차이가 있다"는 이른바 '알린스키의 법칙'을 강조하면서, 많은 진보주의자가 세상을 바꾸겠다는 의욕에 너무 충만한 나머지 있는 그대로의 세상이 아니라 자기들이 원하는 세상 중심으로 보고 그에 따른 의식과 행태를 갖는 것에 대한 성찰을 촉구한다.

'있는 그대로의 세상'을 보는 것은 결코 피할 수 없는 사물의 양면성을 분리해 파악하는 인습적 사고방식에서 자유로워지는 것을 의미한다. 그런 인습적 사고방식 가운데 대표적인 것이 세상을 '100대 0'으로 보는 선악善惡 이분법에 근거한 증오 상업주의다. 정의로운 증오심에 사로잡힌 진보주의자들은 '타협'을 더럽게 생각하는 고질병을 앓고 있는데, 알린스키는 타협의 장점과 미덕을 역설한다.

이 글은 오늘날 한국 진보파의 주류 담론은 알린스키의 관점에서 볼 때는 진보에 역행하는 것이라고 해도 과언이 아니라는 점을 지적하면서, 독설과 욕설을 앞세운 카타르시스 효과를 노린 담론을 포기할 것을 제안한다. 전체 유권자의 절반 정도가 '100퍼센트 악마의 편'을 지지하는, '있는 그대로의 세상'을 보지 않은 채, 자신들이 '100퍼센트 천사의 편'임을 주장함으로써 유권자 절반을 소외시키는 자해自害를 상습적으로 일삼는 행위를 중단하라고 촉구한다.

이 책의 집필과 출간을 가능케 해준 전북대학교에 감사드린다. '증오 상업주의: 정치적 소통의 문화정치학'에 대한 내 생각을 발표할 기회를 준 한국언론학회, 한국소통학회, 동국대 대중문화연구소에도 감사드린다. 아울러 '증오 시대의 종언'을 꿈꾸면서 소통을 위해 애쓰는 모든 분께 감사드리고 싶다. 18대 대선 결과에 희로애락喜怒哀樂을 느낀 모든 유권자가 편 가르기 논리에 따른 감정 발산보다는 '증오 시대의 종언'을 이루기 위한 열망을 갖는 데 이 책이 일조할 수 있다면 더 바랄 게 없겠다.

2013년 1월

강준만 올림

머리말 '증오 시대'의 종언을 위해 · 5

1 편향성은 이익이 되는 장사다
미국 폭스 뉴스의 성장 전략

공산당에는 프라우다, 공화당에는 폭스가 있다 · 19 미국 언론 매체의 '진보적 편향성' · 22 머독과 비슷한 '돌격형' 로저 에일스 · 25 편향성은 이익이 되는 장사다 · 28 에일스의 '대통령 만들기' · 30 백악관과 싸울수록 시청률은 올라간다 · 33 에일스는 '우익 프로파간다 제조기' · 35 폭스 뉴스의 호전적 애국주의 · 38 폭스 뉴스 시청률의 반 토막으로 전락한 CNN · 41 폭스 뉴스의 반엘리트 포퓰리즘 · 44 폭스 뉴스의 '퍼스널리티 엔터테인먼트' · 47 보수 토크 라디오의 텔레비전화 · 50 폭스 뉴스의 '기업적 저널리즘' · 53 '우리 대 그들' 구도의 재앙 · 55 중도 언론이 설 자리가 없다 · 57 보수는 진보의 오만을 먹고 자란다 · 61 폭스 뉴스는 한국 보수 신문사들의 참고서? · 63

2 중립은 곧 악의 편이다
미국의 '무브온 모델'과 한국의 '정치적 양극화'

미국 '무브온 모델'을 수입한 한국 · 69 인터넷 풀뿌리 운동 무브온의 탄생 · 72 무브온의 호전적 당파성 · 75 미국과 한국의 구조적·환경적 차이 · 78 과잉 정치화 · 81 집단 극화 · 86 '정치적 올바름'의 일탈 · 90 한국 '사모' 그룹의 전투성 · 92 초기 효과 · 94 중립은 곧 악의 편인가? · 98 대표성의 왜곡 · 101 파워 트위터리안의 강한 당파성 · 103 무브온 모델의 수입은 위험하다 · 107

3 우리의 소원은 소통입니다
한국 정치적 소통의 구조적 장애 요인

상투적 구호로 전락한 '소통' · 115   미국의 '소통 전쟁' · 117   초강력 일극주의 · 121   승자 독식주의 · 122   속도주의 · 124   연고주의 · 125   미디어 당파주의 · 127   벽 대신 다리를 세우자 · 130

4 정치인들은 쓰레기다
한국 '포퓰리즘 소통'의 구조

사회적 담론의 과잉 정치화 현상 · 137   포퓰리즘이란 무엇인가? · 139   포퓰리즘과 포퓰리즘 소통 · 142   좌파 포퓰리즘과 우파 포퓰리즘 · 144   수요 측면의 포퓰리즘 · 147   엘리트에 대한 극단적 불신 · 149   '물갈이'의 상례화 · 152   지대 평등주의 · 157   적 만들기의 제도화 · 160   완충 지대의 소멸 · 162   '과시적 소통'과 '전략적 소통'을 넘어서 · 164

5 '100대 0'의 증오에서 '51대 49'의 이성으로
솔 알린스키의 운동론이 주는 교훈

클린턴과 오바마의 공통된 이념의 시금석 · 171   지역사회 조직화의 힘 · 173   급진주의자를 위한 기상나팔 · 175   에릭 호퍼와 마틴 루서 킹 · 177   알린스키의 법칙 · 179   신좌파와의 불화 · 181   급진주의자를 위한 규칙 · 183   수단과 목적의 윤리 · '권력 전술'의 규칙 · 187   알린스키가 한국에 미친 영향 · 191   2MB는 사기꾼, 생쥐, 바퀴벌레? · 194   정치를 대체한 '증오 상업주의' · 196

맺는 말 왜 안철수의 도전은 실패했나?

국민의 절반을 절망시키는 정치 · 199   2012 대선은 '증오의 굿판' · 202   안철수의 도전과 좌절 · 205   '깡통론'을 들고 나온 김지하의 착각 · 208   황당한 '안철수 죽이기' 비판들 · 211   왜 청와대는 후진국형 공간인가 · 213   형식주의자들의 '적대적 공존' · 216   '안철수 죽이기'를 위한 대통령 신비화 · 219   제왕적 대통령에 대한 이중성 · 222   《조선일보》,《한겨레》 기자로 태어난 게 아니다 · 226   문재인은 '증오 상업주의' 때문에 패배했다 · 227   문재인과 민주당의 선악 이분법 · 230   당파가 이념을 만든다 · 233   "안철수로 단일화했으면 이기고도 남았다" 파동 · 235   안철수의 재도전은 가능한가 · 239

주 · 243

1
편향성은 이익이 되는 장사다
미국 폭스 뉴스의 성장 전략

공산당에는 프라우다, 공화당에는 폭스가 있다

1996년 10월 9일 세계적인 미디어 재벌 루퍼트 머독Rupert Murdoch은 미국에서 24시간 케이블 뉴스 채널인 '폭스 뉴스 채널Fox News Channel'을 출범시켰다. 이 채널은 3대 지상파 방송 네트워크와 CNNCable News Network이 진보적 성향을 갖고 있다고 주장하면서 이들을 상쇄시킨다는 정치적 사명을 천명하였으며, 이에 따라 반反민주당, 반反클린턴 노선을 추구함으로써 뜨거운 논란을 불러일으켰다. 그런 노골적인 당파성에도 폭스 뉴스는 시작한 지 5년 만인 2001년에 이익을 냈을 뿐만 아니라 경쟁자인 CNN과 MSNBC를 능가하는 시청률을 기록해 세상을 깜짝 놀라게 하였다.[1]

2006년 퓨 리서치센터the Pew Research Center의 조사로는, 미국인 중 20퍼

센트 이상이 폭스 뉴스를 시청하고 있다고 응답했다. MSNBC는 부진한 시청률을 만회하기 위해 우익 성향의 라디오 진행자를 고용하는 실험을 하였으며 다른 리버럴liberal 매체들도 비슷한 조처를 했는데, 《뉴욕타임스》는 이를 '폭스 효과Fox effect'라고 불렀다. 이후 오늘에 이르기까지 지속적인 성장세를 유지한 가운데 폭스 뉴스는 미 국민에게 애증의 대상이면서 미국 정치의 한복판에 설 정도로 영향력을 행사하는 유력 매체가 되었다.[2]

"아니, 이미 CNN이 있는데, 24시간 케이블 뉴스 채널이 하나 더 생긴다고? 그게 말이 되나? 괜한 짓을 하는 것 같은데." 폭스 뉴스가 출범했을 때 세간의 반응은 이런 식으로 매우 부정적이었다.[3] 그러나 그때 이미 폭스 뉴스의 잠재력을 간파한 이가 있었으니, 바로 CNN 창설자인 테드 터너Ted Turner였다. 폭스 뉴스가 출범한 지 한 달 만인 1996년 11월 터너는 유엔에서 행한 연설을 통해 머독에게 독설을 퍼부었다. 그는 머독이 텔레비전, 더 나아가 세계를 지배하려는 야욕을 품고 있다면서, 이를 저지하기 위한 노력은 선善이 악惡을 물리치려는 '선악善惡의 싸움'이라고 주장했다.[4]

머독이 폭스 뉴스를 만들기 전까지만 해도 머독이 터너의 집에 놀러가기도 하는 등 둘은 제법 가깝게 지내기도 했지만, 폭스 뉴스가 출범한 이후 터너와 머독의 관계는 급속도로 악화하였다. 터너가 머독을 "싸구려 장사꾼schlockmeister"이라고 하면, 머독은 터너가 "질투에 눈이 멀었다"라고 반격하는 등 둘 사이에 오가는 독설은 점점 더 수위를 높여간다.[5]

그런데 무엇이 폭스 뉴스의 그런 놀라운 성장을 가능케 했을까? 우선 케이블 텔레비전 시청률이 급성장한 점을 지적할 수 있겠다. 2003년 프라임타임prime time의 시청점유율은 지상파 51퍼센트, 케이블 49퍼센트로 거의 대등해졌다.[6] 그러나 이는 폭스 뉴스가 시청률 경쟁에서 CNN과 MSNBC를 압도한 것을 설명하진 못한다. 뭔가 다른 근본적인 이유가 있는 것 같다.

인터넷이 촉진한 '집단 극화group polarization'가 전반적인 매체 질서를 집단 극화의 방향으로 나아가게 함으로써 강한 정파성이 매체의 새로운 경쟁력으로 등장하게 된 것에 주목할 필요가 있겠다.[7] 이런 집단 극화로 인해 경쟁하는 집단들 간의 극단적 싸움은 매체의 좋은 '뉴스거리'가 되는바, 여기에 매체의 과장 보도가 더해지면서 전반적인 여론의 형성에도 큰 영향을 끼쳐 여론을 양극화polarization시키는 효과를 낳고, 이는 다시 정파성이 강한 매체의 경쟁력을 높여주는 효과를 발휘한다고 볼 수 있다.[8]

미국의 진보 단체들은 "공산당에는 프라우다가 있고, 공화당에는 폭스가 있다"며 폭스 뉴스를 극우 선전 기구라고 비난하지만, 많은 미국인이 왜 그런 극우 선전 기구의 선동에 휘둘리는지는 제대로 설명하지 못한다. 심지어 "진보 진영의 모든 어려움은 폭스 뉴스 탓"이라는 '폭스 뉴스 결정론'마저 등장하는데,[9] 그 이면엔 자신들의 과오를 인정하지 않으려는 면책 심리가 작용한 건 아닐까?

폭스 뉴스의 노골적인 우익 성향과 그에 따른 정치적 논란을 다룬 연구는 많아도 그 이유를 심층적으로 분석하면서 그 사회적 의미를 짚어보는 연구는 찾아보기 어렵다. 이에 이 글은 폭스 뉴스의 성장 배경과 이유를 분석함과 동시에 이를 '우리 대 그들Us Against Them'의 문화정치학을 보여주는 사례 연구 주제로 삼고자 한다.

미국 언론 매체의 '진보적 편향성'

정치적 차원에서 폭스 뉴스가 성장할 수 있었던 모태는 미 국민 상당수가 느껴온 언론 매체의 '진보적 편향성liberal bias'이라고 해도 과언이 아니므로 이에 대한 논의에서부터 출발해보자. 미국 언론의 진보적 편향성 논란은 1960년대부터 반세기 동안 진행돼온 것이지만, 명쾌한 결론은 내려지지 않았다. 이 문제를 이념과 정치적 성향에 따라 달리 보기 때문에 일종의 '이념 논쟁'이 돼버린 주제다. 그럼에도 미 국민과 언론인들을 대상으로 한 설문조사 결과는 언론의 진보적 편향성을 뒷받침해주고 있다. 자신을 진보 또는 중도적 진보라고 생각하는 비율이 언론인 쪽에서 훨씬 높게 나타나고 있기 때문이다.

이런 막연한 주관적 답변을 근거로 언론의 진보적 편향성에 대한 답을 찾을 수는 없는 일이지만, 미국 대중이 어렴풋하게나마 가진 이념적 성향에 관한 판단을 무시할 수도 없는 일이다. 사실 여부와 관계없이 대중의 느낌이 뉴스 채널 선택에 영향을 끼치기 때문이다. 게다가 언론과 언론인에 대한 신뢰도는 지난 30년간 계속 내리막길을 걸어와 미국 직업군 가운데 최하위층에 속하게 되었는바, 이는 '진보적 편향성'을 '위선과 기만'에 가까운 개념으로 인식하게 하였다.[10]

여기에 더하여 언론의 '진보적 편향성'을 비판하는 보수 진영의 공세가 조직적으로 치열하게 이루어졌다는 점도 간과할 수 없다. CNN을 가리켜 공산주의자 뉴스 채널Communist News Network이라고 한 톰 드레이Tom DeLay

공화당 하원 원내대표, 클린턴 뉴스 채널Clinton News Network이라고 한 뉴트 깅리치Newt Gingrich 전 하원 의장처럼 보수 정치인들은 기회만 있으면 공화당에 우호적이지 않은 매체들을 공격하곤 했다.[11] 깅리치는 "목표만 이룰 수 있다면 나는 양극화에 반대하지 않는다"라고 했는데, 바로 이런 양극화 전략에 의해 미국의 매체들은 더욱 '우리의 매체'와 '그들의 매체'로 양분되었다.[12]

언론의 진보적 편향성을 비판하는 책들은 버나드 골드버그Bernard Goldberg나 앤 코울터Ann Coulter의 저서처럼 곧잘 수십만 부가 나가는 베스트셀러가 돼 한국에서까지 번역·출판되곤 한다.[13] CBS 기자 출신인 골드버그는 《편견Bias》이라는 책에서 CBS의 진보적 편향성을 집중 비판했는데, 조시 부시George W. Bush 대통령은 2002년 1월 메인 주로 여행을 떠나면서 과시하듯 이 책을 들고 감으로써 정치적 메시지를 전하기도 했다.[14]

변호사 출신의 금발 미녀인 코울터는 《중상모략Slander》이라는 책에서 "이 세상의 공공 광장은 온통 진보주의자들의 선전 상소가 돼버렸다"며 폭스 뉴스를 적극 옹호한다.[15] 폭스 뉴스를 제외한 방송사 앵커들은 공화당과 보수주의자 때리기가 일과이며, 할리우드 영화에선 낙태 찬성론자들을 마음씨 좋은 사람으로, 목사는 나치 같은 이미지로, 공화당원은 부유하고 괴팍한 모습으로 그리는 게 하나의 관습으로 자리 잡았다는 것이다. 코울터는 "진보주의자들이 미디어를 장악하고 있다는 사실을 은폐하기 위해 뉴스룸은 몇몇 '보수 인사들'을 자주 등장시켜 마치 뉴스룸이 다양한 이념을 반영하고 있는 것처럼 보이게 한다"라고 주장했다.[16]

그 나름의 근거를 갖고 하는 말들이겠지만, 일반적으로 '편견'이나

'중상모략'의 가장 큰 문제는 이중 기준이다. 속된 말로 "내가 하면 로맨스, 네가 하면 스캔들"이라는 이중 기준의 원리에 따라 반대편이 하는 비판은 몹쓸 편견이나 중상모략으로 보지만 자신의 편견이나 중상모략은 정당한 비판으로 여기는 경향이 농후하다는 것이다. 골드버그와 코울터의 책도 그런 혐의에서 벗어날 수 없지만, 막연하게나마 기존 방송의 '진보적 편향성'을 의심하던 사람들 속을 후련하게 만들어주었을 뿐만 아니라 이들이 주류 미디어에 자기 검열이라는 압박을 가하게끔 하는 효과를 거두었다.

폭스 뉴스는 스스로 이런 압박을 주도해 효과를 극대화함으로써 폭스 뉴스가 성장하기 유리한 환경을 조성하는 데 성공하였다.[17] CNN과 MSNBC가 진보 시장을 양분한 반면, 폭스 뉴스는 보수 시장을 독식한 것도 또 다른 성장 이유였다.[18] 폭스 뉴스의 성장은 지상파 방송사들의 뉴스 시장마저 위협하였다. 코울터와 골드버그의 책이 출간된 2002년경 3대 지상파 네트워크 저녁 뉴스 시청자 가운데 민주당 지지자는 38퍼센트, 공화당 지지자는 24퍼센트였는데, 이 차이는 정치적 양극화가 심화된 2004~2006년 사이에 세 배로 뛰었으며, 공화당 지지자들은 폭스 뉴스 등으로 이동한 것으로 나타났다.[19]

폭스 뉴스가 출발할 때부터 '시장의 균형'을 내세우면서 '공정하고 균형 잡힌Fair and Balanced' 뉴스와 더불어 "우리는 보도만 할 테니 판단은 시청자가 하라We Report, You Decide"는 슬로건을 내세울 수 있었던 것도 바로 그런 상황을 이용한 것이었다. 물론 이 슬로건들은 사실과는 거리가 멀었지만, 주류 매체의 진보적 편향성을 기정사실화하면서 전제로 삼으면 그 나름의 근거는 갖춘 셈이었다.[20] 이런 유리한 조건에서 출발한 폭스 뉴스가 성장할 수 있었던 비결은 '적敵 만들기' 전략, 호전적 애국주의, 반反엘리트 포퓰리즘, 퍼스널리티 엔터테인먼트 등을 들 수 있다. 이를 차례대로 살펴보기로 하자.

머독과 비슷한 '돌격형' 로저 에일스

'정치화된politicized' 대중은 그들이 두려워하고 혐오하는 사람이나 집단에 대한 반대를 통해 자신의 정체성을 규명하려는 경향이 있다. 이른바 '적 만들기enemy-making'의 제도화가 이루어지는 이유다.[21] 정치와 언론의 영역에서 '적 만들기'를 하지 않는 경우는 거의 없지만, 그걸 어느 정도로 추진하느냐 하는 건 별개의 문제다. 폭스 뉴스는 '적 만들기'를 극단으로까지 밀어붙였는데, 이게 9·11 테러 시대에 폭스 뉴스의 인기를 높여주는 결정적인 이유가 되었다. 폭스 뉴스는 어떤 이슈건 미국을 양분하고 있는 이른바 '문화 전쟁culture war'의 프레임에 맞게끔 보도하는 관행을 고수하였다.[22]

폭스 뉴스가 극단적인 '적 만들기'를 추진할 수 있었던 이유는 다른 매체들과는 달리 처음부터 그런 목적으로 만들어진 매체였기 때문이다. 폭스 뉴스의 모기업인 뉴스코프News Corp. 사주 머독은 폭스 뉴스를 만들기 전에 CNN이 너무 진보적이라며 공개적으로 불평하곤 했다.[23]

머독은 처음엔 CNN을 매입하려고 했는데, 1995년 CNN의 모기업인 TBS가 타임워너Time Warner와 합병함으로써 그 계획은 무산되고 말았다. 머

독은 타임워너를 400억 달러에 매입하는 방안까지 고려하다가 결국 폭스 뉴스를 만든 것이다.[24]

머독은 폭스 뉴스의 지휘권을 GE의 NBC Universal을 경영하고 있던 로저 에일스Roger Ailes에게 맡겼다. 방송 프로듀서로 일하다가 정치판으로 뛰어든 공화당 미디어 컨설턴트 출신인 에일스는 리처드 닉슨Richard M. Nixon, 로널드 레이건Ronald Reagan, 조지 H. W. 부시George H. W. Bush 등을 대통령에 당선시키기 위해 활약한 골수 공화당 지지자로 성격적으로 머독과 비슷한 '돌격형' 이었다.[25]

머독은 자신의 그룹 산하에 있는 다른 미디어들과는 달리 폭스 뉴스 경영의 전권을 에일스에게 맡겼다.[26] 그래서 폭스 뉴스는 에일스가 지배하는 '에일스의 제국' 으로 간주된다.[27] 폭스 뉴스의 '오바마 때리기' 는 머독의 뜻은 아니며 폭스 뉴스의 전권을 부여받은 로저 에일스의 뜻에 따른 것이라는 설도 있다.[28]

에일스를 비롯한 폭스 뉴스 경영진이 기사의 방향을 직접 기자들에게 강요한다는 사실은 유명하다. 경영진은 매일 '편집 노트' editorial note라는 것을 이메일로 보낸다. 2004년에 만들어진 다큐멘터리 〈아웃 폭스드Out Foxed〉에는 경영진이 어떻게 극우 성향의 보도를 강요하고 압박했는지 여러 전직 폭스 뉴스 기자, PD들이 출연해 생생하게 증언한다. 2003년 5월 9일에 경영진이 보낸 이메일에는 낙태 문제를 특집으로 방송하라는 내용이 있고, 2004년 3월 23일 문건에는 9·11 사태를 부시에게 불리하게 보도하지 말라는 내용이 있다. 이에 항의하면 바로 해고된다. 에일스는 최하위 직급 종업원까지 직접 면접하면서 조직에 대한 '충성도' 를 반드시 확인한다.[29]

폭스 뉴스가 언론사라기보다는 정치조직이 아닌가 하는 의아심은 2011년 7월 20일 영국 《텔레그래프》가 전직 폭스 뉴스 간부들을 인용해 폭스 뉴스가 전화 해킹 자료를 관리하고 직원들의 이메일을 감시하는 비밀 감시 조직을 운영했었다고 보도함으로써 증폭되었다. 보도에 따르면 1996년 폭스 뉴스 출범 당시 편집국장으로 일했던 댄 쿠퍼Dan Cooper는 회사에 경쟁사들에 대응하기 위한 방첩 조직이 있었다고 폭로하면서 이 사실을 다른 기자에게 말한 사실이 알려져 위협을 받았다고 털어놓았다.

쿠퍼는 폭스 뉴스를 떠난 뒤인 1997년에 로저 에일스 사장에게 불리한 정보를 《뉴욕매거진》 데이비드 브럭 기자에게 제공했다. 그런데 기사가 나가기도 전에 에일스 사장으로부터 협박 전화를 받은 것이다. 이 기사는 처음부터 익명의 취재원으로 처리될 예정이었던 데다 기사가 나가기도 전이었기 때문에 쿠퍼는 폭스 뉴스 조직을 의심할 수밖에 없었다. 그는 "브럭이 에일스 사장에게 귀띔해주지 않았다면 폭스 뉴스가 브럭의 전화를 도청해 나와 나눈 이야기를 들은 것이 확실하다"라고 말했다. 그가 의심할 수밖에 없었던 이유는 자신이 폭스 뉴스 조사연구부의 출범을 도왔기 때문에 이 조직이 알려진 것과 달리 방첩 조직과 비밀 운영 조직 형태로 운영되고 있다는 사실을 알기 때문이었다.

또 다른 전직 고위 간부는 "폭스 뉴스에 직원들을 감시하기 위한 스파이망이 운영되고 있었다"면서 "이를 통해 회사는 직원들 이메일을 들여다보고 직원들은 늘 감시받고 있다는 두려움에 떨어야 했다"라고 말했다. 익명을 요구한 이 간부는 탄압이 극심했던 소련 시절을 연상시키는 분위기에서 일해야 했다면서 "모두가 감시당하고 있다는 피해망상적인 분위기였다"라고 회고했다. 당시 많은 직원이 혹시나 잘못해 좌천되거나 쫓겨나지 않을까 걱정해야 했다는 것이다.[30] 폭스 뉴스 대변인은 이들의 주장에 대해 완전한 허위 사실이라고 일축했지만, 그간의 경험으로 미루어 별로 신뢰가 가지 않는다.

편향성은 이익이 되는 장사다

폭스 뉴스는 '적 만들기 마케팅' 의 일환으로 2004년 대선 때 민주당 후보 존 케리John Kerry가 김정일의 총애를 받는다고 주장하는가 하면 2008년 6월엔 한 '뉴스 쇼' 의 고정 출연자가 "북한의 김정일이 오바마를 지지한다"라고 주장했다.[31] 이렇게 증오를 부추겨야 장사가 잘되니, '증오 마케팅' 이라고 할 수 있겠다. 세를 넓히기 위해서는 증오 마케팅이 절대적으로 필요하다는 사실이 폭스 뉴스를 통해 입증된 듯 보였다.

아마 폭스 뉴스의 시청자들은 이렇게 생각하지 않았을까? '우리 마음에 풍파를 일으키지 마라. 그저 우리가 믿고 있는 바들을 더 많이 보여달라. 그러면 우리는 그 견해를 읽으며 계속해서 만족감을 느낄 수 있으리라. 우리를 결집시킬 내용을 달라. 우리가 환호할 수 있는 사람을 달라!' 비키 쿤켈Vicki Kunkel의 분석이다. 그는 "몇몇 사회학 연구 논문들은 사람들이 심리적 지름길로 이용하는 자신이 아는 브랜드로 달려간다고 명확히 결론짓는다"며 다음과 같이 말한다.

"중립적 뉴스 해설을 통해 자신의 견해를 가려내는 데는 너무 많은 심리적 에너지가 필요하다. 그래서 자신과 견해를 같이하는 방송국에서 해석한 뉴스를 듣는 편이 훨씬 마음 편하다. 그 내용을 다시 생각할 일 없이 그저 고개를 끄덕이며 동의만 하면 되기 때문이다. …… 우리는 입으로는 편향적인 보도를 싫어한다고 말하지만 실제 행동은 말과 다르다. 그 증거가 바로 시청률이다. 편향성을 편안하게 받아들이는 우리의 본능적 성향은 많은 블로그와 웹사이트들이 성공한 비결이기도 하다. 비슷한 견해를 지닌 사람들은 비슷한 견해를 가진 다른 사람들이 작성한 글을 보고 싶어한다. …… 편향성은 이익이 되는 장사다."[32]

편향성은 이익이 되는 장사라는 게 바로 에일스의 평소 지론이다. 2003년 미국 방송 전문지《브로드캐스팅앤드케이블》이 뽑은 첫 번째 "올해의 텔레비전 저널리스트Television Journalist of the Year" 상을 받은 에일스는 이 잡지와의 인터뷰에서 "당신이 공화당 방송을 경영한다는 비판에 화나지 않는가"라는 질문에 "우리를 그렇게 부를수록 더 많은 보수 성향 시청자들이 우리 방송을 볼 것"이라고 응수했다.[33] 이는 당파성의 시장 논리에 대한 좋은 증언이라고 할 수 있겠다.

폭스 뉴스의 방송 스타일을 에일스의 성격과 결부시키는 시각이 있는데, 에일스가 NBC 중역으로 있을 때 모회사인 GE의 중역 만찬에 참석해 보인 행태가 자주 거론되곤 한다. 당시 GE 회장 잭 웰치Jack Welch는 건강 문제로 유기농 식단으로 식사하고 있었기 때문에 중역 만찬도 유기농 식단으로 이루어져 있었다. 다들 마지못해 유기농 음식으로 식사하고 있었는데, 에일스만이 "나는 이런 쓰레기는 못 먹겠어!I'm not eating this crap!"라면서 치즈버거와 프렌치프라이를 따로 주문했다고 한다. 훗날 웰치는 "모두가 치즈버거를 원했지만 그걸 먹겠다고 말한 배포 있는 사람은 에일스뿐이었다Everyone wanted a cheeseburger, but he was the only one with the guts to ask for it"라고 회고했다. 모두 생각은 있어도 차마 말하지 못하는 걸 폭스 뉴스는 과감하게 표현하는 것이 에일스 스타일과 닮았다는 취지의 에피소드다.[34]

에일스의 '대통령 만들기'

에일스는 1988년에 《당신이 메시지다You Are the Message》라는 자기계발서를 내기도 했는데, 이 책에서 그는 자신을 메시지로 만드는 것이 성공에 이르는 유일한 방법이라고 역설했다. 텔레비전은 그간의 모든 커뮤니케이션 규칙들을 송두리째 바꿔버렸기 때문에 자기 자신을 효과적으로 프레젠테이션하는 방법을 모르면 성공할 수 없다는 것이다.[35]

에일스의 폭스 뉴스 홍보 마케팅 기법은 그가 닉슨, 레이건, 부시를 위해 하던 정치 선전 기법의 판박이라는 지적도 있다.[36] 에일스의 정치 컨설팅 가운데 가장 성공적으로 꼽히는 것은 1988년 대선에서 공화당 대통령 후보로 나선 조지 H. W. 부시가 CBS 앵커 댄 래더Dan Rather와 설전을 벌인 사건이다. 부시의 가장 큰 고민은 '유약한 남자wimp'라는 이미지였다. 에일스는 이 이미지를 일거에 날려버리기 위한 일대 쇼를 기획, 래더와의 단독 기자회견을 그 쇼 무대로 이용하기로 했다. 래더는 평소 '씩씩한 사내

macho'로 알려져온 대표적 인물이었기에 유약한 남자라는 이미지를 씻기엔 제격이었다. 쇼 내용은 부시가 래더와 한바탕 싸움을 벌이는 것이었다.

1988년 1월 25일 워싱턴을 연결해 당시 부통령인 부시와 생방송 인터뷰를 한 래더는 이란-콘트라 스캔들을 물고 늘어지며 집요하게 질문을 던졌다. 부시는 래더의 성질을 돋우기 위해 동문서답으로 일관하였다. 다혈질인 래더는 "레이건 대통령의 이야기를 당신에게 듣자는 게 아니다. 부시 당신은 자신의 일에 관해서만 이야기하라. 내 질문의 요점은 바로 그것이다. 앞으로 대통령까지 되려고 하는 당신이 그런 정책 문서에 서명했다는 사실은 당신의 신뢰성과 리더십을 의심케 한다"라고 말했다.

래더에게서 이런 공격적인 발언을 이끌어낸 부시는 속으로 회심의 미소를 지었지만 시청자를 의식해 매우 분노한 표정을 지었다. 이제 부시의 공격이 시작되었다. 부시는 성난 음성으로 "나는 평소 댄 래더 당신을 존경했다. 그러나 오늘 밤 당신의 행동을 보니 내 생각이 틀린 것 같다"라고 말한 후 래더의 약점을 건드렸다. 래더는 얼마 전 자신의 뉴스 프로그램이 테니스 중계로 잘려 나간 데 격분하여 스튜디오 밖으로 걸어나가 무려 7분간 CBS의 텔레비전 방송을 중단시킨 적이 있다. 부시는 이 점을 겨냥하여 이렇게 말했다. "내 모든 정치 경력을 이란 사건을 재탕하는 일로 평가하는 것은 공정하지 않다. 내가 당신의 경력을 당신이 뉴욕에서 7분간 스튜디오를 비운 사건으로 평가한다면 당신 기분이 어떻겠는가?"[37]

래더가 그 사건을 벌인 곳은 뉴욕이 아니라 마이애미였지만, 그게 중요한 건 아니었다. 공방전 이후 미국 3대 텔레비전 네트워크들은 하루 뒤인 26일 저녁 뉴스 시간에 앞다투어 이 설전 장면을 재방영하고 내용을 분석하는 등 수선을 떨었다. 신문들도 이 사건을 대서특필하였다. 물론 이 설전은 래더의 공격적인 질문을 예상한 에일스의 각본에 따라 이루어졌다는 사실이 밝혀지게 되었다. 선거운동에 바쁜 부시가 래더가 스튜디오를 비운 시간이 7분이라는 것을 정확히 알고 있다는 것부터가 이상한 일이었다. 그렇지만 이 설전은 부시의 유약한 이미지를 개선하는 데 크게 이바지했다. "부시, 더 이상 약골wimp이 아니다"라는 기사 제목들이 대거 등장했다. 그 덕분인지는 몰라도 부시는 대선에서 승리해 제41대 대통령이 되었다.[38]

에일스는 1984년 미국 대통령 선거에서도 공화당 후보 로널드 레이건이 승리하는 데 크게 이바지했다. 당시 레이건 참모들의 가장 큰 걱정 중 하나는 민주당 후보 월터 먼데일(56세)보다 레이건이 너무 고령(73세)이라는 점이었는데, 10월 21일 제2차 텔레비전 토론에서 레이건은 자신의 나이에 대한 일반의 우려를 다음과 같은 멋진 한마디로 잠재웠다. "나는 이번 선거에서 나이를 쟁점으로 만들고 싶지는 않다. 나는 내 경쟁자의 젊음과 무경험을 내 정치적 목적에 이용하진 않을 것이다." 이 말은 에일스가 직접 만들어준 것은 아니었지만, 에일스가 다른 참모들의 반대를 무릅쓰고 레이건에게 "토론에 앞서 나이 문제에 대해 꼭 준비하십시오"라고 강력히 요청해서 나온 것이었다.[39]

백악관과 싸울수록 시청률은 올라간다

2008년 말 버락 오바마Barack Obama가 대통령에 당선되자 "앞으로 중도 성향의 CNN과 리버럴 성향의 MSNBC가 영향력을 넓힐 것"이란 관측이 많았으나 실제론 폭스 뉴스와 다른 케이블 뉴스 채널 간의 시청률 차이는 더 벌어졌다. 특히 공화당 지지자 사이에서 폭스 뉴스에 대한 충성도는 CNN과 MSNBC에 비해 세 배 이상 높았다. 민주당 지지자들이 CNN과 MSNBC에 대해 보이는 충성도에 비해 '농도'가 훨씬 짙었던 것이다. 오바마 대통령 당선으로 보수적 시청자들이 갖게 된 좌절감이 적에 대한 증오를 부추기는 '증오 마케팅'의 동력이 되었기 때문이다.[40]

폭스 뉴스와 백악관 사이에 벌어진 싸움도 그런 관점에서 이해할 수 있다. 2009년 6월 오바마 대통령은 "한 TV 방송(폭스 뉴스)은 정부를 공격하는 데만 진념한다"며 공개적으로 불만을 터뜨렸다. 또한 2009년 10월 11일 백악관의 애니타 던Anita Dunn 공보국장은 CNN의 매체 비평 프로그램인 〈릴라이어블 소스Reliable Source〉와의 인터뷰에서 "폭스 뉴스는 버락 오바마 대통령에 대한 전쟁을 수행하고 있다"며 "더 이상 이를 정상적인 언론사의 보도 행위로 간주하지 말아야 한다"라고 말했다. 던 국장은 특히 오바마 대통령이 폭스 뉴스를 언론사라기보다는 당파적 견해를 가진 반대자로 인식하고 있음을 강조했으며, 폭스 뉴스를 '공화당의 날개'로 지칭했다.

폭스 뉴스는 던의 발언 직후 성명을 내고 "백악관은 국정 운영은 안 하고, 아직도 선거운동을 하고 있다. 이들의 공격 본능이 폭스 뉴스를 표적으로 삼았다"라고 반격했다. 《뉴욕타임스》는 "그들이 우리를 비판하면 할수록 우리 시청률은 올라간다"라고 말한 폭스 뉴스 측 발언을 인용하면서 "폭스 뉴스는 오바마와의 갈등 관계를 즐기고 있다"라고 보도했다.[41]

10월 16일 머독은 주주총회에서 "(백악관의 비판으로) 우리 시청률이 엄청나게 올라가고 있다"라고 말했다. 10월 18일 백악관의 데이비드 액설로드David Axelrod 선임고문은 ABC 방송에 나와 "폭스 뉴스는 진정한 뉴스 방송이 아니며, 그 프로그램 중 상당수는 진정한 뉴스가 아니다"라고 비판했다. 또 "머독 회장은 돈 버는 데 재능이 있다. 그들의 프로그램은 돈을 버는 것이 목적"이라고 몰아붙였다.

람 이매뉴얼Rahm Emanuel 백악관 비서실장은 CNN에 "폭스 뉴스는 뉴스 기관이라기보다는 관점을 가진 기관"이라고 평가했다. 그는 "다른 주요 매체들은 폭스 뉴스를 뉴스 매체로 취급해선 안 된다"며 "우리도 그렇게 취급하려 하지 않을 것"이라고 말했다. 그러나 이런 일련의 공방전 이후 폭스 뉴스의 시청률은 20퍼센트 이상 급상승했으니, '적 만들기'에 근거한 편향성은 '이익이 되는 장사'라는 게 분명해졌다.[42]

이익을 너무 많이 남긴 탓일까? 이 사건 직후 에일스의 대선 출마설마저 나돌았다. 2009년 10월 23일 정치 전문 인터넷 매체인 폴리티코Politico는 에일스 측근들의 발언을 인용, 주변 인사들이 에일스에게 대선 도전을 강력히 권유하고 있다고 보도한 것이다. 공화당의 저명한 여론조사 전문가 프랭크 런츠는 "에일스 회장은 이슈 메이킹을 하는 데 누구보다도 뛰어나고, 우리에게 지금 필요한 것이 무엇인지 잘 알고 있는 사람"이라며 "그가 공화당 대선 후보가 된다면 힘을 발휘할 것"이라고 그의 출마를 강력히 추천했다. 런츠는 특히 "에일스 회장만큼 이기는 법을 잘 아는 사람은 없다"라고 단언했다. 그러나 에일스는 주변 인사들의 대선 도전 권유를 뿌리치며 그 이유를 다음과 같이 말했다. "이 나라는 이전보다 훨씬 공정하고 균형된 뉴스를 필요로 하기 때문이다."[43] ■

에일스는 '우익 프로파간다 제조기'

2010년 9월 폭스 뉴스의 모회사인 뉴스코퍼레이션이 11월 미국의 중간선거를 앞두고 공화당 주지사 후보들에게 정치자금 100만 달러를 제공한 것이 큰 논란을 빚었다. 미국 언론사가 정치자금을 제공하는 행위 자체가 불법은 아니지만, 특정 정당에만 거액을 희사하는 경우는 이례적이었기 때문이다. 뉴스코퍼레이션이 공화당 주지사 연합회RGA에 건넨 100만 달러는

■
대통령은 자신 없지만 '킹메이커'는 얼마든지 해볼 수 있다고 생각한 걸까? 에일스는 데이비드 퍼트레이어스(David Petraeus) 전 중앙정보국(CIA) 국장에게 대권 도전을 간접적으로 권유하기도 했다. 2012년 12월 4일 '워터게이트' 특종으로 퓰리처상 등을 받은 저널리스트 밥 우드워드는 2011년 초 아프가니스탄을 방문한 캐슬린 맥파런드 폭스 뉴스 기자와 퍼트레이어스 당시 아프간 주둔 미군 사령관이 주고받았던 대화의 녹취록을 공개했는데, 녹취록에 따르면 맥파런드 기자는 로저 에일스 회장의 전언이라면서 퍼트레이어스 전 사령관에게 여러 '조언'을 전달했다. 버락 오바마 대통령이 미군 최고위직인 합참의장을 제안하면 받아들이되 중앙정보국(CIA) 국장을 포함한 다른 자리는 모두 고사하고 대신 대통령 선거에 출마하라는 전언이었다. 특히 맥파런드 기자는 퍼트레이어스 전 사령관이 출마를 결정하면 에일스 회장이 회장직에서 물러나 선거 캠프의 책임자로 참여할 수 있다는 뜻도 전달한 것으로 나타났다. '비보도'를 전제로 이뤄진 두 사람의 대화에서는 언론 재벌인 루퍼트 머독의 선거운동 자금 지원 관련 내용도 포함됐다. 그러나 퍼트레이어스 전 사령관은 당시 이 같은 제안에 "오바마 대통령이 CIA 국장직을 제안한다면 이를 수락하는 것을 고려하고 있다"며 난색을 보인 것으로 나타났다. 이에 대해 에일스 회장은 우드워드 기자와 인터뷰에서 맥파런드 기자에게 퍼트레이어스 전 사령관을 설득하라고 지시한 것은 사실이라면서도 "그건 농담에 가까웠다. 나는 킹메이커가 아니다"라고 말했다. 이승관, 〈폭스 뉴스 회장, 퍼트레이어스에 대선 출마 권유했다〉: 밥 우드워드 녹취록 입수… 퍼트레이어스는 거절〉, 연합뉴스, 2012년 12월 5일.

RGA의 전체 후원금 가운데 액수로는 여섯째로 큰 규모였다. 반면에 NBC는 공화당과 민주당에 각각 24만 5,000달러와 20만 달러를, ABC는 각각 2만 달러와 1만 달러를 기부, 공화당에만 100만 달러를 기부한 머독의 뉴스코퍼레이션과 큰 대조를 보였다.

폭스 뉴스는 '헌금과 보도는 상관없는 일'이라고 해명했지만 비난 여론이 고조되자 11월 1일 RGA 의장인 할리 바버와 긴급 인터뷰를 통해 거액의 정치헌금이 전해진 경위를 설명했다. 바버는 "내가 먼저 뉴스코퍼레이션의 머독 회장에게 전화를 걸어 공화당 후보 지원을 요청했다"면서 "이번 정치헌금과 폭스 뉴스는 아무런 상관이 없다"라고 해명했다. 그러나 그동안 폭스 뉴스의 '발목 잡기식' 보도에 시달려온 민주당은 "폭스 뉴스의 본색이 드러났다"며 작심한 듯 맹공을 퍼부었다.

11월 2일 민주당 주지사 연합회DGA는 "폭스 뉴스가 모기업의 비정상적인 정치자금 기부에 대해 침묵하는 것은 언론 기업으로서 금도를 넘어선 것"이라며 폭스 뉴스의 '이중성'을 맹비난했다. DGA 사무총장인 나단 대실은 "폭스 뉴스는 그동안 자신들은 공화당의 선전 도구가 아니라고 강변해왔지만 실상은 그보다 더 추악했다"면서 "단순히 선전 도구를 넘어 공화당의 '자금 공급책' 임이 드러났다"라고 말했다.[44]

2011년 8월 10일 영국 일간 《가디언》은 에일스가 어떻게 미국인을 우경화하고, 시청자들을 우매하게 하는지 집중 분석하면서 "미국의 보수는 공화당이 대변하고, 공화당의 보수화는 폭스 뉴스가 이끈다"라고 했다. 이 신문이 인용한 미국 메릴랜드 대학의 조사로는 폭스 뉴스 시청자들은 시사 이슈에 대해 잘못 알고 있었다. 오바마 대통령의 강력한 경기부양 대책 때문에 실업률이 증가한다고 믿고 있는 비율이 다른 채널 시청자보다 12퍼센트포인트 높았다. 모슬렘이 미국 내 '샤리아(이슬람 율법)의 왕국'을 건설하려고 한다고 생각하는 비율은 17퍼센트포인트나 높았다. 또 폭스 뉴스 시청자의 3분의 2는 오바마 대통령의 보건 의료 개혁이 불법 이민자들에게 의료 혜택을 주고 낙태를 지원하는 것으로 믿고 있었다. 폭스 뉴스 시청자의 '무지'는 뉴스를 더 오래 볼수록 심각했다.

《가디언》은 머독의 총애를 받는 에일스가 시청자들에게 정확한 정보와 균형 잡힌 관점을 전달하는 데는 관심이 없으며 특정한 정치적 관점을 확산하는 데 초점을 두고 있기 때문이라고 분석했다. 에일스는 뉴욕 9·11 테러의 현장인 그라운드 제로를 '테러의 사원'으로 끊임없이 각인시키고 2011년 3월 코란을 소각한 테리 존스 목사를 대서특필하는 등 사회의 불안과 공포를 조장하는 방식으로 보수를 팔아왔다는 것이다.[45]

《가디언》은 미국의 '우익 프로파간다 제조기'로 성장한 에일스로 인해 폭스 뉴스가 미국 공화당 의원들의 남화 논섬을 결정하고 우익 아젠다를 양산하게 됐다고 짚었다. 폭스 뉴스 내 미디어 비평가인 에릭 번스는 "종래의 뉴스와 차별화하기 위해 폭스 뉴스만의 새로운 아젠다를 던져야 한다는 강박이 있었다"며 "그것이 폭스 뉴스의 원죄"라고 실토했다. 조지 W. 부시George W. Bush 전 대통령의 연설 작가인 데이비드 프럼David Frum은 "우리 공화당원들은 폭스가 우리를 위해 일한다고 생각해왔지만 이제야 우리가 폭스를 위해 일했다는 것을 알았다Republicans originally thought that Fox worked for us and now we're discovering we work for Fox"라고 말했다.[46]

2010년 11월 16일 에일스는 오바마 대통령을 "대부분 미국인과는 다른 신념을 지닌 좌파 사회주의자", 공영 라디오 NPR을 "나치 스타일 좌파"라고 비난했다. 이에 다음 날 민주당의 웨스트버지니아주 연방 상원의원인 제이 록펠러는 방송사의 면허를 갱신하는 연방통신위원회 청문회에서 "폭스 뉴스와 MSNBC 방송을 중단시켜야 한다"라고 주장했다. 그는 나름대로 공정을 기하기 위해 친민주당 성향인 MSNBC까지 문제 삼으면서 다음과 같이 말했다.

"미국의 뉴스 미디어는 정부와 기업이 권력을 남용하는지 감시하는 대신 하루 24시간 끝없이 짖고만 있다. 기자들은 근거 없는 소문만 쫓아다닐 뿐 민주주의의 자양분인 진실을 추구하는 데는 소홀하다 …… (폭스 뉴스와 MSNBC가 사라지면) 정치적인 논의나 의회의 일 처리에 큰 도움이 될 것이다. 미국인들이 서로 대화하고, 정부를 신뢰하고, 더욱 중요하게는 미래를 긍정하게 될 것이다."[47]

폭스 뉴스의 호전적 애국주의

폭스 뉴스의 '적 만들기' 전략은 국제 관계에도 적용되었는데, 이는 호전적 애국주의로 나타났다. 사실 폭스 뉴스는 '애국주의 광풍'이 휩쓸던 9·11 테러 시대에 호전적 애국주의로 급성장할 수 있었다. 2001년 9·11 테러 직후 보수 시청자를 사로잡아 시청률 경쟁에서 CNN을 따라잡기 시작한 것이다. 폭스 뉴스는 스크린 오른쪽 상단에 작은 성조기를 고정으로 배치하고 이라크전쟁 때는 미군을 "우리 군대our troops"라고 부르는 등의 방법으로 성조기와 미군을 사랑하거나 지지하는 미국인의 마음을 파고들었다.[48]

폭스 뉴스 앵커들은 더 나아가 9·11 테러의 배후 조종자인 오사마 빈 라덴Osama Bin Laden을 "괴물monster"이나 "오물 주머니dirtbag"로 불렀으며, 폭스 뉴스 기자인 제랄도 리베라는 "중동 여행 중 빈 라덴과 마주치면 내가 그 자리에서 죽여버리겠다"라고 공언함으로써 분노로 들끓는 시청자들의 속을 후련하게 만들어주었다.[49]

이처럼 폭스 뉴스가 '애국심'을 선점하는 바람에 CNN은 상대적으로 애국심이 약한 방송사인 것처럼 비치는 불이익을 감수해야 했다. 심지어 CNN은 '테러리스트'라는 단어를 사용하지 않는다는 헛소문까지 널리 유포돼 CNN은 2001년 9월 30일 이를 반박하는 성명서를 발표하기까지 했다.[50]

폭스 뉴스의 '애국주의 이용'은 이후 수년간 지속하였다. 2003년 2월에 방송된, 폭스 뉴스의 간판 프로그램인 〈디 오라일리 팩터The O'Reilly Factor〉의 한 장면을 보자. 이 프로그램은 주요 뉴스 인물을 불러 사회자인 빌 오라일리Bill O'Reilly와 직접 토론하는 형식으로 진행된다. 10대인 제러미 글릭은 9·11 테러 때 아버지를 잃었는데, 그는 얼마 전 부시 정부를 비판하는 신문광고에 이름을 올렸다. 오라일리가 글릭을 불러 스튜디오에 앉히곤 이런 공격을 퍼부었다.

"내가 왜 놀랐는지 말해주지. 넌 극좌 입장에 서 있군."

"부시 정부는……."

"너희 아버지는 너처럼 현 정부를 테러리스트와 동일시하진 않을 거다."

"당신은 9·11 (사망자) 가족들에 대한 동정심을 이용해 편협한 우익 관점을 강화하려고……."

"그건 쓰레기 같은 말이야. 난 9·11 가족들을 위해 너보다 훨씬 많은 일을 했어. 그러니 너는 그냥 입 닥치고 있어."

"왜……."

"너는 이 세상과 이 나라에 대한 잘못된 관점을 갖고 있어."

"내가 9·11에 대한……."

"(손가락질하며) 그들이 너희 아버지를 죽였잖아. 그들이 너희 아버지를 죽였다고."

"조지 부시는 어때요?"

"조지 부시가 뭐가 어때. 조지 부시는 그것과 아무 상관이 없어."

"조지 부시가……."

"너희 엄마가 이 방송을 안 보고 있다면 좋겠다. 난 더 이상 말하지 않겠어. 왜냐면 너희 아버지를 위해."

"당신 생각에는 9·11이……."

"입 닥쳐. 입 닥치라고."

"나한테 입 닥치라고 하지 말아요."

"가난한 노동자이자 좋은 미국인이었으나 야만인에게 살해당한 네 아버지를 생각해서 더 이상 말하지 않겠어. 잠시 뒤에 다시 돌아오겠습니다."

"이게 끝난 건가요?"

"그래, 끝난 거야."

광고 방송이 나가기 시작하자 오라일리가 글릭에게 말했다. "당장 꺼져. 널 찢어 없애기 전에."[51]

이게 방송이라니! 아무리 막 나갈망정 그래도 신문 저널리즘에서 출발한 머독은 오라일리를 몹시 경멸했다. 그의 마음대로 한다면 당장 내쫓았겠지만, 일단 모든 걸 에일스에게 맡겨둔 데다 에일스의 그런 방식이 이익을 내고 있었기에 모른 척 외면했을 뿐이다.[52]

이와 관련, 최진봉은 폭스 뉴스가 시장을 장악할 수 있었던 이유에 대해 "출연자를 불러놓고 상대 의견을 일방적으로 묵살하는 등 철저한 모욕주기를 통해 시청자들의 재미를 자극한다"며 "사회적 이슈의 본질은 외면하고 말초적 흥미만을 살려서 사람들의 눈길을 끄는, 저속한 방송을 만드는 전략"이라고 분석했다.[53]

폭스 뉴스 시청률의 반 토막으로 전락한 CNN

저속했을망정 폭스 뉴스의 호전적 애국주의는 시청률 상승이라는 보답을 안겨주었다. 9·11 테러 직후 43퍼센트라는 시청률 급증을 기록한 폭스 뉴스는 2002년 11월 시청률 조사 시 저녁 시간대 뉴스 시청률에서 전년 같은 기간 대비 17퍼센트 상승해 '미국의 뉴스 채널'로서 입지를 완전히 굳혔다. 반면 CNN은 같은 기간 31퍼센트 하락했다. 2005년 6월 1일 CNN은 창설 25주년을 맞았지만, 프라임타임 시청자 수가 폭스 뉴스의 절반에 그치는 등 폭스 뉴스의 도전에 밀려 고전을 면치 못했다.[54]

공화당은 폭스 뉴스 덕분에 유리한 정치적 입지를 굳힐 수 있었다. 여러 연구 결과, 폭스 뉴스를 보는 사람일수록 이라크 전쟁과 관련해 부시 정부의 주장을 그대로 믿는 경향이 강한 것으로 나타났기 때문이다. 예컨대 몇몇 연구소와 여론조사 기관이 합동으로 2003년 5월부터 10월까지 이라크전과 관련해 설문조사를 벌였는데, 질문은 '사담 후세인과 알 카에다는 관련 있다', '이라크에서 대량 살상 무기가 발견됐다', '다른 나라들이 미국을 지지하고 있다' 이 세 가지였다. 사실이 아닌 질문이었지만, 조사 결과 답변자 중 8퍼센트가 모두를 진실이라고 믿었다.

그러나 폭스 뉴스 시청자 중에서는 절반에 육박하는 45퍼센트가 세 가지 모두를 진실이라고 답변했다. 그리고 열에 여덟이 세 가지 중 최소한 한 가지를 잘못 알고 있었다. CBS의 시청자 중에선 세 가지 모두를 잘못 알고 있는 경우가 15퍼센트였다. 반면 정치적으로 중립인 공영방송 PBS TV를 보고 NPR 라디오를 듣는 이들은 단지 4퍼센트만이 진실을 잘못 알고 있었다. 《워싱턴포스트》는 "부시 대통령 쪽으로 여론을 몰아가는 게 폭스 TV의 목적이라면 이 방송사는 엄청난 성공을 거두었다"라고 말했다.[55]

부시 행정부는 정권 안보를 위해 폭스 뉴스에만 관련 정보를 흘리는 등 둘은 밀월 관계를 누렸지만,[56] 민주당과 폭스 뉴스의 관계는 전혀 그렇지 못했다. 2006년 9월 24일 폭스 뉴스의 간판 프로그램인 〈폭스 뉴스 선데이Fox News Sunday〉에서 벌어진 빌 클린턴Bill Clinton 전 대통령과 앵커맨 크리스 월러스Chris Wallace의 대결 사건도 폭스 뉴스의 호전적 애국주의와 더불어 그런 일방적 관계를 잘 보여준 사건이었다.

월러스는 클린턴에게 재임 중 오사마 빈 라덴을 제거했어야 옳은 일 아니었느냐는 식으로 거친 질문 공세를 폈다. 이에 클린턴은 화를 내면서 월러스의 질문이 자신에게 타격을 가하려는 보수 진영의 시각을 보여준 것이라며 폭스 뉴스가 조지 W. 부시 대통령을 인터뷰할 때는 이처럼 거칠게 대하지 않는다고 비판했다. 이 공방은 유튜브에서 1백만 건 조회되었고, 폭스 뉴스가 계속 우려먹으면서 큰 화제가 되었다.

며칠 후 클린턴의 대변인은 "월러스와 폭스 뉴스가 보수 진영의 정치 공세를 대행했으며 월러스는 폭스 뉴스의 사주를 받았다. 하지만 우리는 당파적 공격에 대응할 준비가 되어 있다"라고 비판했다. 이에 대해 에일스는 "전문적이고 매너가 부드러우며 존경받는 월러스 같은 기자의 질문에 그런 반응을 보인다면 이는 언론인을 증오하는 것이며 따라서 모든 언론인이 경계해야 할 필요가 있다"라고 반격했다. 그는 월러스가 윗선의 지시를 받아 의도적인 질문을 했다는 주장에 대해서는 "월러스는 자신의 기자 인생에서 결코 질문을 어떻게 하라는 식의 지시를 받은 적이 없다"며 "이는 모든 언론인에 대한 공격"이라고 반박했다.[57]

이 사건은 진보 진영이 폭스 뉴스에 대해 인식하고 대처하는 방법이 매우 서투르다는 걸 입증해주기에 충분했다. '폭스 뉴스의 사주'라는 비난은 입증할 수 없는 주장일 뿐만 아니라 그런 사주가 없어도 스스로 진보적 정치인을 비난하는 일에 열성적인 보수파 진행자가 많다는 걸 간과한 것이었으니까 말이다. 오히려 진행자들이 지나치게 보수성을 보이면 가끔이나마 에일스가 나서서 자제하라고 지시하기도 했다.[58] 머독도 폭스 뉴스에 대해 강한 이념적 동기가 있긴 했지만, 그가 우선하는 건 이념보다는 이익이었다. 두 사람의 이런 경영 방침이 폭스 뉴스의 상업적 성공뿐만 아니라 궁극적으론 이념적 영향력 증대에도 이바지한 것으로 볼 수 있겠다.

폭스 뉴스의 반엘리트 포퓰리즘

민주당 정치인과 지지자들은 폭스 뉴스를 공화당의 선전 도구라고 비난했지만, 그것만으론 다 설명할 수 없는 폭스 뉴스의 또 다른 면모가 있었으니 그건 바로 반反엘리트 포퓰리즘이다. 물론 이 또한 '우리 대 그들'이라고 하는 이분법 구도에 근거한 것이었다. 폭스 뉴스는 심지어 자신들이 뉴스 시장의 기득권 체제에 도전하는 '언더도그underdog'인 것처럼 행세하기도 했다.[59]

이와 관련, 브라이언 앤더슨Brian Anderson은 "의심할 바 없이 폭스 뉴스가 CBS나 CNN보다는 보수적 태도를 보이고 있는 것은 분명하지만, 그건 어디까지나 폭스 방송의 설립 이념이라는 점에 주목할 필요가 있다. 폭스의 실제 사조ethos는 친공화당이 아니라 반엘리트주의다. 이 때문에 진보 진영이 당황해하는 것이다. 미국의 엘리트들이 모르는 미국이 실제 존재한다"며 다음과 같이 말한다.

"사람들은 진보 진영이 보수 진영보다 더 우월하고 명석하다고 자청하고 있다는 점에 분노한다. 그들은 선거 때마다 보수 진영에 밀리면서도 스스로 자신들은 명석한데 다른 사람들이 몰라준다고 울분을 토하지만 말이다. 반엘리트주의는 또한 아프가니스탄과 이라크전을 보도하면서 보여주고 있는 미국 중심적 사고의 핵심이다. 해당 전쟁을 보도하면서 폭스는 단 한 번도 그들을 투사militant나 활동가라고 호칭하지 않고 줄곧 테러리스트terrorist라고 지칭해왔다. 베트남전 이래로, 주류 언론인들이 테러리스트와 같은 용어를 언론의 중립적 가치를 배반하는 것일 뿐만 아니라 세련되지 못하며 특정한 입장을 반영한 것으로 이해해왔다는 점에서, 테러리스트란 호칭은 그 이상의 의미가 있다. 폭스의 반엘리트주의의 또 다른 이면에는 보수적 기독교 신념이 내포되어 있다. 이런 입장은 주류 언론 매체에서도 비이성적이거나 까탈스러운 것으로 보는 것과는 달리 한편으로는 일견 존경과 권위를 담보하고 있다."[60]

폭스 뉴스의 반엘리트 포퓰리즘은 우익 포퓰리즘 운동인 티 파티Tea Party가 절대적 지지와 신뢰를 보인 매체가 바로 폭스 뉴스였다는 데에서도 잘 드러났다. 물론 티 파티의 폭스 뉴스 사랑은 폭스 뉴스가 티 파티를 '초당파적 운동'으로 묘사하면서 엄청나게 긴 보도 시간을 할애하는 등 사실상 티 파티의 후원자 노릇을 한 데 따른 것이었다.[61] 2009년 9월 폭스 뉴스는 아예《워싱턴포스트》에 다음과 같은 지면 광고를 게재하며 미국 미디어를 싸잡아 매도하기도 했다. "폭스 뉴스 우리만 지난 토요일 벌어진 티 파티 운동을 모두 보도했다." "미국의 3대 지상파 방송사 그리고 MSNBC와 CNN 등은 티 파티 운동을 보도하지 않았다."[62]

물론 과장·왜곡된 주장이었지만, 폭스 뉴스가 티 파티를 지극히 사랑한 건 분명하다. 그것만으론 다 설명할 수 없는 다른 면이 있었다. 민주당 정치인과 지식인들은 티 파티를 '풀뿌리 운동grassroots movement'이 아니라 사실상 폭스 뉴스가 만든 '인조 잔디Astroturf'로 일축했지만, 티 파티 운동엔 인조 잔디만으론 보기 어려운 포퓰리즘 요소가 다분했다.[63]

티 파티 지지자들이 신봉하는 최소국가론은 우익적 발상이기 이전에 엘리트층에 대한 깊은 불신에서 비롯된 것이다. 그들은 미국의 엘리트층이 부정부패와 정실주의로 썩어 있다고 생각하며, 그런 문제가 전혀 시정되지 않고 있으니 정부는 작을수록 좋은 것으로 생각할 수밖에 없다는 태도를 보이고 있는 것이다.[64] 사실 티 파티 운동의 성격에 대한 오판 또는 의도적 정치 공세야말로 민주당이 반엘리트 포퓰리즘이 갖는 정치적 잠재력과 폭발성을 깨닫지 못하고 있다는 걸 말해주는 것이기도 했다.

미국에서 반엘리트 포퓰리즘은 공화당보다 민주당에 불리하게 작용한다. 두 정당의 정치인들은 물론 지식인들 모두 똑같은 엘리트이지만, 특히 민주당 정치인들을 엘리트주의자로 보는 데엔 그럴 만한 역사적 연유가 있다. 이는 뉴딜 시대에 형성된 이미지다. 당시 공화당은 프랭클린 루스벨트Franklin Roosevelt 대통령의 뉴딜 정책에 포퓰리즘으로 대응했으며, 이후에도 리처드 닉슨Richard Nixon 등과 같은 공화당 정치인들은 동부 리버럴 기득권층을 공격함으로써 이들에 깊은 반감을 품고 있는 보통 사람들의 정서를 정치적 자원으로 활용했기 때문이다.

이런 역사적 배경과 더불어 '언행일치言行一致'라고 하는 점에서 민주당 정치인들이 공화당 정치인들보다 훨씬 불리하다. 똑같은 엘리트 행태를 보이더라도 공화당 정치인들은 민주당 정치인들과는 달리 평소 평등을 주장하지 않았기 때문에 아무런 타격이 없다. 이런 두 가지 이유 때문에 형성된 민주당 정치인들의 이미지는 반엘리트 포퓰리즘의 주된 표적이 된다. 노동운동가 앤디 스턴Andy Stern은 민주당 정치인들의 전형적 이미지를 "볼보 자동차를 몰고 다니고, 비싼 커피를 홀짝이고, 고급 포도주를 마시고, 동북부에 살고, 하버드나 예일대를 나온 리버럴"로 규정했다.[65]

민주당은 정치 참여에서부터 정치자금에 이르기까지 부자 유권자들에게 과도하게 의존하고 있어서 사실상 그들에게 발목이 잡힌 상태이기 때문에 경제 정책상 좌 클릭하기가 어렵게 돼 있다.[66] 지난 수십 년간 가난한 사람들마저 공화당에 표를 던진 이유에 대해 《뉴욕타임스》 칼럼니스트 니콜라스 크리스토프Nicholas Kristof는 2004년 '민주당의 여피화the yuppication of the Democratic Party'를 지적했다.[67] 그러나 오히려 그래서 민주당 정치인들은 수사적 진보성을 전투적으로 드러내는 경향이 있는데, 이는 역으로 반엘리트 포퓰리즘의 폭로와 비난의 목표가 되곤 한다.

폭스 뉴스의 '퍼스널리티 엔터테인먼트'

폭스 뉴스의 '적 만들기' 전략, 호전적 애국주의 그리고 반엘리트 포퓰리즘은 모두 극렬한 당파 싸움을 촉진하는 것이었는데, 이는 뉴스 소비층을 늘리는 효과를 가져왔다. 실제로 미국에선 당파 싸움이 치열해진 이후 투표율과 각종 정치 참여가 높아진 것으로 나타났으며, 이른바 '정당 소멸론'마저 그 세가 현저히 약화하였다.[68] 게다가 이를 다루는 폭스 뉴스의 프로그램은 모두 엔터테인먼트 코드로 포장되었기에 비교적 높은 시청률을 기록할 수 있었다.

에일스는 정치적 엔터테인먼트 감각이 뛰어난 인물이다. 그의 전기를 쓴 커윈 스윈트Kerwin Swint는 다음과 같이 말한다. "로저 에일스를 이해하기 위해선 그가 '뉴스맨' 이라기보다는 '쇼맨' 이라는 사실을 알아야 한다. 무엇보다도 그는 엔터테인먼트 프로듀서로서 그의 고객들이 (정치, 기업, 방송 분야의) 멋진 쇼를 공연해 청중의 마음을 얻을 수 있게끔 하는 방법을 가르치는 데에 매우 뛰어나다."[69]

에일스가 추진한 엔터테인먼트 코드의 핵심은 퍼스널리티 의존 전술을 극단으로 밀고 간 '뉴스의 스타 시스템' 이었다. 물론 이는 이미 지상파 방송사들의 앵커맨 체제로 자리를 잡은 것이었지만, 폭스 뉴스의 스타 시스템은 스타를 뉴스 틀에 가두지 않고 토크쇼 형식을 빌어 거의 할리우드 스타에 근접하게끔 하였다는 데 그 특징이 있었다.[70] 이와 관련, 에일스는 짐짓 겸손한 자세를 취하면서 이렇게 말했다. "내게 그 어떤 능력이 있다면, 그것은 재능 있는 사람들을 발굴해 그들이 일할 수 있는 구조를 만들어 주는 게 아닐까."[71]

폭스 뉴스의 선도하에 24시간 뉴스 채널 편성 비율에서 토크쇼가 차지하는 비중이 2002년부터 정규 뉴스 프로그램 시간을 압도했다. 이런 '뉴스의 토크쇼화' 는 격감하는 뉴스 시청자들을 다시 불러들이는 데 결정적으로 이바지했다.[72] 에일스의 방송 철학을 공유하는 편성 수석 부사장 쳇 콜리어Chet Collier는 자신의 역할에 대해 이렇게 말한다. "내 역할은 뉴스가 최대한 흥분을 불러일으키게끔 감독하는 것이었다My job was to see that the news was presented with the most excitement."[73]

폭스 뉴스의 토크쇼 형식 프로그램들은 시청률 상위 5위권 케이블 뉴스 토크쇼에 네 개나 오를 정도로 높은 인기를 누렸다. 폭스 뉴스 진행자들은 대부분 엔터테인먼트 배경이 있는 사람들이었으며, 특히 매력적인 블론드 여성들이 많았다. 폭스 뉴스의 주요 시청자가 대부분 남성이라는 점을 고려한 것이다. 반면 외부 출연자는 압도적 다수를 보수 인사들로 채움으로써 엔터테인먼트와 당파성의 자연스러운 결합을 시도하였다. 다른 프로그램들도 전반적으로 이른바 인포테인먼트infotainment 위주인지라, 폭스 뉴스는 '타블로이드 TVTabloid TV'의 압권을 보여주었다는 평가를 받았다.[74]

"무대 위에 두 사람이 있다. 한 사람은 '나는 중동 문제를 해결할 방법을 알고 있다'라고 말하는데, 다른 한 사람은 오케스트라 박스로 떨어진다. 누가 저녁 뉴스에 나가야 한다고 생각하는가?" 에일스의 말이다. 이 말은 미국 방송업계에선 '오케스트라 박스 이론Orchestra Pit Theory'으로 불리는데 (orchestra pit은 orchestra box라고도 하는데, 오페라 등을 공연하는 극장에서 무대의 전면 풋 라이트 바로 앞에 바닥을 낮추어서 설치된다). 정치 뉴스의 선정주의를 옹호하는 이론이다.[75] 물론 이는 폭스 뉴스가 성공할 수 있었던 주요 이유기도 하다.

보수 토크 라디오의
텔레비전화

폭스 뉴스가 심혈을 기울인 퍼스널리티 엔터테인먼트의 기원은 1990년대에 미국을 휩쓴 우익 라디오 토크쇼 열풍인데, 러시 림보Rush Limbaugh, 신 해니티Sean Hannity, 글렌 벡Glenn Beck 등 폭스 뉴스의 주가를 높여준 퍼스널리티는 대부분 우익 라디오 토크쇼 진행자 출신이다. 폭스 뉴스가 '보수 토크 라디오의 텔레비전화'라는 평가를 받는 이유다.[76]

1994년 11월 중간선거에서 공화당은 민주당을 꺾고 다수당이 되었다. 하원에서 공화당 다수 체제를 구축한 것은 40년 만의 대사건이었기에, 그 주역인 뉴트 깅리치를 부각해 '깅리치 혁명'으로도 불린 동시에 '라디오 토크쇼 혁명'으로 불리기도 했다. 우익이 장악한 라디오 토크쇼가 공화당의 승리에 크게 이바지했다는 의미에서다.

미국 라디오에 도대체 무슨 일이 일어났던 걸까? 미국인은 하루 평균 2.6시간 운전을 한다. 1년 중 두 달간 모든 생활 시간을 꼬박 운전에만 바치는 셈이다. 차는 갈수록 커졌지만 차에 타는 사람 수는 줄어들었다. 2006년 자동차 한 대당 평균 탑승 인원수는 1.6명, 교통 체증으로 자동차 평균속도는 시속 25마일에 불과했다.[77]

토크쇼 포맷으로 방송하는 라디오 방송국은 1990년 400개에서 2008년 2,056개로 늘었다. 방송에서 논란이 되는 사안에 대한 편향된 견해에 대해선 반론권을 줘야 한다고 규정한 '형평의 원칙Fairness Doctrine'이 1987년에 폐지된 이후 라디오 토크쇼는 점차 '편향성의 독설 잔치판'을 벌여왔는데,

오히려 그게 인기 폭발의 주된 이유가 되었다. 1990년대 중반 토크 라디오 talk radio 청취자는 전 인구의 절반에 도달했으며, 미국인 여섯 명 중 한 명이 정기 청취자였다. 그런데 흥미롭게도 토크 라디오 호스트의 70퍼센트가 우파였으며, 호스트의 80퍼센트 그리고 전화를 거는 사람 대부분이 남자였다. 토크쇼의 '톱 10' 호스트는 모두 보수파였다.[78]

1990년대 중반 톱 10 호스트 가운데 인기 1위는 러시 림보로 주간 누적 청취자가 1400만 명에 이르렀으며, 신 해니티가 1300만 명으로 그 뒤를 이었다. 지지자들 사이에서 '라디오 토크의 엘비스 프레슬리'로 불린 림보는 자신의 토크쇼에 베이비붐 세대의 유머와 로큰롤을 가미해 큰 인기를 끌었다. 림보는 '라디오 토크쇼 혁명'에 결정적 기여를 했다는 이유로 1995년 1월 23일 시사 주간지 《타임》의 표지 기사에 등장했다. 림보가 큰 성공을 거두자, 보수 진영의 수많은 림보가 우후죽순 토크쇼 호스트로 나서기 시작했다. 그간 라디오 토크쇼는 매우 진보적이었지만, 러시 림보가 나오면서부터 보수화되기 시작한 것이다.

왜 리버럴은 라디오에 약한가? 리버럴은 선악 이분법에 비교적 약하며, '균형, 위엄, 품위balance, dignity, decency' 등에 비교적 더 신경 쓰기 때문에 청취자를 사로잡기 어렵다는 주장이 있지만, 라디오를 제외한 다른 주류 매체들이 보수보다는 리버럴 편향적이기 때문에 라디오가 그간 대변되지 못한 보수 성향 목소리의 출구가 되었다는 시각이 지배적이다.

여기에 공화당을 포함한 보수파들이 토크 라디오에 적극적인 구애를 했다는 점도 간과할 수 없겠다. 보수 단체들은 전국적으로 4천여 명에 달하는 토크 라디오 호스트 명단을 관리하면서 각종 서비스를 제공했다. 특히 보수 싱크탱크인 헤리티지 재단Heritage Foundation이 가장 적극적이었는데, 이 재단은 워싱턴 D.C.에 라디오 방송 스튜디오 두 곳을 마련해서 전국 라디오 방송사들에 무료로 제공한다는 광고를 해댔다. 워싱턴에서 정치인을 만나 인터뷰를 할 필요가 있을 때 이용하라는 뜻이었는데, 이는 큰 성과를 거두었다.[79]

라디오 토크쇼 진행자 출신으로 폭스 뉴스의 스타가 된 글렌 벡은 스스로 자신을 '엔터테이너'로 규정했는데, 그의 엔터테인먼트 코드는 독특했다. 그는 '우는 보수주의자Crying Conservative'라는 별명을 얻었을 정도로 자주 울고 흐느끼거나 울음을 터뜨릴 듯한 목소리로 열변을 토하는 일종의 모노드라마를 선보였다. 이성적인 사람들은 역겨워했지만 팬들은 열광했다.

2009년 9월 초 미국의 수도 워싱턴 중심가에 오바마의 보건 의료 개혁안과 '큰 정부 정책'을 비난하기 위해 몰려든 시위대 수만 명이 행진하며 부른 이름은 "글렌 벡!"이었다. 벡을 표지 모델로 다룬 《타임》(2009년 9월 28일)은 벡을 "대중의 공포와 의심을 잘 이용할 줄 아는 이야기꾼"이라고 묘사했다. 앞서 보았듯이, 폭스 뉴스의 또 다른 스타 논객인 빌 오라일리도 자신의 프로그램 〈디 오라일리 팩터〉에서 상대방의 얘기를 끊고, '닥쳐Shut up'라는 말을 쉴새 없이 내뱉음으로써 보수 성향 시청자들이 짜릿한 카타르시스를 느낄 수 있는 엔터테인먼트 코드를 활용한다.[80]

폭스 뉴스의 '기업적 저널리즘'

텔레비전 엔터테인먼트 코드의 생명은 단순성인데, '폭스화foxification'라는 단어가 '분명한 의견 제시'를 뜻하는 신조어로 자리를 잡은 것은 바로 그 점을 잘 말해주고 있다 하겠다. 애초부터 불가능한 일일 수도 있는 '불편부당不偏不黨'이라는 가면을 벗고 보수의 가치에 따라 세상사를 쾌도난마식으로 풀어주는 것이 폭스 뉴스가 인기를 누리는 배경 중 하나라는 것이다.

단순성이 갖는 강점 중 하나는 비용 절감이다. 비교적 단순한 라디오 토크쇼 포맷에서부터 포퓰리즘의 단순 논리 구조에 이르기까지 단순성은 제작 비용을 절감시켜주었다.[81] 점잖은 언론사라면 기존 평판을 유지하기 위해 들여야 할 비용이 많았지만, 폭스 뉴스는 '타블로이드 TV'라는 평판에 어울리게 아무렇게나 행동할 수 있었으므로, 이 또한 비용 절감에 크게 기여하였다.[82]

기본적인 언론 윤리를 아예 무시해버리니 돈을 버는 데엔 이보다 더 편할 수가 없다. 2011년 1월 최경영은 "2008년 금융위기 이후 미국 경기가 불안하자 폭스 뉴스의 유명 방송인 글렌 벡은 자신의 뉴스 쇼 도중에 '금' 광고를 하기 시작했다. 중간 광고가 허용된 미국에서 라디오 방송을 듣노라면 이게 방송인지 광고인지 헛갈릴 때가 종종 있다. 글렌 벡의 금 광고도 처음에는 방송인 줄 알았다. 미국 경기가 심각하게 안 좋은데 민주당의 오바마는 헛짓만 하고 있다고 한참을 떠들다가 금 광고가 나오니 그럴밖에……. 방송하던 사람이 같은 톤으로 갑자기 광고를 한다"며 다음과 같이 말했다.

"내가 들은 라디오 광고에서 글렌 벡은 이렇게 떠들었다. '지금처럼 불경기에는 금 투자가 좋은 것 같다. 내 가족도 나도 금 투자를 했다. 금값이 계속 오르고 있다. 여전히 오를 것 같다. 진심 어린 충고다. 이곳으로 전화 한번 걸어봐라. 판매 회사 직원들도 참 친절하고 괜찮다.' 이렇게 방송하면서도 탈이 안 난다면 그게 오히려 천행이다. 지난해 7월 미국 ABC 방송사의 탐사보도팀장 브라이언 로스는 글렌 벡이 광고한 금 판매 회사가 소비자들을 속이고 있다고 보도했다. 이 회사가 금괴 대신 값어치가 형편없이 떨어지는 금화를 사도록 소비자에게 권유해서 부당이득을 챙겼다는 것이다. 글렌 벡의 방송을 듣고 전화를 하는 노인들에게 금화가 오히려 훨씬 더 값어치 있는 소장품이라고 사기를 친 것이다. 사태가 이 지경에 이르렀음에도 폭스 뉴스와 글렌 벡은 떳떳하다. 글렌 벡은 자신과 금 판매 회사의 사기 행각은 무관한 일이라고 밝히면서, ABC 방송사의 탐사 보도가 나간 뒤에도 여전히 똑같은 광고를 계속했다. 금만이 아니라 침대도 팔고 보험도 선전한다. 참으로 신기한 것은 이런 방송에 미국 사회가 번번이 당한다는 것이다. 시청률로 보더라도 CNN 등 동종 업계 방송사들은 수년 전부터 폭스 뉴스에 완벽히 눌리고 있다."[83]

폭스 뉴스가 외친 "제한된 시간에 더욱 많은 뉴스를 More News in Less Time"이라는 구호도 실은 비용을 적게 들인 뉴스의 얄팍함 shallowness에 대한 완곡어법이었다.[84] 특종 보도를 한다거나 독자적인 뉴스를 발굴해내는 것은 비용이 많이 들기 마련인데, 폭스 뉴스엔 그런 뉴스가 거의 없었다. 싸게 제작할 수 있는 뉴스가 대부분이었다.[85]

요컨대, 단순성을 기반으로 한 폭스 뉴스의 퍼스널리티 엔터테인먼트는 공격적인 의견이 중심이어서 시청률을 높이는 데 유리했을 뿐만 아니라 사실 수집을 위한 스태프 인건비 절감, 즉 제작 원가 절감 효과도 매우 커 폭스 뉴스 재정의 생산성을 높여주었던 것이다.

2002년 CNN의 총비용은 8억 달러인 반면 폭스 뉴스의 총비용은 그 절반도 안 되는 3억 2500만 달러에 불과했다. 그래서 '기업적 저널리즘corporate journalism' 이라는 말까지 낳게 했다. 폭스 뉴스는 오늘날 뉴스코프의 전 계열사 가운데 수익성이 가장 높은 사업체가 되었으며, 매년 수억 달러를 이익으로 남겨 NBC, CBS, ABC 등 지상파 방송사들의 이익을 압도하고 있다.[86]

'우리 대 그들' 구도의 재앙

2010년 3월 14일 《워싱턴포스트》는 하월 레인스 전 《뉴욕타임스》 편집국장의 〈불공정하고, 불균형하며, 견제받지 않는 폭스 뉴스Fox News: unfair, unbalanced, unchecked〉라는 기고문을 실어 폭스 뉴스가 언론의 기본을 벗어났다고 비판했다. 레인스는 특히 방송의 논점보다 사실관계 왜곡 및 정치적 목적 등을 지적했다. 그는 폭스 뉴스가 "공정성과 객관성이라는 언론의 가치를 파괴하고 있다" 며 "저널리즘이라고 볼 수 없다"라고 단언했다.[87]

그러나 이런 단언과는 달리, 미국인들은 폭스 뉴스를 가장 많이 시청하는 데다 가장 신뢰하는 게 현실이었다. 2010년 2월 미국의 여론조사 기관인 PPP~Public Policy Polling~가 미국의 주요 뉴스 채널에 대한 수용자들의 신뢰도를 조사한 결과, 미국인 49퍼센트가 폭스 뉴스를 신뢰한다고 응답하여 가장 높은 신뢰도를 나타냈다. 폭스 뉴스 다음으로는 CNN으로 응답자 39퍼센트가 신뢰한다고 답하였고, NBC 뉴스에 대한 신뢰도는 35퍼센트, CBS 뉴스는 32퍼센트, ABC 뉴스는 31퍼센트로 조사되었다.[88]

미국의 많은 언론 전문가들에게 "저널리즘이라고 볼 수 없다"라는 지탄을 받은 폭스 뉴스가 일반 미국인들을 대상으로 한 조사에서는 가장 높은 신뢰도를 누린 이 기현상을 어떻게 이해해야 할까? 2011년 모든 케이블 채널 가운데 CNN과 MSNBC는 시청률 기준으로 '톱 20위' 안에도 들지 못했지만, 폭스 뉴스는 늘 '톱 5'에 들면서 CNN과 MSNBC를 합한 것보다 더 많은 시청자를 확보한 것은 또 어떻게 이해해야 할까?[89]

이와 관련, 미 언론의 진보적 편향성을 비판한 코울터의 주장엔 논란의 소지가 있지만, 한 가지 옳은 말을 한 건 분명하다. "정치가 지저분한 스포츠가 되어가고 있다. 서로 귀를 열어 경청하지 않고 이미 결론을 내린 사람들이 충돌만 하고 있기 때문이다. 그래서 험한 말이 난무하고 서로 넌더리를 친다."[90]

이게 바로 미국 정치와 정치 저널리즘이 처해 있는 현실이다. 오늘날 미국인들은 마음의 평정이나마 얻기 위해 자신의 관점을 강화하는 뉴스만을 선별해 보고 있으며, 정치인들도 자신과 색깔이 같은 방송 매체에만 출연하는 양극화~polarization~ 현상을 보이고 있다.

중도를 자처하는 미국인들이 다수일지라도, 이들의 목소리가 규합되거나 반영되지 않은 채 미국 정치가 극단적 당파 싸움으로 흐르면서 모든 미국인의 의식과 삶에 지대한 부정적 영향을 끼치고 있다.[91] 미국인의 97퍼센트가 정치적 양극화를 수긍하고 있다는 조사 결과도 있다.[92]

정치와 정치 저널리즘 영역에서 '우리 대 그들'이라고 하는 구도가 모든 의식과 행동 양식을 지배하는 상황에서 이성적 사고는 기대하기 어렵다.[93] 언론의 정치 보도에 대한 정당한 평가도 기대하기 어렵다는 건 두말할 나위가 없다. 주류 매체의 진보적 편향성에 대한 인식도 바로 그런 상황에서 나온 것이지만, 이는 폭스 뉴스가 성장할 수 있는 토양이 되었다. 그간 논의한 바와 같이, 폭스 뉴스는 그런 토양을 근거로 삼아 '적 만들기' 전략, 호전적 애국주의, 반엘리트 포퓰리즘, 퍼스널리티 엔터테인먼트 등을 구사해 성장할 수 있었다.

중도 언론이 설 자리가 없다

2012년 5월 2일 CNN으로서는 치욕스러운 조사 결과가 발표됐다. 닐슨 미디어 리서치의 4월 시청률 조사 결과 CNN의 평균 시청자가 35만 7,000명으로 나왔는데, 이는 월별로 따졌을 때 최근 10년 동안 CNN이 기록한 시청률 중에서 최악이었기 때문이다. 프라임타임 대 시청률에서 CNN은 MSNBC에 2위 자리까지 넘겨줬다. 왜 이렇게 된 걸까? 답은 의외로 간단하다. "편향성은 이익이 되는 장사"라는 게 그 이유다.

MSNBC는 이미 2008년 대선 때부터 "오바마 캠페인의 공식 네트워크"

라는 말을 들을 정도로 친親오바마, 친親민주당 노선을 취함으로써 폭스 뉴스의 정반대 편에 서겠다는 포지셔닝을 확실하게 해왔다.[94] 반면 CNN은 '정치적 렌즈'를 바탕으로 정반대 방향에서 보도하는 두 채널과 달리 사실을 중심으로 보도하는 데 주력함으로써 시청률 경쟁에서 매우 불리한 위치에 놓이게 된 것이다.

CNN의 창업자 테드 터너는 2012년 5월 6일 CNN 피어스 모건 토크쇼에 출연해 "CNN은 저널리즘 분야에서 《뉴욕데일리뉴스》(자극적인 기사를 중심으로 한 뉴욕의 타블로이드 신문)가 아니라 《뉴욕타임스》가 되기를 원하며, '하드 뉴스Hard News'에 초점을 둬야 한다"며 "비록 시청률은 최고가 되지 않더라도 CNN이 추구해야 할 최고의 방향"이라고 말했다. 터너는 특히 "CNN이 최고의 명성을 갖고 있고 위기가 닥쳤을 때 모든 사람이 틀어보는 채널이라고 한다면 그 방향이 바로 CNN이 나아가야 할 방향"이라고 강조했다.

시청률에 연연해하기보다는 방송 분야에서 '정론직필'을 추구하겠다는 당찬 비전이지만, 방송사 간 시청률 경쟁에서 CNN의 위상을 더욱 불안하게 만들 가능성이 높다는 게 문제다. 《뉴욕타임스》 전 편집장 빌 켈러는 "사람들은 심장마비를 일으켰다고 생각할 때 바로 병원으로 달려가는 것처럼 선거 때나 대형 사건이 일어났을 때 CNN을 본다. 하지만 병원이든, CNN이든 사람들은 오랫동안 그곳에 머물러 있으려 하지 않는다"라고 CNN이 처한 현실을 꿰뚫었다.[95]

이와 관련, 이태규는 2012년 10월 "민주·공화당 색깔이 없는 중도는 인기가 없기 마련인데, 그 대표적인 경우가 케이블 뉴스 채널 CNN이다. 시청자들은 공정성에 초점을 두려는 CNN보다는 폭스 뉴스나 MSNBC를 선호한다. 폭스 뉴스는 보수 시청자들을 위해 민주당에 불리한 기사를 앞에 편성하고, MSNBC는 그 반대로 편집해 진보 시청자들을 유인한다"며 다음과 같이 말한다.

"올 초부터 9월 중순까지 CNN의 프라임타임 시청자는 평균 57만 7,000명으로 MSNBC보다 25퍼센트, 폭스 뉴스보다는 69퍼센트가 적었다. 편향성을 버리면 인기 하락은 물론 배고픔도 감내해야 하는 게 미국 언론의 현실이다. 중도적인 매체는 물론 중도적인 취재원도 기사에서 배제되기는 마찬가지다. 《워싱턴포스트》의 옴부즈맨 패트릭 팩스턴에 따르면 2010~2011년 2년 동안 이 신문에 좌파 성향의 브루킹스연구소는 551차례, 우파 성향인 미국기업연구소는 284차례, 헤리티지재단은 235번 인용됐다. 그러나 중도적 싱크탱크인 미국평화연구소는 세 차례만 언급됐을 뿐이다."[96]

2012년 11월 5일 《뉴욕타임스》는 버락 오바마 대통령과 민주당에 치우친 MSNBC와 밋 롬니Mitt Romney 후보와 공화당에 편향적인 폭스 뉴스는 언론 기관인지 각 정당의 홍보 매체인지 분간키 어려울 정도의 편파 보도를 해왔으며, 이런 경향은 대선 유세 기간 더욱 심해졌다고 보도했다.

퓨 리서치센터의 조사 결과에 따르면 2012년 8월 말부터 10월 말까지 폭스 뉴스에 나온 오바마 관련 보도 중 6퍼센트만이 긍정적이었고, 46퍼센트가 부정적이었다. 이 매체에서 나온 대선 보도 중 오바마 대통령이 중요 인물로 등장한 보도 비율이 74퍼센트에 달하는 점으로 미뤄 대선 보도의 기조가 '오바마 때리기'라는 지적을 피하기 어렵게 되었다.

MSNBC의 '친오바마 성향'은 더하면 더했지 못하지 않았다. 퓨 리서치센터가 이 매체에서 다룬 롬니 관련 보도 샘플 259개를 분석한 결과 롬니에 대해 긍정적인 보도에 할애된 시간은 3퍼센트에 불과했고, 71퍼센트가 부정적인 보도에 할당됐다. 또 MSNBC 진행자들이 오바마 캠프의 선거 캠페인 구호를 프로그램 제목으로 '재활용'하는 경우도 빈번했다.

선을 넘어선 발언에 따른 논란도 자주 벌어졌다. MSNBC의 진행자 중 한 명인 로렌스 오도넬은 2012년 4월 롬니가 믿는 몰몬교에 대해 '외도를 해놓고선 아내에게 신이 시켜서 했다고 말하는 부류가 창시했다'는 취지의 막말을 했다가 논란이 일자 결국 사과했다. 또 폭스 뉴스의 평론가인 피터 존슨은 2012년 9월 리비아 주재 미국 대사 사망 사건 대처 과정을 비난하면서 오바마 대통령을 '거짓말쟁이'로 칭한 뒤 체면 때문에 리비아 내 미군을 지원하지 않았다고 주장했다.

이런 편향성이 부메랑이 되어 각 언론사에 돌아오기도 했다. 오바마 대통령은 타 매체와는 빈번하게 인터뷰를 하면서도 폭스 뉴스의 인터뷰 요청은 접수된 지 2년이 지나도록 응하지 않고 있었다. 또 메이저 지상파 방송 NBC에서 롬니 캠프를 담당하는 기자는 취재에 앞서 자신이 자매사인 MSNBC 소속이 아님을 밝혀야 하는 '고충'을 겪었다.[97]

보수는 진보의
오만을 먹고 자란다

누군가 폭스 뉴스를 일컬어 "언론 재벌 루퍼트 머독이 만든 최악의 독성 유산Toxic Legacy"이라고 악평했지만, 색깔 있고 자극적인 뉴스를 선호하는 독자들에 영합해 폭스 뉴스가 영향력을 확대해가는 언론 현실은 엄존한다.[98]

폭스 뉴스의 성공 전략은 다른 매체들에까지 파급되었는데 '우리 대 그들'이라고 하는 이분법 구도에 따라 반대편을 비난하는 '독설의 향연'은 심화하고 있으며, 이는 다시 정치의 성격 자체를 변질시키는 힘으로 작용하고 있다.[99]

또한 폭스 뉴스의 성공은 미국 정치에서 우익 세력으로 하여금 자신들의 노선과 정책이 폭넓은 지지를 받고 있다는 자신감을 갖게 하였고, 이런 자신감이 다시 정치적 양극화를 강화시키는 결과를 초래하고 있다.[100]

진보적인 민주당 정치인들도 반대편을 악으로 규정하는 선악 이분법 구도를 선호하지만,[101] 폭스 뉴스에 의해 강화된 정치 양극화는 민주당에 더 불리한 결과를 초래하고 있다. 역사적으로건 철학적으로건 공화당보다는 민주당의 자유주의적 사상과 신조가 관용과 타협을 더 지지하는 경향을 보여왔기 때문에 정치적 양극화 전략은 민주당에 심각한 정체성 문제를 초래하고 있기 때문이다.[102] 국가적 차원에서 양극화의 결과로 치르게 되는 비용도 매우 비싸다. 다른 주요 사회 문제들을 외면하고 양극화된 정쟁에 국력을 소모하고 있으며, 상호 소통 불가로 미국 민주주의에 심대한 위협을 낳고 있기 때문이다.[103]

수많은 문제가 있음에도 폭스 뉴스가 이만큼 성장했다는 사실은 폭스 뉴스를 비난하는 사람들에게 한 가지 큰 교훈을 시사한다. 이와 관련, 앞서 소개한 앤더슨의 말이 가슴에 와 닿는다. "사람들은 진보 진영 스스로 자신들이 보수 진영보다 더 우월하고 명석하다고 자처하고 있다는 점에 분노하고 있다." 보수는 진보의 오만을 먹고 자라는 법이다. 폭스 뉴스에 대한 신뢰도가 가장 높은 것은 시청자들이 '공정하고 균형 잡힌Fair and Balanced' 이란 폭스 뉴스의 마케팅 슬로건에 세뇌당한 탓이 아니냐는 시각도 있긴 하지만,[104] 바로 이런 시각이 폭스 뉴스가 성공적으로 구사한 반엘리트 포퓰리즘의 근거일 수도 있다.

대중이 인식하기에 진보 정치 세력과 보수 정치 세력은 결코 동등하지 않다. '우리 대 그들'이라고 하는 이분법은 당장 열성 지지자들에겐 뜨거운 지지를 받을 수 있을지 몰라도 중도파들에겐 정치에 대한 냉소와 혐오만 가중시킴으로써 진보 정치의 지평과 가능성을 협애하게 만든다. 이는 실제로 미국에서 벌어지고 있는 일이다. 폭스 뉴스의 성장은 바로 이 점을 웅변해주는 역설적 교훈이라 할 수 있겠다.

그러나 과유불급過猶不及의 원리는 2012년 대선을 오바마의 승리로 귀결시켰다. 미국의 정치전문지인 《폴리티코》는 2012년 11월 12일 '토론 코너'에서 '공화당은 폭스 뉴스나 림보와 관계를 끊어야 하는가'를 주제로 올렸다. 림보는 피임 관련 막말 등으로 논란을 일으켰던 보수 논객 러시 림보를 지칭한다. 의견을 제시한 전문가나 독자들은 대체로 공화당의 폐쇄적인 대중 소통과 편향성에 보수적이며 우파 성향이 강한 매체들의 역할이 개입돼 있다는 쪽으로 의견을 개진했다. 싱크탱크인 경제전략연구소ESI의 클라이드 프레스토위츠 소장은 "공화당이 다시 백악관을 차지하려면 절대적으로 폭스 뉴스와 극우 성향의 라디오 진행자나 블로거 등과 떨어져야 한다"라고 지적했다. 하지만 '티 파티'로 불리는 공화당 내 강경 보수 세력들은 오히려 보수주의 성향을 더욱 강화하는 것이 '공화당의 가치'를 높이는 것이라고 반박했다.[105]

폭스 뉴스는 한국 보수 신문사들의 참고서?

한국엔 폭스 뉴스처럼 노골적인 정파성을 드러내는 방송 매체는 없지만, 신문과 인터넷은 철저히 정파적이다. 오죽하면 "폭스 뉴스는 한국 보수 신문사들의 참고서"라는 말까지 나왔겠는가.[106] 최근엔 진보 진영에서 종합편성채널을 한국판 폭스 뉴스로 보는 주장이 자주 등장하고 있다. 세 가지 사례를 보기로 하자.

1. "지난해 12월 종합편성채널(이하 '종편')이 출범하면서 한국판 '폭스 뉴스'가 출현할지 모른다는 우려가 컸는데 현실이 됐다. 종편들이 드라마와 예능 프로그램 제작을 줄이고 대안으로 내세운 프로그램이 '뉴스쇼'였다."[107]

2. "미국의 여론 시장을 왜곡하고 보수적 목소리를 퍼뜨리는 폭스 뉴스처럼 될 것이라는 불행한 예상이 현실로 나타났다. 폭스 뉴스의 시장 전략은 편향적이고 선동적이며 자극적인 보도다. 종편은 대선을 앞두고 편

향적 여론몰이에 앞장서고 있다."[108]

3. "종편들은 대선 국면에 돈이 적게 드는 정치인 좌담 등 시사 프로그램에 집중하며 여권 편향의 여론몰이를 이끌었다. 지상파 방송들이 선거 의제를 축소 보도하는 틈을 타 보수 성향 유권자들을 끌어들였다. 추혜선 언론개혁시민연대 사무총장은 '종편은 미국 폭스 뉴스처럼 뉴스를 오락성 강한 쇼처럼 만들어 정권 재창출에 기여했다. 앞으로 자신들의 먹을거리를 위해 재벌 옹호 등 보수 목소리를 대변하는 정책에 개입할 것'이라고 내다봤다."[109]

일반 유권자 중엔 중립파나 무당파가 많지만, 이들의 목소리는 언론 매체에 의해 대변되지 않는 가운데 공공 영역의 '과잉 정치화'가 발생하고 있다. 이로 말미암은 문제는 매우 심각하다. 그래도 미국은 언론 매체가 다원화·지역화돼 있는 데다 '잡동사니 국가patchwork nation'라는 말이 나올 정도로 주마다 정치체제와 방식이 다른 연방제 국가여서 정파 싸움의 완충 효과를 기대할 수 있다. 반면 한국은 정반대로 초강력 일극주의 국가로 그 어떤 완충 효과도 기대하기 어렵다. 즉 과도한 정파 저널리즘에 의존하는 동시에 그것을 부추기는 '우리 대 그들'의 이분법 구도가 시장 논리에 의해 강화·고착되는 가운데, 전국을 정파 싸움의 소용돌이로 몰아가고 있는 것이다. 정파적 언론 매체들 사이의 투쟁은 어느 나라에건 있기 마련이라는 식으로 가볍게 넘길 수 없는 이유다. 이런 문제의식에 근거해 폭스 뉴스의 성장 비결이 한국 언론과 정치 연구에 시사하는 함의는 다음 다섯 가지로 정리할 수 있겠다.

첫째, 정치적 양극화가 언론 매체의 생존 및 성장 전략으로 부추겨지고 있다는 가설을 검증해보는 일이다. 야권에선 인터넷 라디오(팟캐스트) 방송인 〈나는 꼼수다〉(이하 '나꼼수')가 그런 양극화 전략으로 성공을 거두었다면, 여권에선 종편이 그 노선을 취하고 있는 건 아닐까? 18대 대선 직후 나온 박성민의 다음과 같은 진단은 주목할만하다.

"이번 대선은 어떤 의미에선 '종편과 나꼼수'의 싸움이었다. 나꼼수는 서울시장 선거를 정점으로 계속 내려가고 있다면, 종편은 이번 대선 관련 프로그램을 계속 쏟아냈다. 거기서 제가 보기엔 어떻게 저런 말을 할까 싶을 정도로 노골적인 말들을 쏟아냈다. 나꼼수는 욕도 하지만, 종편은 욕만 안 하는 수준이었다. 조갑제 씨는 점잖은 수준이더라. 이걸 50~60대가 열심히 보시더라. 지지자들에게 카타르시스를 준다는 측면에서 종편이 노년층 나꼼수였다."[110]

둘째, 보수와 진보를 막론하고 한국 언론의 기본적인 정치 보도 프레임은 '적 만들기'이며, 이는 시장 논리로 고착되었기 때문에 중립적인 언론이 설 땅이 없으며 더 나아가 사회 전반의 중립 영역을 협소하게 만들고 있다는 가설을 검증해보는 일이다.

셋째, 언론이 민족주의와 국가주의를 상업적으로 이용하거나 이에 편승하는 보도 관행을 보이는 점과 이것이 정치에 미치는 영향을 연구할 필요가 있다.

넷째, 언론의 정치·선거 관련 보도는 '민심=천심'이라는 전제하에 대중의 선택을 절대시하는 동시에, 그러한 선택의 결과로 나타나는 문제까지 정치권의 책임으로 돌리는 대중 영합주의를 취함으로써 필요 이상으로 정치 불신과 혐오를 조장하는 결과를 초래하고 있는 건 아닌가 하는 의문을 탐구할 필요가 있다.

    다섯째, 언론의 정치 보도 방식은 철저히 인물 중심주의를 취함으로써 수용자들의 관심과 흥미를 불러일으키는 데는 기여하고 있다. 하지만 그 때문에 시스템 개혁을 외면케 하는 동시에 시스템의 변화 없는 인물 교체가 불러오기 마련인 정치에 대한 열망과 환멸의 악순환을 낳는 일에 일조하고 있는 건 아닌가 하는 점을 연구할 필요가 있다.

2
중립은 곧 악의 편이다
미국의 '무브온 모델'과 한국의 '정치적 양극화'

미국 '무브온 모델'을 수입한 한국

"당 미디어국을 중심으로 한국판 '무브온'을 만드는 계획 수립이 끝났고, 최근 당 지도부에도 공식적으로 보고됐다. 미국의 무브온처럼 자발적인 대중과 민주당이 함께 만들어가는 구조를 참고해 만들어갈 예정이다."[1] 2009년 6월 민주당 의원 강기정이 한 말이다.

"미국에서 오바마가 당선되는 데 무브온의 힘이 컸다. 그건 언론 기관도 정당도 아니고 시민 단체도 아닌 포털사이트다. 거기서 평상시에 굉장히 전문적인 정책을 개발하고 실천 활동을 많이 한다. 그리고 선거 때는 집중적으로 오바마를 지원했다. 이런 새로운 인터넷 시대의 활동 영역이 있는 것처럼, 앞으로 우리 민주개혁 진영 차원에서 정당을 현대화하거나 시민·사회단체를 강화하거나 정책 연구를 강화하는 등 해야 할 일이 많다."[2] 2009년 8월 전 국무총리 이해찬이 '정당정치의 한계'를 느꼈다며 새로운 시민 주권의 모델로 무브온을 제시하면서 한 말이다.

"진보 개혁 진영에서도 조금씩 시대의 결에 조응하는 현상이 나타나기 시작했다. 착한 남자 문성근이 많은 정치 전략가들의 비웃음을 뒤로하고 야권 단일 정당을 위한 '백만 송이 국민의 명령'이란 운동을 시작했다…… 난 이 운동이 한국판 무브온인 시민 정치 운동으로 성장하길 진심으로 기원한다."[3] 2010년 9월 문성근의 멘토인 안병진 경희사이버대 교수가 한 말이다.

"2002년 정권 창출 후 노사모는 팬클럽에 머물러 진화하지 못했다. 2002년에 노 대통령을 뽑아놓고 그냥 방치했던 거다. 민주 진보 세력이 집권은 할 수 있다. 그러나 국가 공동체 안에서 우리는 여전히 약세이며 소수다. 우리 조직은 2012년 이후 시민 정치 운동 조직으로 존속할 것이다. 민주 진보 정부를 지켜내고 때로 견제하며 무브온 같은 형태로 지속하는 게 옳다고 본다. 상당히 긴 기간 지속되어야 할 운동이다."[4] 안병진의 멘토링에 따라 한국판 무브온을 만드는 일에 나선 문성근의 말이다.

민주당과 문성근의 '백만 송이 국민의 명령' 운동 이외에도 '시민정치행동 내가 꿈꾸는 나라'와 정치 활동을 활발하게 하는 서울대 교수 조국 등이 무브온을 벤치마킹 대상으로 삼는 일이 벌어지고 있다.[5] 다 좋은 뜻으로 그러는 거라고 믿어 의심치 않지만, 무브온MoveOn.org에 대해 아무런 문제 제기가 없는 건 물론이고 기본적인 논의조차 이루어지지 않는 건 이해하기 어려운 일이다. 선진국인 미국에서 성공한 사례이니 무작정 받아들여도 좋다는 뜻일까? 당파성을 떠나 국가적·사회적 차원에서 '무브온 모델'을 수입하는 것이 우리 모두에게 좋으며 바람직한 일일까?

물론 무브온 모델이 이전의 팬덤 모델과 비교했을 때 진일보한 면이 있는 건 분명하다. 이와 관련, 천관율은 "최근 떠오르는 시민 정치 운동의 구상은 온라인과 지역 풀뿌리 네트워크의 결합, 대선과 총선 등 '큰 판'에서의 의제 제시, 특정 정치인 지지를 넘어 정치 활동의 상설화 등을 특징으로 공유한다. 이른바 '무브온' 모델이다"며 다음과 같이 말한다.

"한국 정치에서 시민 직접 행동의 역사는 짧은 편이 아니지만, '상설화된 시민 정치 조직'의 등장은 새로운 현상이다. 이전까지 행동파 시민에게 좀 더 익숙한 구조는 '팬클럽'이었다. 노사모 이후 정치인 팬클럽이 우후 죽순 등장해, 웬만한 유력 정치인치고 팬클럽 하나 가지지 않은 경우는 드물 정도가 되었다. 팬클럽 정치는 카리스마적 정치인의 매력에 이끌린 다수 유권자를 불러낼 수 있지만, 해당 정치인의 부침과 운명을 같이한다는 치명적 약점을 극복하지 못했다. 노사모는 여전히 12만 회원을 자랑하는 초거대 팬클럽이지만, 노무현 대통령 당선 이후로는 정치적으로 의미 있는 활동을 거의 보여주지 못했다. 새로운 시민 정치 조직은 이 같은 과거에 대한 반성을 바탕에 깔았다."[6]

그런데 문제는 무브온 모델 역시 당파성 중심의 운동이라는 점에선 다를 바가 전혀 없으며, 또 보수 진영이라고 가만있겠는가 하는 점을 생각해봐야 한다는 것이다. 실제로 미국에서도 무브온이 성공하자 이에 자극받은 보수 진영이 무브온을 벤치마킹 대상으로 삼아 비슷한 운동을 펼침으로써 미국의 정치적 양극화political polarization를 심화하는 결과를 초래했다. 즉 일시적인 성공은 가능해도 궁극적으론 그런 성공이 극단적인 당파 싸움을 키우는 결과를 가져올 수 있다는 점에 주목할 필요가 있다.

이 글은 이런 문제의식에서 출발해 미국 무브온 모델 수입의 명암[明暗]을 살펴보면서 무브온 모델의 수입은 득보다 실이 더 크며, 그 이유로 미국과 한국의 여건이 너무도 다르다는 점을 지적하고자 한다. 이 글은 또한 디지털 시대에 바람직한 시민 참여 모델에 대해서도 논의해보고자 한다.

▎인터넷 풀뿌리 운동 무브온의 탄생

무브온은 오늘날 회원 700만 명이 참여하는 세계 최대 규모의 미국 온라인 진보 운동 단체로 '행동하는 민주주의'를 표방한다. 무브온의 주된 활동은 의회나 정부, 언론사 등을 상대로 하는 온라인 청원 운동이며, 자원봉사 형태로 일하는 운영자 수십 명이 이 운동을 조직하고 전개한다. 온라인 청원 운동은 로비 비용이 매우 낮다는 장점이 있지만, 의회·정부·언론사 등에서 온라인 청원 운동을 무시하는 경향이 있기 때문에 그 실질적 효과는 청원 운동 그 자체라기보다는 조직의 세를 과시하는 데 있다. 그래서 온라인 청원 운동은 무브온 운영자들이 회원들에게 시위 계획을 이메일이나 무브온 사이트를 통해 알리면 각자 주거지에서 가까운 곳에서 열리는 시위에 참가하는 등의 방법과 병행해 이루어진다.[7]

무브온은 1998년 9월 22일 캘리포니아주 버클리에서 탄생했다. 조앤 블레이즈Joan Blades, 웨스 보이드Wes Boyd 부부가 탄핵 위기에 처한 '클린턴 구하기'를 목표로 삼아 만든 것이다.[8] 당시 버클리시스템스Berkeley Systems라는 엔터테인먼트 소프트웨어 회사를 운영하던 두 사람은 지금은 추억이 된 '애프터 다크After Dark'라는 스크린세이버를 처음으로 개발해서 애플과 계약을 맺고 큰돈을 벌었다. 이들은 1997년 버클리스시스템스를 1380만 달러에 매각했으며, 이후 정치 활동에 본격적으로 뛰어들었다. 이 부부는 처음엔 100명도 채 되지 않은 친구들과 친지들에게 한 문장으로 된 청원서를 보냈다. "클린턴 대통령을 충분히 비판했으니 이제는 국가가 직면한 절박한 이슈로 움직여나가야move on 한다"는 것이었다.[9]

반응은 뜨거웠다. 무브온은 24시간 이내에 서명자 506명과 자원봉사자 열두 명을 얻었고, 다음 날 오후 5시 서명자는 1,500명 이상으로 늘었다. 이후 눈덩이 효과snowball effect가 발생하더니, 일주일 내로 서명자 10만, 궁극적으로 50만 서명자를 확보해 세상을 깜짝 놀라게 했다. grassroots(풀뿌리 운동)에 빗대 netroots(internet + grassroots: 인터넷 풀뿌리 운동)를 사임하는 무브온의 승리였다.[10]

그러나 무브온은 이 일이 끝난 후 클린턴에 대한 탄핵 찬성표를 던진 공화당 의원들에 대한 응징, 즉 낙선을 위해 움직임으로써 점차 강한 당파적 색깔을 띠게 되었다. "우리는 기억할 것이다We Will Remember"라는 슬로건 아래 추진된 이 운동에는 네티즌 3만 명이 참여했다. 이 운동은 해당 의원의 낙선은 물론 경쟁 후보의 당선을 위한 모금 활동을 적극 도와 선거 결과에 큰 영향을 끼쳤다. 무브온은 2001년 9·11 테러가 발생하자 반전운동과 평화 시위를 벌였는데, 이 운동에는 약 50만 명이 참가했다.[11]

무브온은 2003년 초 민주당 대통령 후보인 하워드 딘Howard Dean의 선거 캠프에 2주간 전문가를 파견해 인터넷 선거운동 방법을 선거 요원들에게 교육하는 등 2004년 대선에 적극 개입하였다.[12] 무브온은 2003년 6월 25일 민주당 대선 후보 아홉 명을 상대로 온라인 '이프라이머리e-primary'를 실시하였는데, 하워드 딘이 무브온 회원 31만 7천 명 중 44퍼센트의 지지를 받아 1위를 차지하였다. 이는 비과학적인 온라인 투표에 불과한 것이었는데도 '뉴스 가치'를 높이 산 언론의 대대적인 주목을 받아 크게 보도되었다. 3위에 머무른 민주당 유력 후보 존 케리John Kerry를 포함한 다른 경쟁자들은 "무브온이 하워드 딘에게 직접 정치적 코치를 해주고서 그런 조사를 하는 게 공정하냐?"라고 강하게 항의했지만, 어찌 됐건 이는 무브온이 민주당에 미칠 수 있는 영향력을 대대적으로 과시한 사건이었다.[13]

억만장자 조지 소로스George Soros가 조지 W. 부시의 낙선 운동에 써달라며 무브온에 1000만 달러를 기부하는 등 무브온은 2004년 대선에서 반부시 진영의 지원을 받아가며 부시 낙선을 위한 총공세를 펼쳤다. 일부 무브온 회원은 무브온이 주최한 '30초 정치광고 공모전'에서 부시를 히틀러에 비유해 증오를 선동하는 광고를 만들어 물의를 빚기도 했다. 이런 일련의 과정을 통해 무브온은 민주당을 지키는 '새로운 친민주당 미디어New Blue Media'로서 위상을 확실히 갖게 되면서 진보 정치의 방식과 스타일을 완전히 바꿔놓았다.■

무브온은 강한 결속력 덕분에 '우파 기독교 연합'에 빗대 '좌파 기독교 연합Christian Coalition of the left'이라는 별명까지 얻었다. 무브온을 중심으로 한 호전적 공세에 보수 진영이 대항하면서 양 진영의 당파주의가 극단화되었으며, 이런 분열상을 빗대 '신新남북전쟁 시대'라는 말까지 나왔다. "내 편 아니면 모두 적"이라는 적대와 증오가 미국 사회에 만연해 있다는 지적이었다.

펜실베이니아대 부설 아넨버그 공공정책센터 연구원 캐슬린 홀 제미이슨은 "최근 비행기를 타고 가다 곁에 앉은 이가 조지 W. 부시를 비난한 마이클 무어Michael Moore의 책을 읽자 옆 좌석 승객이 자리를 바꿔달라고 하는 모습을 보고 충격을 받았다"며 "정치가 워낙 일상과 연결되다보니, 자신이 싫어하는 책을 읽는 사람 곁에는 앉기조차 싫어진 것"이라고 말했다. 이런 분열상에 대해 시사 주간지 《유에스뉴스앤드월드리포트》(2004년 10월 25일자)는 "이제 누군가 당신과 의견을 달리한다면, 그 사람은 그저 당신과 의견만 다른 게 아니다"라며 "그는 당신이 믿고 있는 신념을 모욕하고, 당신의 사는 방식을 위협하는 것으로 바뀌었다"라고 지적했다.[14]

무브온의 호전적 당파성

2004년 대선이 부시의 승리로 끝나자, 대선 직후 무브온은 전국적으로

예컨대, 찰스 더버는 무브온에 대해 이렇게 말한다. "무브온은 놀라운 조직이다. 무브온은 미국에서 일상적으로 작동하는 정치의 방식을 바꾸었다. 인터넷에서는 많은 돈을 들이지 않고, 함께 모여 가시적인 행동을 보여주지 않고도 운동을 전개할 수 있다는 것을 보여주었다. 또한 대중 간의 소통에 있어 엄청난 충격을 가져다주었다." 찰스 더버(Charles Derber), 김형주 옮김, 《히든파워》, 두리미디어, 2005/2007, 207쪽.

1,600여 개 오프라인 회원 모임을 열어 향후 진로를 논의했는데, 여기선 '풀뿌리 조직'으로 계속 활동해야 한다는 주장이 압도적으로 많았다. 무브온은 이후 수천만 달러를 들여 부시 행정부를 비판하는 광고 공세에 나서는 동시에 보수 성향 방송사인 폭스 뉴스에 광고하는 업체들에 광고를 중단하도록 압박·감시하는 운동을 벌이는 등 폭스 뉴스를 주요 표적으로 삼아 다양한 활동을 전개했다.

민주당 대선 후보들은 2004년 대선에선 폭스 뉴스가 주최하는 토론회에 참석했지만, 2008년 대선에선 무브온의 압박으로 참석을 거부했으며, 이런 거부는 주 단위의 민주당 전당대회에서도 똑같이 이루어졌다. 이에 폭스 뉴스 측은 무브온의 압박을 '스탈린식, 나치의 괴벨스식' 수법이라고 맹비난했지만, 민주당 지지자들의 폭스 뉴스에 대한 반감도 이에 못지않았다.[15]

폭스 뉴스의 보수 논객인 빌 오라일리는 무브온을 불법 단체로 규정하면서 하루빨리 문을 닫아야 한다고 비난했지만, 무브온은 '폭스 감시Fox Watch'라는 수천 명으로 구성된 모니터링 봉사단을 만들어 폭스 뉴스를 계속 괴롭혔다.[16] 오라일리와 더불어 또 다른 폭스 뉴스 진행자인 신 해니티 등은 "무브온이 민주당을 소유하고 있으며, 조지 소로스는 무브온을 소유하고 있다"라고 비난하기도 했다. 《워싱턴포스트》 등도 소로스가 무브온에 미칠 수 있는 영향력에 대해선 우려의 목소리를 냈다.[17]

무브온은 2004년 대선 패배를 경험 삼아 이전보다 더욱 공세적인 자세를 취하기 시작했다. 2006년 중간선거에서 무브온 자원봉사자들은 민주당 후보들을 당선시키기 위해 전화 통화 7백만 통, 소규모 파티 7,500건, 각종 선거 이벤트 6천 건 등을 추진하는 기록을 세웠다.[18] 이때 경험을 밑거름 삼아 무브온은 2008년 대선에서 자체 웹사이트와 이메일·문자 메시지 등을 적극 활용해 8800만 달러를 모금했고, 전국에서 자원봉사자 90여만 명을 모집해 버락 오바마가 대통령에 당선되는 데 결정적인 기여를 했다.

2008년 7월 무브온은 회원들에게 이메일을 보내, '오바마 때리기'를 중단하라고 폭스 뉴스에 요구하는 청원에 서명해줄 것을 부탁하기도 했다. "폭스가 인종차별주의까지 동원해 오바마를 비난하고 있습니다. 지금까지 42만 8,000여 명이 서명을 했는데, 50만 명이 넘으면 이 청원을 폭스 방송사에 전달할 겁니다. 그러면 언론이 이를 기사화할 것이고, 광고주들은 폭스에 광고를 하는 것이 얼마나 어리석은 짓인지 곧 깨닫게 될 겁니다."[19]

2008년 10월 워싱턴 진보 운동계의 한 축인 미국미래연구소IAF의 로버트 보로사지 소장은 "오바마 측 선거운동은 온라인 선거운동의 이정표를 세우고 있다"며 "무브온닷컴과 진보 운동권이 선거운동의 새로운 에너지와 자금, 자원봉사자들을 몰아주게 됐냐"라고 지적했다.[20]

민주당으로선 무브온이 더할 나위 없이 고마운 존재였지만, 세상에 공짜는 없는 법이다. 무브온이 무슨 일을 하건 민주당으로선 무브온에 대해 감히 싫은 소리를 할 수 없게 되었다. 무브온은 민주당 정치인 중 공화당에 타협적인 정치인들에 대해서도 맹렬한 반대 운동을 전개함으로써 민주당 또한 내부에서 균형 잡기가 매우 어렵게 되었다. 무브온은 민주당이 강경 노선을 걷도록 압박할 뿐만 아니라 민주당에 대한 자신들의 기여도를 내세우며 자기들 정당이라고 주장하는 지경까지 이르렀다.[21]

무브온의 청원 활동도 주로 당파성 중심으로 이루어졌다. 즉 골수 민주당 지지자들이 돈을 내고 서명을 하게끔 하는 뜨거운 이슈 중심으로 이루어진다는 것이다. 그런데 이는 온라인 조직인 무브온이 그들을 회원으로 만들 수 있는 이메일 주소를 확보하기 위한 조직 강화 전략이기도 하다. 무브온 지도자들은 뜨거운 열정이 흘러넘쳐 결과적으론 분노와 공포를 자극한 공화당 선거 전략가 칼 로브Karl Rove의 '복사판'이라거나 기독교 우익의 '복사판'이라는 말을 듣고 있으며, 그로 말미암은 무브온의 호전성은 미국 일부 진보적 지식인들 사이에서도 우려의 대상이 되었다.[22]

더욱 중요한 것은 진보파뿐만 아니라 보수파까지 무브온을 벤치마킹 대상으로 삼아 라잇마치RightMarch.com, 뱅가드TheVanguard.org 등 유사 온라인 단체들을 출범시킴으로써 온라인 당파 전쟁이 극렬하게 벌어진 사실이다. 무브온은 특히 미국의 우익 운동인 티 파티Tea Party에도 큰 영향을 끼쳤다. 티 파티 회원들이 우익의 무브온을 만들겠다는 일념하에 무브온의 운동 방식을 열심히 배운 것이다.[23] 공화당 계열도 2008년 대선 패배를 경험 삼아 유사 온라인 조직 육성에 수천만 달러를 투자하는 등 세 확산에 전력투구함으로써 이제 민주당과 대등한 전력을 갖추게 되었다.[24] 이는 미국의 정치적 양극화가 더욱 심화할 것임을 시사한다고 볼 수 있겠다.

미국과 한국의
구조적·환경적 차이

미국에서건 한국에서건 진보·개혁적 지식인들이 무브온을 예찬하는 이유는 주로 '참여'다. 싱크탱크, 컨설턴트와 여론조사 전문 기관 등 전문가들에 의해 장악된 전문화된 정치를 풀뿌리 중심으로 바꾸겠다는 것이다. 그 점에선 무브온이 이뤄낸 변화와 혁신은 긍정 평가할 만하다. 나중엔 달라졌지만, 초기엔 회원 모집 대상도 정치에 무관심하거나 냉소적인 사람들이었다. 이들을 대상으로 했기에 처음엔 메시지도 상대편에 대해 적대적이지 않고 거칠지도 않았다. 오히려 중도적 입장이었다. 그러나 시간이 흐르면서 달라지기 시작했다. 어떤 조직이건 조직은 곧 열정적 강경파에 의해 장악되기 마련이라는, 참여의 오랜 딜레마 법칙이 무브온에도 적용되었다.[25]

무브온에 어떤 문제가 있건, 정치 무관심층에 정치 참여에 대한 열정을 불러일으켰다는 점에서 암暗보다 명明이 더 크다고 볼 수 있다. 즉 미국의 무브온은 대체로 긍정적으로 평가할 수 있다는 것이다. 하지만 우리나라에서도 그런 것은 아니다. 무브온 모델을 수입하는 데엔 다른 문제가 있다. 한국의 여건은 전혀 다르다는 것이다. 미국은 '집동사니 국가patchwork nation'라는 말이 나올 정도로 주마다 정치체제와 방식이 다른 연방제 국가라 당파 싸움과 승자 독식의 완충 효과를 기대할 수 있다.[26] 하지만 한국은 정반대로 초강력 일극주의 국가다. 그 어떤 완충 효과도 기대할 수 없으므로 당파성 위주의 무브온 모델은 온 나라를 정치적 양극화의 소용돌이로 몰고 갈 수 있다.

한국은 일극 중앙집중성이 매우 강한 사회다(이는 제3장에서 자세히 다루겠다). 게다가 한국은 정부 수립부터 개발독재 시대에 이르기까지 시민사회를 억압하면서 위로부터 형성되고 사회의 분화와 발전의 정도와 비교하여 과대 성장하였다는 점에서 과대성장국가 overdeveloped state였으며,[27] 오늘날까지도 그런 기조가 유지되고 있다. 그런 상황에서 '중앙과 정상을 향한 맹렬한 돌진'을 수반하는 정치적 양극화는 국가 발전에 심대한 장애를 가져오게 돼 있다. 그럼에도 정치권은 물론 언론까지 양극화된 진영 논리의 포로가 되어 이 문제를 가벼이 보는 경향이 있다. 드물게나마 제시된 다음과 같은 네 진술을 음미해보자.

1. "우리 정치인에게 부족한 자질이 중용적 구상력이다. 부질없는 선악 이분법으로 국민을 분열시킨다." (고려대 명예교수 최상용)[28]

2. "성장에 대한 고민이 없고 '분노의 정치'로 표를 얻으려 하고 있어 집권해도 걱정이 더 심하다." (전 참여정부 청와대 정책실장/국민대 교수 김병준)[29]

3. "정치로 패가 갈려 자기네 진영에 불리한 일은 어떤 억지를 써서라도 깎아내리고 유리한 일은 무슨 궤변을 늘어놓아서라도 부풀리려 하는 게 요즘 세태다. 상식이 아니라 유불리가 판단 기준이다. …… 정치 앞에선 상식이 마비되고 억지와 궤변이 춤추는 나라가 지금의 대한민국이다." (《조선일보》 논설위원 김낭기)[30]

4. "한국 정치에서 여야 정쟁은 나라의 미래를 도모하는 상생과 화해의 정치가 아닌 상대를 죽이고, 자신만이 생존하는 극단적인 모함의 정치를 보여준다. 이는 우리 정치 문화의 극단적인 분노 정신에서 유래했다. 저항과 분노의 정치가 남긴 것은 서로에 대한 상처이며 국민들의 편가르기를 가속한다. …… 이러한 한국식 민주주의 정치 행태가 세계 자본주의와 한국 경제의 위기에 봉착해서도 반복되고 있다는 점은 통탄할 일이다." (배재

대 교수 장성호)[31]

위 네 발언이 시사하듯이, 한국의 정치적 양극화는 매우 심각한 수준이다. 구조적·환경적 여건이 크게 다른 미국의 무브온 모델을 수입하는 걸 재고하거나 한국 현실에 맞는 변화를 시도해야 할 이유다. 여기에 더하여 유럽과는 달리 미국 정치와 선거에선 '적개심'을 불러일으키는 것보다는 '자부심'을 일깨우는 것이 훨씬 더 강력한 무기가 된다는 가설이 타당하다면,[32] 미국보다는 유럽에 가까운 한국에서 무브온 모델의 부작용은 더욱 클 것으로 추정해볼 수 있겠다. 한국에서 벌어지고 있는 정치적 양극화의 메커니즘과 그 효과를 과잉 정치화, 집단 극화, 초기 효과, 대표성의 왜곡 등 네 가지 관점에서 살펴보면서 논의를 진전시켜보기로 하자.

과잉 정치화

1950년대부터 엘리트주의에 경도된 민주주의 이론가들은 높은 정치 참여도의 위험성을 우려해왔기 때문에, 어느 사회에서건 '과잉 정치화over-politicization'를 지적하는 건 엘리트주의 혐의에서 자유롭기 어렵다. 또한 과잉의 기준이 무엇인가 하는 물음에 답하기도 쉽지 않은 일이다. 그럼에도 한국이 정치 과잉 사회라는 데엔 폭넓은 공감대가 이루어져 있는 것으로 보인다.

그레고리 헨더슨은 한국인이 보이는 정치 과잉을 중앙 권력의 향배에 따라 자신의 운명이 좌우되는 시대를 살아온 오랜 역사의 산물이라고 봤다.[33] 이와 관련, 김성국은 "한국 현대사를 지배한 강력한 국가주의는 필연적으로 정치권력 제일주의의 신화를 모든 사람으로 하여금 신봉하게 하고 있다. 그야말로 한국의 정치는 무에서 유를 창조하고, 방방곡곡, 처처소소處處所所 어디 안 미치는 곳이 없을 만큼 막강한 위력을 발휘하였다"며 다음과 같이 말한다.

"특히 한국 정치의 지연주의적 속성에 따라서 모든 지역 시민사회는 혈연과 학연 그리고 패거리 인맥에 따라서 구축된 정치적 네트워크 속에서 거의 완벽하게 장악되었다 하여도 과언이 아닐 것이다. 선거 때만 되면, 이 연결망을 타고 돈 봉투를 중심으로 하여 온갖 루머, 인신공격, 흑색선전으로 탈바꿈하는 정치판이 벌어진다. 여기에는 노동자도, 도시 빈민도, 농민도, 지식인도, 중산층도 무차별적으로 얽혀들어 피동적으로 정치화된다. 선거에서 이기고, 권력을 장악한 자만이 미소 지을 수 있는 권력형 사회에서 시민사회의 구성원들은 생존을 위해서는 자발적이건 또는 비자발적이건 과잉 정치화되지 않을 수 없다. 문제는 시민사회 자체가 과도하게 정치화되어 권력투쟁의 대리 영역으로 오염되고 있다는 사실에 있다."[34]

그래서 뜨거운 정치 열기를 탓해야 할 것인가? 국가적 차원에선 그래야겠지만, 개인 차원에선 꼭 그렇진 않다. 정치 과잉은 그 누구에게나 합리적 선택이다. 정치가 제공할 수 있는 게 워낙 크고 다양하기 때문이다. 전반적으로 보아선 기업이 사실상 정치를 지배한다는 '기업 우위론'이 설득력 있지만, 기업별로 보자면 재벌 총수도 정치 앞에선 벌벌 떨 수 있는 게 현실이다. 사회적 약자들도 정치 앞에서는 절규하곤 한다. 아무 할 일 없이 놀 수밖에 없는 사람이라도 줄만 잘 서면 만인을 호령할 수 있는 공직의 우두머리로 변신할 수 있게 만들어주는 것 또한 정치의 힘이다. 그냥 가면 될 일도 안 되고 누군가의 전화 한 통화면 안 될 일도 되더라는 '게임의 법칙'을 터득한 사람들은 정치에 침을 뱉으면서도 정치 과잉의 삶을 살아야 할 이유를 절감하게 된다.

강력한 중앙집권적 국가주의와 더불어 입신양명立身揚名으로 대변되는 유교 문화의 관직 추구열도 과잉 정치화를 낳는 주요 원인이 되고 있다. 입신양명은 원래 좋은 의미였다. 세상을 위해 좋은 일을 한다는 뜻이 강했다. 그러나 입신양명의 좋은 취지는 변질해 이미 조선조에서부터 오늘날과 같은 의미의 출세주의를 뜻하게 되었다. 지금도 조상신에 대한 신앙의 형식으로 신주에까지 관직명을 붙이고 비석을 세울 뿐만 아니라 가보, 명함, 각종 모임 등에서 직함을 붙여 호칭을 사용하는 것은 그만큼 한국 사회의 정치 지상주의가 강고하다는 것을 말해주는 것이다.[35] '폴리페서polifessor'와 '폴리널리스트polinalist'와 같은 조어들이 널리 쓰이는 데서도 알 수 있듯, 한국처럼 대학교수와 언론인이 정·관계에 많이 진출하는 나라가 또 있을까? 한국 특유의 입신양명 문화가 아니고선 설명하기 어려운 현상이다.

그러나 바로 그 이유로 한국의 정치 담론은 '정치 결정론'에 근접할 정도로 정치의 중요성을 과장하며, 그 과정에서 언어적으로 과도하게 명분과 이타성을 내세우는 경향을 보인다. 심지어 시민운동가의 정계 진출을 시대적 사명으로 보는 주장마저 적잖은 호응을 얻고 있다. 예컨대, 안병진은 "정당과 시민운동의 굳은 벽이 이미 무너졌다. 정당이 내부에서 정치하고 시민운동은 외부에서 견제만 한다는 이분법적 이론은 20세기 낡은 유물이다"라고 주장한다. 그는 시민운동가는 시민적 가치를 훈련한 이들, 기성 정치인은 그런 훈련이 없는 사람들로 보면서, "시민운동가들의 정계 진출에 대한 비판은 결과적으로 현실 정치에서 기성 정치인에게 안정된 미래를 보장해준다"라고 말한다.[36]

무브온 모델을 예찬하는 것과 마찬가지로 이런 경향은 주로 진보 진영에서 두드러지게 나타나는데, 여기엔 '참여'를 강조하는 게 진보 진영에 유리하다는 전략적 판단이 알게 모르게 작용하는 것으로 보인다. 그러나 진보 진영만의 '승자 독식'은 가능하지 않게 돼 있다. 보수 진영도 같은 방식으로 대응할 것이기 때문이다. 이념·당파성이 강한 사람들은 내 편의 참여는 아름답지만 반대편의 참여는 추하다는 이중 기준을 갖고 있는데, 사교 집단이나 폭력 집단에 들어가는 것도 참여라는 점에선 다를 게 없다.[37] 즉 참여 자체를 과도하게 미화하기보다는 참여 내용과 방식에 주목할 필요가 있다는 것이다. 인터넷을 비롯한 정보통신 네트워크의 확산은 참여 요건 수준을 낮춰 과잉 정치화를 부추기는 경향이 있는데, 특히 한국의 인터넷은 '정보'보다는 '정치적 주장'을 발산하는 채널의 기능이 압도적으로 발달해 그런 경향을 심화시킨다.

과잉 정치화는 정치적 양극화를 낳고, 정치적 양극화는 과잉 정치화를 부추기는, 순환 관계를 형성하고 있는데, 이 때문에 나타나는 심각한 문제 중의 하나가 바로 '공무원의 과잉 정치화'다. 예컨대, 공무원이 뭔가 해보려고 열심히 일하면 '친親정권 공무원'으로 찍혀 다음 정권에서 한직으로 밀릴 테니, 그럴 바엔 차라리 정권이 바뀌어도 계속 상대해야 하는 이익 집단 눈치를 보는 것이 낫다는 것이다. 그래서 자연히 이익집단 쪽으로 움직이는 경향이 매우 강하게 나타나고 있다.

이와 관련, 전 대통령실장 임태희는 "공무원들에게도 친정권, 반정권이 있더라. 이런 대결 구도 때문에 아무리 좋은 정책을 내려보내도 실현이 안 되는 것이 지금 이 나라 현실"이라며 다음과 같이 말한다. "(이윤 추구보다는 사회적 기여를 목적으로 하는) 사회적 기업에 대한 지원 정책은 지난 (노무현) 정권의 역점 사업이었다. 그런데 현 정부가 들어서면서 흐지부지됐다. 현 정부가 막아서가 아니라 (새로 중요 자리에 임명된) 공무원들이 '사회적 기업' 하면 좌파 색깔이 있는 거라고 보고 (알아서) 그렇게 한 것이다. 지방자치단체에서도 이런 일은 수없이 많다. 한나라당 시장 시절에 열심히 일했던 사람은 민주당으로 바뀌고 나면 전부 안 좋은 보직으로 간다. 그러니 모두 '너무 열심히 하지 말고 누구한테도 책잡히지 않을 정도로 어정쩡하게 일하는 게 좋다'라는 식으로 분위기가 바뀌어 있다."[38]

공무원들만 그런 게 아니다. 심지어 학계마저 정치적 영향을 크게 받아, 정권이 바뀌면 사회참여를 하는 교수들마저 '물갈이' 될 정도다. 정부와 공적 기관의 '인사'와 '예산'이 과도하게 정치화되어 있기 때문에 벌어지는 일이다.

공공 영역을 이권 투쟁의 마당으로 전락시키지 않으려면, 정치적 바람을 타지 않고 시민사회의 상식과 양식으로 움직이는 영역을 넓혀나가야 한다. 이게 진정한 개혁이다. 그러나 한국판 무브온은 이런 개혁을 하겠다는 게 아니다. 그 어떤 선의에도 '이념'이나 '코드'를 앞세워 모든 걸 '정치화'하려는 것이다. 우리는 개혁을 여전히 사람이나 세력 중심으로 생각하는 데 익숙한데, 이게 바로 대선의 중요성이 실제로 갖는 의미와 가치 이상으로 증폭되는 이유기도 하다. 대선 결과에 따라 자신의 생계와 위상이 결정되는 수만 엘리트 계급의 열망과 공포가 확대·재생산되면서 대선은 나라의 흥망성쇠가 걸린 문제인 양 오인되면서 정치적 양극화는 심화한다.

집단 극화

'집단 극화group polarization'는 동질적인 사람들로 구성된 집단에서 가장 과격한 의견이 우위를 점하게 되는 경향을 말한다. 특히 인터넷처럼 정보를 임의로 취사선택할 수 있는 공간에서 쉽게 일어난다. 비슷한 생각을 하는 사람들끼리 모여 의견을 주고받는 과정에서 반대 의견을 들을 기회가 없으며, 자신의 생각을 강화시킬 수 있는 새로운 정보만 획득하기 때문이다. 이런 집단엔 과격화를 선도하는 주동자들polarization entrepreneurs이 있기 마련인데, 대부분의 정치 관련 사이트와 SNS에서 그런 사람들이 대표 논객으로 활동하는 건 결코 우연이 아니다.[39]

이와 관련, 니컬러스 카Nicholas Carr는 "인터넷상에서 같은 성향이 있는 사람들, 그리고 자기 마음에 드는 생각들을 찾기가 얼마나 쉬운지를 고려해보고 동질 집단을 형성하려는 우리의 타고난 성향을 가정한다면, 우리는 '이데올로기적 확대'가 온라인에서 쉽게 확산하리라는 것을 알 수 있다"며 다음과 같이 말한다.

"더 나아가 상황이 더 뒤틀리고 왜곡된다면, 인터넷에서 이용할 수 있는 매우 풍부한 정보가 과격주의를 완화하는 데 기여하는 것이 아니라 오히려 그것을 더욱더 확대하는 데 기여할지도 모른다. 콜로라도 연구가 보여준 바처럼, 사람들은 현재 내 견해를 지지하는 부가적인 정보를 발견할 때면 언제나 그 견해가 옳고, 자신과 다른 견해를 가진 사람들이 틀렸다고 한층 더 확신하게 된다. 정보를 확증해주는 단편적 지식 각각은 내 견해가 정확하다는 믿음을 더 강화한다. 그리고 그런 믿음이 강해지면서 사람들의 견해도 더욱더 극단화되는 경향을 보인다. 결국 생각이 똑같아지게 된다. 다시 말해, 인터넷은 다른 견해를 가진 사람을 분리하는 경향이 있을 뿐만 아니라 양 집단 간의 차이를 확대하는 경향이 있을 것이다."[40]

인터넷이 정치에 미치는 영향이 커지면서 인터넷에서 벌어지는 집단 극화는 정치의 집단 극화에 큰 영향을 끼친다. 이런 집단 극화 때문에 경쟁하는 집단들이 벌이는 극단적 싸움은 미디어의 좋은 '뉴스거리'가 되는바, 여기에 미디어의 과장 보도가 더해지면서 전반적인 여론의 형성에도 큰 영향을 끼친다. 그리고 이는 여론을 양극화시키는 효과를 낳는다.[41]

여기에 '편향 동화biased assimilation'가 가세해 대화와 토론은 무의미한 것이 되고 만다. 편향 동화는 자신의 생각과 다른 글은 어리석고 터무니없는 주장으로 치부하고, 자신의 생각과 같은 주장은 현명하고 논리적인 것으로 받아들여 결국 자신의 기존 입장을 더 강화시키는 현상을 말한다. 이와 관련, 캐스 선스타인Cass R. Sunstein은 다음과 같이 말한다.

"사람들은 자신의 견해와 반대되는 의견은 그것을 뒷받침하는 강력한 증거들이 있어도 무시해버린다. 그리고 자신의 견해와 어긋나는 정보들이 수두룩함에도 극단적인 움직임을 보이는 것이다. 그런 정보들을 단순한 선전물로 간주해버린다. 중대한 문제일수록 기존에 가진 애착, 두려움, 판단, 선호는 고정되어 있기 때문에, 그것과 배치되는 정보가 아무리 많아도 기존 입장에 대한 확신은 그대로 유지된다. 특히 극단주의자들은 확고한 신념을 갖고 있어서, 그 신념에 반대되는 증거나 정보를 접하더라도 기존 신념이 줄어들기는커녕 더 커지는 경우가 많다."[42]

자기편 집단의 결속력이 강하면 이른바 '집단 애착in-group love'이 생겨난다. 마크 세이지먼Marc Sageman은 이런 때 "집단은 구성원들끼리 상호작용이 활발해지는 '반향실echo chamber' 역할을 하게 되고 자기들이 가진 우려나 신념을 키워서 결국 다른 사람들에 대한 증오심으로 발전시킨다"라고 했다.[43]

집단 극화는 공론장이 갈가리 찢긴 채로 각자 극단으로 치닫는 이른바 '사이버 발칸화cyberbalkanization'를 촉진한다. 이와 관련, 백지운은 다음과 같이 말한다. "글로벌한 정보 인프라의 출현을 통해 지리적 경계를 뛰어넘은 '지구촌'이 형성되는 듯하지만, 사실상 사이버 공간을 통해 사람들은 자신과 정치적·문화적·경제적 관점과 입장이 비슷한 사람과 공동체를 형성한다. 따라서 결과적으로 인터넷은 자기와 다른 문화에 대한 이해를 키우기보다 상대를 적대하는 소국들로 분열되는 '발칸화'의 위험을 더 많이 낳는다."[44]

뉴미디어는 아예 그런 발칸화를 알고리즘의 수준으로까지 올려놓는다. 무브온의 이사장인 엘리 패리저Eli Pariser는 《생각 조종자들》(2011)에서 "나는 정치적으로 왼쪽이지만 보수적인 사람들이 어떻게 생각하는지 듣고 싶다. 그래서 그들과 친분을 맺고 몇몇은 페이스북에 친구로 등록했다. 나는 그들이 어떤 글을 읽고 보는지, 의견은 무엇인지 그들의 생각을 알고 싶었다"며 다음과 같이 말한다.

"그러나 그들의 링크는 나의 뉴스 피드(News Feed: 특정한 뉴스를 다른 서버로 전달하는 것)에 올라오지 않았다. 그 이유는 페이스북이 산수를 하고 있기 때문이다. 페이스북은 내가 여전히 진보적인 친구들을 더 자주 클릭하고 있다는 사실을 계산하고서 그들의 링크를 올려주는 반면, 보수적 친구들의 글이나 레이디 가가의 최신 비디오 파일과 같은 내용은 나에게 링크해주지 않는다. 나는 페이스북이 무엇을 보여주고 무엇을 감추는지 알아내기 위해 몇 가지를 조사해보았다. …… 나는 개별화가 우리에게 얼마나 가까이 있는지를 알고는 다시 한 번 경악했다. 구글과 페이스북뿐 아니라 웹 사이트 대부분이 개별화를 하고 있었다."[45]

개별화, 즉 사이버 발칸화는 사이버 세계만의 문제로 끝나지 않는다. 총합으로서의 온라인 미디어가 전통적인 오프라인 미디어의 패권에 균열을 내거나 오히려 그들을 압도함으로써 오프라인 미디어는 시장 규모 유지 또는 확장의 한계를 스스로 절감 또는 예감해 백십여 년 전의 '정파 저널리즘' 모델로 복귀하는 경향을 보이고 있다. 기존 시장 구조에 '핵폭탄'이 떨어진 상황에서 연명 수준에서나마 정파성이 오히려 '이익이 되는 장사'라는 것이 분명해졌기 때문이다. 이 또한 다시 집단 극화시킬 것은 두말할 나위가 없다.

'정치적 올바름'의 일탈

정의로운 목적을 위해 생겨난 진보적 운동이 일탈을 저지르곤 하는 것도 바로 집단 극화 때문인데, 그 좋은 예가 '정치적 올바름PC: Political Correctness' 운동이다. 이 운동은 우선 미국인들의 언어 사용에 주목해 차별이나 편견에 바탕을 둔 언어적 표현이나 '마이너리티'에게 불쾌감을 주는 표현을 바로잡게 하는 데 주력했다.

그런데 이 운동 진영의 포용력에 문제가 있었다. 그들은 자신들의 운동에 반대하거나 공감하지 않는 사람들에 대해 '인종차별주의자'나 '성차별주의자'라는 딱지를 남용하는 경향이 없지 않았다. 그래서 반대자들은 그들의 그런 행태가 죄 없는 사람을 공산주의자라고 부르는 것과 무엇이 다르냐며 '새로운 매카시즘'이라고 비난했다. PC 운동가들을 '언어 경찰language police', '사상 경찰thought police'이라고 부르는 목소리도 높았다.[46] '권위주의적 리버럴리즘authoritarian liberalism'이라는 딱지도 붙었다.[47]

대학들이 시류에 편승해 앞다투어 이 운동을 수용하는 '과잉 경쟁'을 한 것도 문제를 악화시키는 데 일조했다. 코네티컷 대학University of Connecticut은 '부적절한 웃음'을 금지했고, 듀크 대학Duke University은 흑인 학생을 조롱하는 표정을 찾아내기 위한 감시위원회를 조직했다. 미네소타 대학University of Minnesota은 성적 관심의 대상이 된다는 이유로 여학생들의 치어리더 활동을 금지했다. 치어리더 여학생들이 자신들은 그렇게 생각하지 않으며 괜찮다고 반발하자 대학 측은 "자신들도 모르는 사이에 희생자가 되고 있기 때문에 그들의 의견은 중요하지 않다"라고 반박했다.

여러 대학에서 PC 위반에 대한 규제와 징계를 하는 데 적용한 원칙에도 무리가 많았다. 예컨대, 누군가를 모욕할 의도가 없었다고 말하는 건 면책이 안 되었으며, 증거는 필요 없고 피해자의 진술만으로 충분했다. 80년대 말 미시간 대학University of Michigan은 그간의 경험상 피해자가 거짓 진술은 하지 않는 법이라고 주장했다.

그러나 1990년 3월 에모리 대학Emory University에서 일어난 사건은 그런 주장을 무색하게 만들었다. 한 흑인 여학생이 극심한 인종차별을 당했다고 주장해 전국적 화제가 되었던 사건이다. 이 여학생은 자신의 기숙사 방에 괴한이 침입해 벽에 살해 위협을 포함한 인종차별 욕설을 써놓았다고 말했다. 그러나 이 주장은 여학생이 자신의 시험 커닝 사건에 쏠린 관심을 돌리려고 벌인 자작극임이 밝혀졌다. 인종차별을 부각하는 데 앞장섰던 전미유색인지위향상협회NAACP 애틀랜타 지부가 곤란하게 됐지만, 지부장은 개별 사건의 사실 여부가 중요한 게 아니라 백인 중심의 대학에서 흑인 학생이 차별당하고 있는 현실이 중요하다고 반박했다.

스탠퍼드 대학에선 백인 학생이 흑인 학생에게 욕을 하는 건 안 되지만 그 반대는 가능하다는 스피치 코드speech code를 제정했다. 피해자의 특권이라는 이유에서였다. 하와이 법대 교수 마리 마쓰다Mari Matsuda는 "희생자가 우세한 집단 구성원에게 불쾌한 언어로 공격하는 것은 허용된다"라고 주장했다.[48]

이렇듯 과잉의 연속이었다. 왜 그렇게 된 걸까? 캐스 선스타인은 이런 과잉이 이른바 집단 극화에 의한 '정보와 평판의 쏠림 현상'에서 비롯된 것이라고 말한다. "사회적으로 선호되는 견해를 지지할 뿐만 아니라 서로 비슷한 사고방식을 가진 사람들은 주로 그들 간에만 대화를 나눌 것이고, 이는 더욱 심한 극단주의로 이어질 수밖에 없다. 바로 이런 이유로 많은 캠퍼스에서 정치적 올바름이 정말 극단적이고 때로는 심지어 터무니없는 수준까지 가기도 한다. 그 결과 학생들은 미국 사회 전반에서 널리 공유되는 보수적이거나 온건한 입장을 주장하기 점점 어렵다고 느끼게 되는 것이다."[49]

한국 '사모' 그룹의 전투성

한국에서 정치인은 물론 적극적인 참여 대중이 이슈와 정책보다는 늘 집단과 개인에 대한 '심판'과 '응징'을 외치고 '독재', '타도', '박멸', '파탄', '망국' 등과 같은 극렬한 과장법을 구사하는 이유도 바로 여기에 있다. 이런 집단 극화를 실행에 옮기는 주력 세력은 이른바 '사모(사랑하는 사람들의 모임)'들이다. 정치판 사모는 반대편 사모에 대해 매우 전투적이다. 2000년대 중반 일부 노사모 회원들은 한나라당 지지자들을 '수구꼴통', '박빠(박근혜 열성 지지자)', '차떼기', 민노당 지지자들을 '민노 찌질이'라고 불렀고, 반대로 한나라당 지지자들은 노사모에 '노빠', '유빠', '뇌사모', '뚜껑 열린당' 등의 딱지를 즐겨 썼다.[50]

당시 같은 당내에서도 사모들 간 전쟁이 치열했다. 예컨대, 박사모는 최고위원 원희룡이 4·30 재보선 개표 현장에 나오지 않았다는 이유로 탈당을 요구했고, 조기 전당대회를 주장한 홍준표·고진화 등에 대해 "스스로 목을 쳐라"라며 원색 비난했다. 유시민을 지지하는 '유빠'는 국참연대를 향해 실용파에 기대고 있다며 '궁물연대'라고 비하했고, 국참연대는 '유빠'를 '광신도 집단'으로 불렀다.[51]

열린우리당에선 당원 게시판에 시도 때도 없이 글을 올리는 열성 당원을 '당게파' 혹은 '당게 낭인浪人'이라고 불렀는데, 당 관계자는 "140여 명에 불과한 당게파가 사실상 당 분위기를 주도한다"라고 했다. 한 중진 의원은 "여당 의원 146명이 네티즌 당원 140여 명을 당하지 못하고 끌려가는 꼴"이라고 했고, 수도권 초선 의원은 "당게파들 눈치를 보며 약삭빠르게 노는 의원들이 먼저 망할 것"이라고 했다.[52]

열린우리당 홈페이지 당원 게시판에 공개된 한 기간 당원의 분석으로는 6월 1일부터 15일까지 보름간 올라온 게시판 게시물 2,201건 중 30퍼센트에 달하는 485건이 당게 낭인 12인의 글이었다. 한 당게 낭인은 보름 동안 글 90건을 올린 것으로 조사됐다. 당게 낭인이 쓴 글들은 이른바 실용파들에 대한 비판이 주였다. 당 핵심 관계자는 "우리당 의원 146명이 당게 낭인 12인을 이기지 못하고 끌려다닌다는 것은 부끄러운 일"이라며 "당 차원에서 대책을 검토할 것"이라고 말했다.[53] 그러나 여야를 막론하고 정당이 극소수 강경 지지자들에 의해 끌려다니는 현상은 지금도 계속되고 있다.

국토가 넓은 저밀도 사회에선 시위를 조직하는 게 매우 어렵다. 멀리 떨어져 분산된 사람들을 한곳으로 불러 모으는 데 따르는 비용과 시간을 감당하기 어렵기 때문이다.[54] 오프라인 모임을 하기도 하지만, 미국의 무브온이 기본적으로 온라인 조직의 형태를 취한 이유기도 하다. 반면 한국처럼 인구밀도도 높은 데다 세계 최고 수준의 도시 밀집화가 이루어진 사회에선 시위자들을 불러 모으는 일이 매우 쉽다. 언론 보도를 보거나 친구 전화를 받고도 짧은 시간 내에 시위 현장으로 갈 수 있는데, 대도시에서 열리는 대규모 시위엔 이런 참가자들이 매우 많다. 시위는 대부분 도심 한복판에서 벌어지기 때문에 퇴근·하교 길에 동참하기도 용이하며, 심지어 시위 현장에서 동창 모임을 하는 일마저 일어나곤 한다.[55] 이런 특수한 환경에서 무브온과 같은 당파적 온라인 모델이 생기면, 오프라인 모임이 온라인 양극화를 증폭시키는 효과를 내게 됨으로써 집단 극화를 심화시키는 결과를 초래할 것이다.

초기 효과

좌우를 막론하고 정치에서 소통을 어렵게 만드는 건 늘 순수주의자들purists이다.[56] 이들은 가능성을 추구하는 정치를 이상을 추구하는 종교처럼 대하기 때문에 타협을 거부하는 강경파로 활약하기 마련이다.[57] 어느 집단에서건 이런 강경파는 소수임에도 지배력을 행사한다. 강경파와 강경파 지지자들의 강점은 뜨거운 정열이다. 일반 유권자들의 경우, 선거일에 투표만 하는 것도 정치 참여지만, 그건 가장 낮은 단계의 참여다. 생업을 잠시 중단해가면서까지 자신이 지지하는 정치인이나 정치 세력에 자금을 지원하고 모든 관련 정치 집회나 시위에 열심히 뛰어드는 참여를 생각해보자. 이런 높은 단계의 참여를 하는 이들은 '일당백'이다. 한 사람이 겨우 투표나 하는 유권자 100명, 아니 그 이상의 몫을 해낸다는 것이다. 따라서 머릿수로 따질 일이 아니다. 정당, 지지자 모임 등 어느 조직에서건 강경파가 머릿수 이상의 영향력을 행사할 수 있는 결정적 이유다.

정치인의 선발 과정에서 이런 '초기 효과'는 매우 중요한 의미가 있다. 열성적인 지지자를 많이 거느린 후보들만이 경쟁의 무대에 오를 수 있다는 걸 의미하기 때문이다. 선거 과정이 진행되면서 초기의 열성적 지지자들은 소수가 되지만, 그들이 초기에 구축한 '파워 베이스'는 이후에도 지속적인 영향력을 행사하기 마련이다. 그런 베이스에서 거절당하면 아예 출사표를 던질 기회조차 얻지 못하기 때문에 정치인들은 '당파성 전사'로 나서야 한다는 걸 온몸으로 느끼고 있는 셈이다.[58] 그래서 미국에선 예비선거 시스템이 정치적 양극화를 악화시킨다는 우려가 제기되고 있다.[59]

정치인의 선발 이후에도 정치 담론의 수요 의제와 내용이 강경파들에 의해 초기에 결정되면 정치는 선악 이분법의 도덕으로 변질하곤 한다. 또 이들은 기존 모든 제도에 대해 강한 불신을 드러내면서 대중과의 직접적인 관계를 강조한다. 그런 가운데 정치를 비난하면서도 정치를 하는 모순을 해소하기 위해 '위기'를 과장하면서 정치 담론을 도덕 담론으로 전환한다.[60]

이런 초기 효과를 잘 보여준 게 바로 2012년 6월 9일에 치러진 민주통합당 대표 경선이다. 이 경선에선 이해찬이 총 6만 7,658표(24.3퍼센트)를 얻어 김한길을 불과 1,471표(0.5퍼센트포인트) 차이로 꺾었는데, 그 내용이 흥미롭다. 이 전당대회는 당 대의원 30퍼센트, 당원·일반시민 선거인단 70퍼센트 비중으로 치러졌는데, 대의원 투표에서는 김한길이 이해찬에 2,400여 표 앞섰지만 모바일 투표에서는 이해찬이 3,900여 표가량 앞섰다. 김한길 측은 "모바일 투표에서 39세 이하에 적용된 가중치 때문에 졌다"라고 주장했다. 가중치가 적용된 39세 이하 표의 상당 부분이 정봉주 전 의원 팬클럽인 '정봉주와 미래권력들'(이하 '미권스') 또는 문성근이 이끄는 친노 성향 국민의 명령 회원들 표로 추정되었기 때문이다.

20만 명이 넘는 회원을 보유한 미권스는 이미 지난 1·15 전당대회 당시 친노인 한명숙·문성근 후보가 1, 2위를 차지하게끔 하는 등 상당한 영향력을 발휘한 바 있었다. 미권스는 '이해찬 후보 지지' 의사를 밝혔을 뿐만 아니라, 김한길을 지지하는 의원들에게 원색적 비난 공세를 퍼부었다. 모바일 선거인단 12만 명 중 약 8만 명이 모집 기간 마지막 이틀인 29·30일에 몰렸는데, 미권스가 마지막 날 등록한 5만 5,000명의 다수를 차지한다는 분석도 제기되었다.

이해찬 측도 미권스의 힘을 인정했다. 이해찬 후보 선대위의 오종식 대변인은 이해찬의 승리는 "개혁적 성격을 가진 2030세대가 다수를 차지하는 그룹들이 자발적으로 참여한 결과"라며 "앞으로 다가올 대선에서 2030세대를 어떻게 끌어들일지가 중요하다"라고 말했다. 미권스 지지자들의 뜻에 화답하듯, 이해찬은 당 대표에 당선된 다음 날 6·10 민주항쟁 25주년 기념식에서 "저 패악 무도한 정권을 이제 끝장내야 한다"라고 주장했다.[61]

학계 일각에선 미권스와 같은 조직표가 민심을 왜곡할 수 있다는 우려가 제기되었다. 최장집은 "당직·공직 후보를 모바일 투표로 결정한다는 발상은 나쁜 의미에서 혁명적"이라며 "모바일 기제에 친숙한 그룹의 정치적 특성과 과다 대표의 문제가 있다"라고 했다. 또 "이들은 특정한 이념, 태도, 취향, 정서, 열정을 가진 사람들로 특정한 인물에 대한 열정과 지지의 강도가 높다"라고 했다. 그는 "온라인 공간의 단절되고 짧은 사이클로 명멸하는 변덕스러운 여론으로는 지속적이고 강력한 정치적 의제를 만들기 어렵다"라고 주장했다.[62]

반면 모바일 투표를 지지한 이남주는 "정당의 정치 행사가 그들만의 리그로 전락하지 않고 국민의 관심과 참여를 이끌어냈다"는 점을 긍정 평가하면서 "김한길 의원도 이번 결과에 불만이 없지는 않겠지만 이해찬-박지원 거래에 대한 반발을 넘어 국민이 선거 과정에 더 적극 참여하도록 비전을 제시하지 못한 것이 2위로 밀린 더 중요한 원인이라는 점을 인정할 필요가 있다"라고 주장했다.[63]

이는 참여를 둘러싼 오랜 논쟁의 한 단면이라 할 수 있다. 유권자의 광범위하고 적극적인 참여는 모두가 다 인정하는 민주주의의 이상이지만, 사회 전반에 걸쳐 정치 혐오가 팽배한 우리나라에서 '정치화된' 소수 젊은층이 초기 효과를 발휘할 때 나타나는 문제를 어떻게 볼 것인가 하는 게 쟁점이다. 즉 이른바 '참여 격차participation gap'의 문제가 한국에선 매우 심각하게 나타나고 있는데, 이를 모른 척하면서 참여의 중요성과 미덕만 강조하는 일반론은 위선이거나 기만이 아니겠느냐는 것이다.■ 한국판 무브온은 이에 대한 논의를 건너뛴 채 바로 이 문제를 증폭시켜 정치적 양극화를 심화시킬 가능성이 매우 높다고 볼 수 있다.

2 중립은 곧 악의 편이디 97

중립은 곧
악의 편인가?

초기 효과에 의해 정치 담론이 도덕 담론으로 전환하는 상황에선 중간파가 설 자리가 위축되며, 정치적 중립을 '악의 편'으로 매도하는 주장마저 적잖은 힘을 얻게 된다. 안철수의 발언에 대한 유시민의 비판이 그 좋은 예다. 안철수는 2012년 4월 3일 전남대 강연에서 "(총선에서) 정당·정파보다는 사람을 보고 뽑아야 한다"라고 했다. 이 말은 한 학생이 "정치 세대교체의 필요성과 대립 구도로 자리 잡은 구태 정당정치에 대해 어떻게 생각하느냐"는 물음에 답하는 과정에서 나왔는데, 안철수의 답변을 그대로 소개하면 다음과 같다.

"(공동체) 규모가 커질수록 조직화된 소수집단의 의사가 반영되기 더 쉬워진다. 다수의 뜻을 반영하려면 선거에 적극 참여하는 것 말곤 방법이 없다. 몇 가지 가이드라인을 말하겠다. 첫째, 진영 논리에 빠져서 정파적 이익에 급급한 분들이 아니라 국익을 생각하신 분들이 있다면 그분을 뽑는 게 맞는 것 같다. 둘째, 자꾸 과거에 관해 이야기하기보다 미래에 관해 얘기하는 사람이 적임자다. 셋째, 증오·대립·분노 이런 얘기만 하시는 분

앞서 모바일 투표를 옹호한 이남주도 그렇지만, 한국의 참여 예찬론자들은 놀랍게도 한결같이 '참여 격차'의 문제를 외면하고 있어서 그 어떤 정치적 저의를 가진 게 아닌가 하는 의구심마저 갖게 한다. 참여 격차를 외면하는 참여 예찬론자들은 서구에서도 강력히 제기되고 있는 '참여 격차 심화'에 대한 다음과 같은 우려에 주목하는 게 좋을 것 같다. "이 불평등은 반드시 극복되어야 한다. 참여 격차를 오랜 시간 방치한다면 그로 말미암은 비용은 우리가 감당하기 어려운 수준까지 올라갈 것이다." 존 팰프리(John Palfrey), 우르스 가서(Urs Gasser), 송연석·최완규 옮김, 《그들이 위험하다: 왜 하버드는 디지털 세대를 걱정하는가?》, 갤리온, 2008/2010, 27쪽.

보다, 온건하고 따뜻하고 그런 분들이 있다. 말이라는 게 인격이다. 말을 들어보면 인격을 알 수 있다. 인격이 훨씬 성숙하신 분을 뽑으면 좋겠다. 넷째, 정당이나 정파보다는 오히려 개인을 보는 게 옳다고 본다. 미래 가치에 부합하는 사람인가 아닌가가 가장 중요하다. 선거에 대한 변화도 거기서 생기는 것이다. 영남, 호남, 충청, 강남 이런 데는 어느 당이 될지 다 정해져 있는데, 시민의 선택으로 얼마든지 (권력이) 교체될 수 있다는 것을 보여주는 게 미래 가치를 현실화하는 방법이다."[64]

이 발언에 대해 유시민은 4월 5일 "도덕이 위기에 봉착한 시기엔 양비론이 설 자리가 없다"라고 반박했다. 그는 이전에도 "지옥의 가장 뜨거운 자리는 도덕적 위기의 시대에 중립을 지킨 사람을 위해 예약돼 있다" 거나 "중립은 곧 악의 편" 이라며 안철수의 선택을 압박해왔다.[65]

유시민의 진의와 선의는 "잘못된 과거를 단절 안 하고, 심판 안 하고 새로운 미래로 어떻게 나가나"라는 말속에 담겨 있는 것 같다.[66] 백 번, 천 번 옳은 말이긴 한데, 그렇게 하는 데엔 이런 문제가 있다. 한국의 역사 신행 방식은 한 번도 그런 적이 없었다는 것이다. 그런 역사를 저주하는 사람들도 많지만, 그들 역시 그런 역사 진행 방식의 수혜자일 수 있다는 걸 생각해봐야 한다. 예컨대, 김대중·노무현 정권에서 저질러진 잘못된 과거에 대한 단절과 심판은 제대로 이루어졌는가를 자문자답해봐야 한다. 한국 역사는 건너뛰는 역사다. '빨리빨리'에 중독되었기 때문인지도 모르겠다.

단절과 심판의 방법론도 문제다. 그건 사실상 유권자들이 해줄 수 있는 게 아닌가? 그런데 유권자들은 단절과 심판에 전적으로 동의하더라도 그 메시지만으론 표를 주지 않는다. 즉 단절과 심판을 위해서라도 단절과 심판을 주요 이슈로 외칠 필요는 없다는 것이다.

어찌 됐건, 그 진의와 선의가 무엇이건, 아직도 많은 이들이 선악 대결구도가 불가피했던 80년대를 살아가는 식으로 정치를 바라보고 실천하는 게 현실이라는 건 부인할 수 없는 사실이다. 그러나 이에 대한 안철수의 메시지는 단호하다. "청년 일자리 창출하는 데 진보가 답을 내놨나 보수가 답을 내놨나. 일자리 창출은 이념을 초월하는 가치인데 이쪽에서 어떤 의견 내면 다른 쪽은 반대 의견을 자동으로 내고…… 그런 이념은 차라리 필요 없다."[67]

"중립은 곧 악의 편"이라는 주장에 지지를 보내는 사람들도 많겠지만, 기존 정치적 양극화와 그에 따른 증오·대립·분노의 정치에 염증과 환멸을 느끼는 사람들이 더 많다고 보아야 하지 않을까? 그런데 여기엔 또 이런 문제가 있다. 전체 유권자 중 40퍼센트를 차지하는 무당파 유권자는 늘 대변되지 않는 '침묵하는 다수'라는 점이다. 정치에 열정이 있을 리 없으니, 인터넷에 댓글 한 줄 다는 것도 잘하지 않는다. 인터넷에서 핏대 올리며 자기 의견을 강하게 개진하는 사람들은 주로 좌우, 여야를 막론하고 "중립은 곧 악의 편"이라고 믿는 이들이다. 속된 말로, 중립은 장사가 안되는 정치 노선이다.

안철수는 정치권 밖에서 전혀 다른 방식으로 치고 들어왔기에 '중도'를 표방하고서도 폭발적인 인기를 누릴 수 있었다. 정당정치의 이론으로 보자면, 기가 막힌 일이겠지만, 중도의 탈출구가 전혀 보이지 않는 현실을 고려하면, 한국 사회의 큰 행운으로 볼 수도 있는 일이었다.

개그맨 이경규는 자신의 정치적 입장에 대해 "나는 진보수다"라고 했다. '진보+보수'의 '진보수'라는 뜻이다. 개그맨 김제동은 "진보가 뭐고 보수가 뭔지 모른다"며 "나는 좌파도 우파도 아닌 기분파다"라고 했다.[68] 소설가 이외수는 "좌파냐 우파냐 굳이 묻는다면, 난 '내 멋대로 살고파' 다"라고 했다.[69] 개그로 가볍게 넘길 수도 있겠지만, 좀 더 깊이 생각해보자면, 이 세 사람의 '편 가르기 조롱' 이야말로 시대를 앞서 가는, 우리가 취해야 할 진정한 시대정신은 아닐까?

대표성의 왜곡

민주주의 사회에선 사람마다 참여에 관한 관심과 참여하는 정도가 다르기 마련이다. 그래서 생겨나는 '차등적 참여differential participation'와 그로 말미암은 '대표성의 왜곡representational distortions'은 민수주의 이론가들의 오랜 고민이었다.[70] 참여 모델 대부분이 참여의 수요와 공급 중에서 공급에 영향을 끼치는 요인들을 탐구하는 데 주력하고 있지만, 정치 참여의 수요를 창출하는 개인이 처한 정치·사회적 상황을 살펴보는 것도 중요하다는 건 두말할 나위가 없다.[71]

이미 지적되었듯이, 과잉 정치화·집단 극화·초기 효과 등의 문제는 대표성의 왜곡이라는 문제로 귀결된다. 설사 과잉 정치화·집단 극화·초기 효과 등으로 영향력을 얻게 된 사람들이 일반 대중보다 정의롭고 선진적인 비전이 있는 집단이라 할지라도, 이들이 대표성을 전혀 갖지 못한 상태에서 정치 전반을 주도하는 것이 과연 바람직한가 하는 문제가 대두한 것이다. 과격파가 과잉 대표되고 중도파가 과소 대표되는 메커니즘은 의제 설정의 왜곡을 가져오기 마련이다. 국민 관점에서 더 중요한 문제보다는 자신들이 중요하게 생각하는, 주로 이상의 실현과 관련된 피를 끓게 하는 이슈가 더 부각된다.[72]

바로 이 점에서 한국판 무브온이 갖는 한계가 적나라하게 드러날 수 있다. 적극적인 온라인 참여를 할 수 있는 사람들은 이념·계층·연령 등에서 어느 한쪽에 치우친 편향성을 보일 가능성이 높으며, 실제로 그간 그런 경향을 보여왔기 때문이다. 물론 참여는 민주주의의 기본 조건이자 아름다운 이상이지만, 정작 중요한 문제는 참여 그 자체라기보다는 '어떻게'의 문제다. 참여의 대표성으로 말미암은 왜곡 문제가 발생할 수 있기 때문이다. '참여정부'를 내세운 노무현 정권이 좋은 사례를 제공하고 있다.

노 정권은 한국 사회가 2002년부터 '실질적 민주화', 즉 참여 민주주의라는 '새로운 역사 발전 단계로 진입'하게 되었다고 주장했다. 노무현은 대통령 당선 1주년인 2003년 12월 19일 밤 열성 지지자 모임인 노사모 앞에서 "시민혁명은 지금도 계속되고 있으며 앞으로도 계속될 것"이라고 선언하기도 했다. 노 정권 쪽에선 '지지자들의 참여가 많으면 많을수록 좋다'라고 생각했겠지만, 그게 바로 함정이었다. 그만큼 반대파나 중간파의 반발이 커지기 때문이다. 이와 관련, 류태건은 "국민 대표성을 갖춘 평등한 방식으로 참여가 이루어지는가? 보수도 참여하고 있는가?"라는 물음을 던지면서 다음과 같이 말했다.

"사이버공간의 불평등 참여cyber divide 문제도 심각하다. 상대적으로 청년층의 과다 참여와 노장층의 과소 참여 현상이 사실이다. 이러한 불평등 참여가 국가 의사 결정에 그대로 영향을 미친다면 그 결정은 편파성을 벗어나지 못할 것이다. …… 불평등 참여는 사회적 갈등을 공정하게 해소하지 못한다. 그리고 불평등한 참여는 참여 민주주의의 기본 가치인 평등권의 실현을 부정하는 것이다. 전국적이고 공평한 국민 의사의 수렴이 문제라면 차라리 여론조사가 더 나을 것이다."[73]

노 정권이 집권 말기에 필요 이상으로 거센 국민적 반발에 직면한 것은 바로 그런 왜곡된 '참여 민주주의' 때문이었다. 노 정권의 열성 지지자들은 먹고사는 문제에 대한 구속이 비교적 덜한 젊은 층이었는데, 이들이 보여준 뜨거운 분노와 그에 따른 열화와 같은 지지는 주로 '이데올로기적 쟁투'에서 비롯되었다. 반면 사회경제적 이슈에 민감한 서민층은 인터넷을 들여다볼 시간조차 없을 정도로 먹고사는 일에만 몰두하느라 자신들의 목소리를 낼 수 없었으니, 그런 대표성 왜곡으로 말미암은 문제가 노 정권의 성찰과 자기 교정을 방해한 것이다. 참여가 다다익선多多益善이라면, 그건 반드시 공정한 대표성이 확보될 때만 성립될 수 있다는 전제를 확인할 필요가 있다 하겠다.

파워 트위터리안의 강한 당파성

소셜네트워크서비스SNS의 확산과 그에 따른 영향력 증대는 이 대표성 왜곡 문제를 극단으로까지 치닫게 하고 있다. SNS는 기본적으로 관계 테크놀로지기 때문이다. 관계의 숙명은 편협이다. 본질적으로 관계 중심으로 배타적이기 때문이다.

2012년 6월 24일 미국 《뉴욕타임스》 칼럼니스트 토머스 프리드먼은 〈포퓰러리즘의 부상〉이라는 칼럼에서 전 세계 약 20개 나라에서 정권 교체가 가능한 대선 혹은 총선이 열리는 2012년, 세계의 정치권이 포퓰리즘populism을 넘어서 '포퓰러리즘popularism'으로 치닫고 있다며, "리더들은 너무나 많은 목소리에 귀를 기울이느라 이 목소리들의 노예가 되어가고 있다"라고 주장했다. 포퓰리즘이 대중 영합주의라면 포퓰러리즘은 트위터·페이스북 등에서 시시각각 변하는 대중의 입맛에 맞춰 연예인처럼 단편적 인기를 좇는다는 의미다.

프리드먼은 "요즘 정치인들은 블로그를 검색하고 트위터 반응을 기록하면서, 대중을 이끌고 가야 할 곳이 아니라 대중이 지금 모여 있는 곳에 집중하고 있다. 리더십이 가장 필요한 시대임에도 '팔로'하는 사람만 있을 뿐 이끄는 사람을 찾기가 어렵다"라고 말했다. '팔로follow'는 '따라가다'라는 영어 단어인 동시에 단문 소셜네트워크서비스SNS인 트위터의 '친구 맺기' 기능을 뜻한다.

또한 그는 소셜미디어와 휴대전화의 대중화로 한 사회의 리더와 대중 사이에 양 방향 소통이 확산하면서 포퓰러리즘이 현 사회의 절대 이데올로기로 자리 잡고 있다고 지적하면서, 소셜미디어가 리더들을 근시안적인 메시지 싸움에 뛰어들게 하면서 장기적 미래에 대한 비전 제시는 뒷전으로 밀리고 있다고 주장한다.[74]

설득력 있는 분석이다. SNS를 기반으로 한 포퓰러리즘의 문제는 한국에서 더 심각하게 나타나고 있는 것 같다. 소통의 가능성을 전면 배제하는 패거리주의를 강화하고 있기 때문이다. 박경철이 이 점을 잘 지적했다. 그는 SNS 때문에 "편협한 주장이 자기 정당성을 획득하는 도구로 전락할 수도 있다"며 다음과 같이 우려한다.

"SNS의 약점은 역설적으로 '대중성의 부족'에 있다. 기본적으로 SNS는 온라인상의 친분이 우선되기 때문에 기본적으로 나에게 호감이 있는 사람들만 반응한다. 때문에 SNS상에서 나의 견해는 늘 옳은 것처럼 보인다. 관계를 맺지 않은 대중들이 모두 자유롭게 반응하는 기존 방식과 달리 집중적이고 확산성이 강한 SNS는 정작 같은 견해를 가진 사람들 사이에서 동종 교배가 일어날 수 있는 폐쇄성을 갖고 있는 것이다. …… SNS에서 오가는 담론은 서로 같은 생각을 하는 사람들 사이에서 유통되고 소비되며, 한가지 견해를 두고 모두가 옳다고 착각하는 '무오류성의 함정'에 빠지기 쉽다."[75]

그런데 바로 그런 함정이 SNS 붐을 일으키는 주요 이유가 된다. 뜻과 배짱이 맞는 사람들끼리 모여서 주고받는 이야기, 그 얼마나 화기애애한가. 그러나 SNS 이용자의 1퍼센트를 차지하는 스타 트위터리안이 전체 내용의 30퍼센트를 차지한다는 건 다시 생각해볼 문제다. 시민운동가이자 트위터에서 집단 계정 폭파를 막는 '트윗119'를 운영 중인 '참개인가치연대' 대표 박경귀는 이렇게 말한다. "트위터 활동 대부분을 리트윗이 차지하면서 특정 개인의 의견이 재생산되는 경향이 크다. …… 이렇게 트윗 소재가 단편화되면 인식의 편식 현상을 불러오고, 결국 파워 트위터리안을 자기도취에 빠지게 한다."[76]

한국의 파워 트위터리안들은 대부분 당파성이 강한 사람들이다. 우연일까? 아니다. 당파성이 강해야만 파워 트위터리안이 될 수 있다. 이게 진실이다. IT 기술 발전이 소통을 돕기는커녕 오히려 소통을 더욱 어렵게 만드는 역설이 일어나고 있는 셈이다. 이와 관련, 유창선은 이렇게 말한다. "SNS 여론은 오프라인의 여론을 선도하는 여론 주도 공간이 될 수 있기도 하고, 반대로 오프라인 여론과는 괴리된 그들만의 폐쇄적 공간이 될 수도 있다는 것이다. 여기서 후자의 측면이 부각될 경우, SNS가 소통의 공간이 아닌 일방적 주장을 관철하는 공간으로 변질할 위험이 있음을 4·11 총선은 보여주었다."[77]

어느 집단에서건 강경파가 과잉 대표되고, 온건파나 중도파가 과소 대표되는 현상은 민주주의 발전을 위해 전혀 바람직하지 않다. 한국에서 중도층 유권자는 전체의 40퍼센트에 이르며, 이를 반영하듯 제19대 국회 초선 의원의 42퍼센트가 "나는 중도다"라고 말할 정도로 중도의 층은 넓다.[78] 그러나 이들 중도파 의원들 역시 얼마 후면 '중도'로 살아가긴 너무 힘들다는 걸 깨닫게 될 것이다. 중도는 '침묵하는 다수'로 살아갈 수밖에 없는 게 정치적 양극화가 심화한 한국의 현실이다.

이 때문에 벌어지는 가장 큰 문제는 의제 설정agenda-setting의 왜곡이다. 국민의 관점에서 더 중요한 민생 문제보다는 열성적인 소수의 피를 끓게 하는 이념적·당파적 이슈를 더 중요하게 다룸으로써 무당파 유권자들을 점점 더 멀어지게 만든다. 19대 총선과 18대 대선에서 민주통합당이 패배한 가장 큰 이유도 바로 이 의제 설정에서 실패했기 때문이 아닐까?

무브온 모델의 수입은 위험하다

이상 살펴본 바와 같이, 한국의 정치적 양극화는 이미 매우 심각한 수준이다. 사회 전 부문이 과잉 정치화돼 있는 상황에서 디지털 정치가 심화시켜온 집단 극화와 초기 효과 때문에 대표성의 왜곡이 일어남으로써 대선 기간에 고조된 '열망'이 집권 후에 '환멸'로 변하는 사이클이 계속 반복되고 있다. 과잉 정치화·집단 극화·초기 효과·대표성의 왜곡 등은 정치 일부가 아닌 전부를 정적政敵에 대한 반대와 비판으로 일관하게 하는 결과를 초래하고 있다. 이런 상황에서 미국 무브온 모델을 수입한다면 초일극 중앙 집중 체제와 과대성장국가 등과 같은 한국적 특수성이 기존 정치적 양극화를 더욱 심화시켜 나라 전체를 극심한 당파 싸움의 소용돌이로 몰아갈 가능성이 매우 높다.

사실 이런 우려는 무브온 모델을 국내에 가장 먼저 그리고 열성적으로 소개한 안병진도 초기엔 갖고 있었던 것으로 보인다. 안병진은 이렇게 말한다. "나는 2002년 미국 무브온식 시민 정치 운동을 제안하면서 그 '전제'를 분명히 했다. 나는 그 중요한 전제로서 무브온 운동이라는 것은 합리적 보수도 동참할 수 있는 민주공화국 운동이라고 강조해왔다. 이를 이해하지 못하는 진보파가 만들어낼 시민 정치 운동과 진보 정파 연합 정당은 진보의 선명한, 그러나 협소한 가치와 세력으로 무장되기 마련이다. 반면 민주공화파가 만들어낼 시민 정치 운동과 공화주의적 정당은 합리적 보수도 동참할 수 있는 넓은, 그러나 모호한 가치와 세력으로 무장한다."[79]

그러나 지금 여러 세력에 의해 논의되고 있는 무브온 모델들에서 안병진이 역설한 '전제'는 전혀 지켜지지 않고 있으며, 안병진 역시 야권의 시민 정치 운동에 대한 일방적인 예찬만 할 뿐 자신이 역설한 '전제'의 실천 여부에 대해선 아무런 말이 없다. 그뿐만 아니라 안병진은 현실 정치(민주당)에 적극 참여하고 있는 탓인지, '상대 지지자를 공격하는 편 가르기 식 정치의 상징'[80]이라고 할 수 있는 나꼼수에 대해 맹목적 극찬을 해대는 동시에 스스로 당파성에 근거한 거친 비판 위주의 전투성을 보임으로써 '합리적 보수도 동참할 수 있는 민주공화국 운동'에 역행하는 모습을 보이고 있다.

그런가 하면 무브온 모델의 위험성을 인지하면서도 '행동하는 민주주의'라는 대전제를 들어 그것을 비교적 사소하게 보는 시각도 있다. 무브온의 실천 지침서인 《나라를 사랑하는 50가지 방법》을 국내에 번역해 소개한 송경재는 이렇게 말한다. "현실적으로 무브온은 정당을 지지하는 시민운동 단체기 때문에 내적인 연대가 강하다. 따라서 이러한 집단은 이념적 동

예컨대, 안병진의 최장집 비판이 그 점을 잘 보여주고 있다. 최장집은 2012년 6월 19일 국회민생포럼 창립 기념 특강에서 "열린우리당 이래 지금까지 민주당이 추진해온 정당 개혁은 당의 중심성과 리더십을 쪼개고 해체하는 것이 목표였다"며 "자해적 정당 구조"이자 "민주화 이후 여러 정치 개혁 가운데 최악"이라고 말했다. 그는 앞서 언급한 주요 당직 및 공천자 선출에서 민주당이 도입한 모바일 선거인단 제도를 그 대표적 사례로 들었다. 최장집은 이어 "민주당이 대선에서 승리하기 위해서는 (민주당이) 집권 후 무엇을 할 수 있을지 보여줘야 한다. …… (민주당이) MB, 박근혜와 관련된 부정적 이슈를 발굴해 비판하고 공격하는 것에 시간과 노력을 많이 쓰는 것이 문제"라며 "당의 체질 정비를 통해 대안 정부로 실력을 쌓고 그 능력을 국민에게 보여주는 일을 등한시하고 있다. 즉 민주당 정부가 실제 집권 후 무엇을 해야 할 것인가에 대한 준비에 힘써야 한다"라고 당부했다. 돌이켜 보건대, 최장집의 이런 주장은 백 번 천 번 옳은 말이었건만, 이에 대한 안병진의 비판은 매우 거칠었다. 그는 〈20세기 정당론과 21세기 현실의 충돌〉이라는 《경향신문》(2012년 7월 5일) 칼럼에서 "낡은", "매우 복고적 주장", "기이하다" 등의 표현을 구사해가면서 최장집을 비판했다. 안병진이 간접 어법으로 최장집을 '엘리트 보수주의자'로 묘사한 건 참으로 보기에 민망하다. 대부분 사람들은 모바일 투표를 하건 말건 별 관심이 없는데, 안병진처럼 과잉 정치화된 강경파들은 이 문제에 촉각을 곤두세우며 적극 참여한다. 이를 민주 시민으로서의 바람직한 참여 의욕이라고 하기엔 현 단계에선 그 부작용이 너무 크다. 이들이 정치를 전쟁으로 만드는 주력 부대이기 때문이다. 강준만, 《안철수의 힘: 2012 시대정신은 '증오의 종언'이다》, 인물과사상사, 2012, 274~279쪽.

질화와 끼리끼리mind-liked화가 우려된다. 그리고 정권 창출이라는 공동 목표하에서는 문제가 없지만 정책 우선순위나 주요한 사회 이슈가 발생할 시에 공동의 입장을 만드는 데 다소 어려움도 있다. 하나 우리가 유념해야 할 것은 무브온 방식의 한국적 적용만이 아니라 '행동하는 민주주의' 로서 시민의 역할이다."[81]

'행동하는 민주주의' 는 꼭 필요하거니와 소중한 것이지만, 그 여건이 성숙하지 않은 상황에서 극소수의 정치화된 열정적 행동주의자들이 '행동하는 민주주의' 를 사실상 독식할 때 벌어질 수 있는 문제는 어떻게 할 것인가? 국민의 절대다수는 중도를 지향하거나 중도의 범주 내에 속해 있음에도 '행동하는 민주주의자' 들에 의해 장악된 정치가 양극화된 대결로 가는 사태가 벌어지는 것은 어떻게 할 것인가? 로버트 퍼트남Robert Putnam이 잘 지적했듯이, 이 문제는 미국에서조차 건국 초기부터 대두해온 민주주의의 오랜 고민이었다.[82]

무브온 모델 수입의 수장자늘에게서 이 불음에 대한 납은 틀을 수 없다. 그들이 무브온 모델에서 기대하는 것은 정치적 팬덤을 지속 가능한 시스템으로 조직화해 정치적 개입을 체계화하고 영향력을 증대시켜 정권을 장악하겠다는 것일 뿐, 반대편 세력과의 타협이나 화합은 전혀 고려하지 않고 있다. 미국에서조차 무브온 모델의 한계를 뛰어넘기 위해 '체인지Change.org' 처럼 당파적 이슈를 피하고 초당파적인 최대공약수 이슈들에 집중하는 다른 대안 모델이 나오고 있는 마당에,[83] 한국의 시민사회 역량이 무브온과 같은 당파적 세력화에 동원되는 것이 과연 바람직할까?

무브온 모델은 그 어떤 선의와 규율로 움직이건 양극화 투쟁을 격화시킬 수 있는 '구조적 편견'을 내재하고 있다는 점도 간과할 수 없다. 이른바 '네트 정치net politics'는 시민권citizenship이 본질적으로 투표에 관한 것이기 때문에 참여자들이 정치를 캠페인과 선거만으로 인식하는 경향을 강화시켜[84] '영구 캠페인permanent campaign'이 시민사회에까지 확산하는 결과를 초래할 수 있다.■

이념이 당파를 만드는 게 아니다. 물론 처음엔 이념이 당파를 만들겠지만, 시간이 흐르면서 이른바 '사소한 차이점에 대한 과도한 집착narcissism of minor differences'으로 인해 오히려 당파가 이념을 만드는 우위에 서게 된다.[85] 크건 작건 그룹이나 단체는 시간이 흐름에 따라 변하는 과정일 뿐 고정된 실체가 아니지만, '우리 대 그들'이라고 하는 구도는 모든 의식과 행동 양식을 지배한다.[86] 정치권의 그 수많은 이합집산離合集散을 생각해보라. 일단 조직이 생겨나면 조직의 성공을 위한 '조직의 논리'라는 게 생겨나고, 그에 따라 치열한 당파 싸움이 벌어지기 마련이다.

깨끗하고 유능한 시민운동가와 지식인들이 관전자나 심판의 역할을 벗어나 직접 그라운드로 뛰어드는 '선수'가 되겠다는 생각은 그간 한국 정치의 낙후와 파행이 '선수들' 때문이라는 전제에 근거한 것인데, 과연 그 전제는 옳은가? 승자 독식 체제가 근본 원인이라는 생각을 해보는 건 어떨까? 그간 깨끗하고 유능한 시민운동가와 지식인들이 승자 독식 체제를 완

■ 미국에서 나온 '영구 캠페인'이라는 개념은 오늘날 미국 대통령의 통치행위가 영원한 선거 캠페인 체제로 접어들었다는 판단에 근거한다. 대통령의 행위에서 다음 선거를 겨냥한 전략이 가장 중요한 고려 사항이 되었다는 것이다. Sidney Blumenthal, 《Permanent Campaign: Inside the World of Elite Political Operations》, Boston, Mass.: Beacon Press, 1980.

화하기 위해 무엇을 했는가 생각해보자. 오직 "우리 편 이겨라"라고 외치는 응원만 해놓고 막상 우리 편이 지자 "이대론 안 되겠다"며 나선 건 아닐까?

참여는 민주주의 기본원리인바, 그 누구도 참여 자체를 문제 삼을 수는 없다. 아니 오히려 참여는 계속 진작시켜야 한다. 특정 이슈들을 주창하는 단체들이 많아지는 것은 광범위하고 일관된 정책 수립과 집행을 어렵게 만든다는 주장에 대한 논쟁이 있기는 하지만[87] 오히려 그건 사치스러운 고민일지 모른다. 문제는 기존 극단적 당파 싸움을 완화하기보다는 격화시키는 성격의 참여가 우리가 예찬해 마지않는 유일한 참여 형식인가 하는 점이다. 우리는 이 점에 대해 고민도 하지 않은 채 '무조건 참여'만을 외쳐온 건 아닐까?

인물 중심형 참여에서 목적 지향형 참여로의 전환, 그리고 목적 지향에서도 당파적 이슈보다는 초당파적인 최대공약수 이슈들에 집중하는 방식으로 전환할 필요가 있다. 낯선 듯 우리 정치를 다시 관찰해보자. 특정 이념·노선·당파성을 강하게 부르짖는 사람들이 정치에 적극 참여하고 있으며, 이들이 언로言路를 지배하고 있다. 이들이 꿈꾸는 세상에 대한 비전이 잘못됐다는 게 아니다. 오히려 바람직스러운 일이다. 다만 그 누구도 일방적인 완승은 가능하지 않음에도 완승을 노리는 문법하에 움직이고 있다는 점이 문제다. 그 문법은 87년 체제 이전에 학습된 것인데, 우리는 여전히 그 자장磁場에서 자유롭지 못하다. 정치적 양극화를 넘어서 합리적이고 생산적인 당파 싸움으로의 전환이 절실히 요청되며, 이는 결코 불가능한 일이 아니라는 인식이 확산할 필요가 있다.

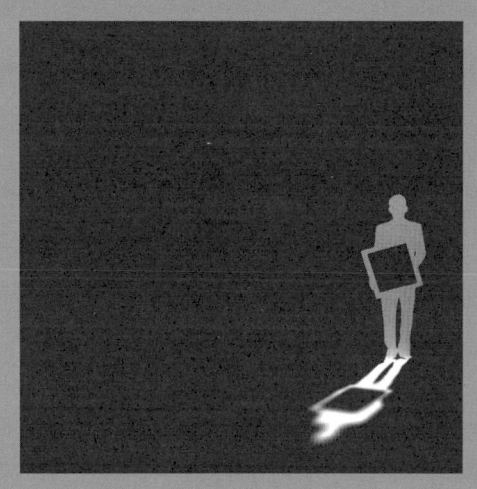

3
우리의 소원은 소통입니다
한국 정치적 소통의 구조적 장애 요인

상투적 구호로 전락한 '소통'

"국민은 소통하려고 하는데 불통이 되니까 울화통이 터집니다."

"우리는 이제 '우리의 소원은 통일'이라 외치지 않습니다. 우리의 소원은 소통입니다."

2008년 6월 촛불집회가 열리는 가운데 터져 나온 말이다. 소통에 대한 갈증과 굶주림이 이토록 심한 걸까? 소통의 필요성을 역설하는 담론은 홍수 사태라고 해도 좋을 정도로 한국 사회에 철철 흘러넘치는데, 소통은 도무지 되지 않는다. 왜 그럴까? 강자건 약자건 소통을 외치는 이들은 진정 소통을 하겠다는 뜻은 있는 건가? 혹 자신의 뜻과 다르게 진행되는 사안에 대해 상투적으로 외쳐대는 구호가 '소통'은 아닌가?

소통疏通의 사전적 의미는 '뜻이 서로 통하여 오해가 없음'이지만, 그 실천 이념은 화이부동和而不同이다. 생각이 서로 다르더라도, 다른 의견을 존중하고 포용해야 한다는 것이다. 그런데 그게 말처럼 쉽지 않다. 그렇게 하다가 어느 세월에 일할 수 있겠느냐는 반론이 제기될 법하다. 많은 이들이 소통을 '홍보'로 오해하는 것도 무리는 아니다.

김진석이 잘 지적했듯이 '소통의 부재'는 그 자체로 원인이기보다는 결과이자 증상에 가깝다.[1] 그럼에도 우리는 소통을 뜻과 의지로 문제로 환원시켜 논의하는 경향이 강하다. 소통의 결과로 여겨지는 타협과 화합은 우선적으로 정치경제적 이해관계가 조정될 때 가능하다. 그걸 외면하고 명분만으로 일을 풀려고 하는 건 소통을 더욱 어렵게 만들 뿐이다. 그런데 우리는 매사를 '옳다, 그르다'로 판단하려는 기질을 갖고 있다. 우리가 진정 소통을 원한다면, 그 정치경제적 기반에 주목해야 한다. '인프라'를 외면한 채 소통 부재에 대한 책임을 개인과 집단에게만 물어선 답이 나오질 않는다. 정치경제적 기반은 문화를 생산하고, 문화는 다시 정치경제적 기반을 생산하는 과정을 반복하기 때문에, 원인과 결과를 구분하기는 어려우며, 결과가 원인으로 부활하는 순환 관계를 형성하고 있다는 점을 유념할 필요가 있다.

소통 부재 또는 불통은 극단적인 당파 싸움의 형태로 나타난다. 당파 싸움의 심각성에 대한 인식 수준은 사람마다 다르다. '당파 싸움 망국론'을 부르짖는 사람들이 있는가 하면, 민주주의의 본질이 당파 싸움이라며 그것을 옹호하는 사람들도 있고, 더 나아가 더 치열하게 싸워야 한다고 선동하는 사람들도 있다. 어차피 이마저 합의를 이루기 어렵다면 미국의 '당파 싸움 망국론'을 잠시 살펴보면서 우리가 반면교사로 삼을 점은 없는지 생각해보는 것도 좋을 것 같다.

미국의 '소통 전쟁'

미국은 '초당파성hyperpartisanship',[2] '반쪽짜리 대통령the president of half of America'[3] 등과 같은 말이 나올 정도로 격렬한 당파 싸움으로 몸살을 앓고 있다. 극단적인 당파성이 기승을 부린 2004년 대선에선 그로 말미암은 미국의 분열상을 빗대 '신남북전쟁 시대'라는 말까지 나왔다. '내 편 아니면 모두 적'이라는 적대와 증오가 미국 사회에 만연해 있다는 지적이었다. 선거는 당파 싸움을 전쟁의 수준으로 고조시키지만, 선거 후에 승리를 거둔 쪽은 이른바 '분노·공포 마케팅'이 어려워져 비교적 너그러워지는 반면 패배한 쪽은 분노·공포 마케팅에 총력을 기울이기 마련이다. 2008년 대선이 민주당 후보 버락 오바마Barack Obama의 승리로 끝나면서 이 분노·공포 마케팅은 공화당 쪽의 주력 상품이 되었고, 그 과정에서 공화당 쪽 독설가들이 맹활약한 데다 이른바 티 파티 운동이 분노·공포 마케팅의 선두 주자로 나서는 일이 벌어졌다.[4]

이와 관련, 미국의 대표적 싱크탱크인 브루킹스 연구소는 "미국 통치 시스템이 망가졌다"라는 내용을 담은 보고서를 발표했다. CNN 방송이 한 여론조사에서도 '연방 정부가 제대로 기능하고 있다'라는 응답은 전체 응답자의 14퍼센트에 불과했다. 나머지 86퍼센트는 '연방 정부가 작동하지 않는다'라고 답했다. 리더십 부재, 여론 양극화, 대중의 정치 불신, 주류 언론의 영향력 약화 등으로 정치 세력 간 협상과 토론이 중단됐고, 이 때문에 국민이 이해할 수 없는 '고장 난 정책'이 양산되고 있다는 것이다. 브루킹스 연구소는 티 파티 운동으로 대변되는 정치의 장외화를 해소하기 위한 방안으로 정치 토론 활성화, 복잡한 정책에 대한 대중의 이해도를 높이는 각종 교육 프로그램 마련, 정부의 적극적인 인터넷·소셜네트워킹 서비스 활용 등을 제시했다.[5]

극단적 당파 싸움은 다른 건 다 제쳐놓더라도 각 정치 세력이 단기적 사안을 놓고 엎치락뒤치락하는 이전투구泥田鬪狗를 벌이느라 국가적 차원의 장기 계획과 정책을 입안하고 추진하는 일을 거의 불가능하게 만든다. 여기에 당파 싸움이 민간 차원으로까지 확산해 발생하는 사회적 비용도 매우 심각한 수준이다. 물론 당파 싸움에 장점이 없는 건 아니다. 당파 싸움이 치열해야 유권자들도 선택하는 재미를 느낄 수 있거니와, 새로운 활력과 영감, 혁신이 당파 싸움을 하는 과정에서 나오는 경우가 많다. 실제로 미국에서도 당파 싸움이 치열해진 이후 투표율과 각종 정치 참여가 높아진 것으로 나타났다. 적당한 당파 싸움은 정책의 책임 소재를 분명히 해주고 양다리를 걸치는 기회주의자가 설 땅이 없게 만드는 장점도 있다.[6]

그런데 문제는 '적당한'의 범주를 도무지 알 길이 없다는 데 있다. 마찬가지로 '극단적'의 범주도 애매하다. 양당 체제하에서 극단적 당파 싸움은 양극화 양상으로 나타나는데, 이 양극화의 정의를 둘러싸고 논쟁이 벌어지는 것도 우연이 아니다.[7] 또 이념 문제로 의견의 양극화가 벌어진다면 그건 경우에 따라 바람직할 수도 있지만, 이념과는 무관한 의제가 곧잘 양극화의 함정에 빠지곤 하는 게 문제가 되며, 이 또한 논쟁을 더욱 복잡하게 만든다.[8]

'당파 싸움 망국론'을 보수적 시각으로 보는 경향도 있다. 공화당과 민주당은 둘이 서로 아무리 극단적으로 싸운다 해도 '그놈이 그놈'일 뿐이라는 관점에서 나온 시각이다. 미국 정치는 "양당제 형태를 띤 일당제"라거나 "우익 정당 두 개로 이뤄진 일당 체제"라는 말이 그런 관점을 잘 말해준다. 이러한 진보적 관점의 선의는 충분히 이해할 수 있지만, 당파 싸움 망국론을 보수적 시각으로 여길 필요는 없다. 그것은 공화당과 민주당의 차이가 크다는 걸 말하려는 게 아니라, 무슨 이유에서건 미국 정치를 장악하고 있는 두 정당 사이의 극단적 싸움으로 미국이 표류하고 있다는 걸 강조하려는 것이기 때문이다.

그런가 하면 당파 싸움 망국론을 '전문가의 함정'이라고 하는 관점에서 부정하는 시각도 있다. 무엇보다도 미디어와 언론인들이 대다수 미국인의 삶을 외면한 채 정치인들이 벌이는 당파 싸움 현장에만 몰두한 나머지 현실을 왜곡하고 있는데, 일부 학자들까지 이 함정에 빠져 당파 싸움의 심각성을 과장하고 있다는 주장이다. 물론 이런 반박에 대해 미국 국민도 양극화돼 있다는 재반박이 이어졌으며, 더 나아가 이 논쟁은 종교를 포함한 문화적 양극화, 즉 '문화 전쟁culture war' 논쟁으로까지 심화하였다.[9]

양측의 논쟁은 치열하지만, 어찌 보면 같은 현상을 달리 해석하는 차이일 수 있다. 2004년 어느 조사에서 미국 유권자 중 보수는 34퍼센트, 진보는 21퍼센트지만, 중도는 45퍼센트나 되는 것으로 밝혀졌다.[10] 이 통계를 두고 당파 싸움이 심각하지 않은 것으로 볼 수도 있지만, 문제는 중도가 전면에 나서지 않는다는 점이다. 각자 자기 자신의 정치적 성향을 어떻게 평가하건 미국인의 97퍼센트가 정치적 양극화를 수긍하고 있다는 점에 주목할 필요가 있다.[11] 중도를 자처하는 미국인들이 다수일지라도, 이들의 목소리가 규합되거나 반영되지 않은 채 미국 정치가 극단적인 당파 싸움으로 흐르면서 모든 미국인의 의식과 삶에 지대한 부정적 영향을 끼치고 있는 건 분명한 사실이다.[12] 사정이 이와 같은 만큼, 당파 싸움 망국론을 과장된 것으로 일축하긴 어렵다는 것이다.

앞서 지적했듯이, 그래도 미국은 '잡동사니 국가'라는 말이 나올 정도로 주마다 정치체제와 방식이 다른 연방제 국가라 당파 싸움과 승자 독식의 완충 효과를 기대할 수 있다.[13] 반면 한국은 정반대로 초강력 일극주의 국가로 그 어떤 완충 효과도 기대할 수 없다. 그러니 당파 싸움 망국론으로 말하자면, 한국이 훨씬 더 심각한 경우다. 그럼에도 그에 대한 우려는 미국이 더 강한 것 같으니, 이건 어인 일인가. 이 글은 이와 같은 문제의식에서 출발해 불통의 3대 원리와 더불어 한국 사회에서 작동하는 소통의 5대 구조적 장애 요인으로 초강력 일극주의, 승자 독식주의, 속도주의, 연고주의, 미디어 당파주의 등을 제시하고, 이에 대해 논하고자 한다.

초강력
일극주의

앞서 지적했듯이, 한국은 일극 중앙 집중성이 매우 강한 사회다. 강력한 중앙집권체제를 유지했던 조선조 5백 년 역사와 더불어 지정학적 구조가 낳은 결과다. 삼면이 바다로 둘러싸여 있는 나라가 바다를 포기하는 바람에 사람들의 삶이 원심력을 상실하고 구심력 중심으로 흐르고 말았다.[14] 그래서 개인의 출세와 성공과 삶의 보람마저도 곧 누가 더 중앙의 핵심에 가까이 가느냐 하는 게임이 되고 말았다.

이걸 정면으로 다룬 건 아닐망정 일극 중앙 집중성이라고 하는 한국적 특수성을 가장 잘 밝혀준 책은 그레고리 헨더슨Gregory Henderson의 《소용돌이의 한국 정치Korea: The Politics of the Vortex》(1968)다.[15] 이 책에 대해선 그간 '오리엔탈리즘'의 혐의가 제기되기도 했지만, 책의 핵심 메시지는 여전히 유효하다. 그건 바로 '중앙과 정상을 향한 맹렬한 돌진'이다. 분권화된 체제는 경쟁 목표를 다극화하기 때문에 경쟁의 강도와 속도를 비교적 낮출 수 있는 반면, 일종의 '병목 현상'을 유발하는 일극 체제하에선 '빨리빨리'를 맹렬하게 실천해야 하는 정반대 상황에 놓인다.

특히 그 어떤 분야보다 더 서울 일극 구조가 잘 실현된 대중매체와 통신·교통 시스템은 커뮤니케이션 속도를 빠르게 하는 데 결정적인 영향을 끼쳤다. 모든 지역 커뮤니케이션 구조와 관행은 다원적인 지역 간 소통보다는 서울과의 빠른 소통 위주로 이루어졌으며, 총선이나 지방선거에서도 후보들은 대부분 서울과 빨리 소통할 수 있는 능력, 즉 '줄'을 과시하는 것을 주요 선거 전략으로 삼았다. 중앙을 향하여, 더 높은 곳을 향하여, 맹렬한 속도로 돌아가는 소용돌이는 놀라운 역동성과 활력을 만들어내기도 하지만, 동시에 '가치 구조의 획일화'를 촉진한다.[16] 일극화된 대중매체와 통신·교통 시스템은 획일적인 가치를 유포시키는 데에 앞장섬으로써 '국민 통합'엔 기여했는지 몰라도 대중의 삶에 '다양성'이 살아 숨쉬기 어렵게 만드는 데에 일조했다. 다양성을 존중해주지 않고 획일성이 알게 모르게 강요되는 사회에선 '인정認定 욕구'조차 획일화된다. 모든 게 다 '더 높은 곳을 향하여'라는 구호로 압축된다. 수평적 구조에선 평화 공존할 수 있는 사람들도 그러한 수직적 구조에선 평화 공존하기가 어려워진다. 수평적 소통을 어렵게 만드는 구조적 요인이다.

승자 독식주의

미국 정치에서 당파 싸움이 심한 건 미국인들의 자부심이 워낙 강하기 때문이라는 설이 있다. 자기가 옳다는 확신이 그만큼 강하기 때문에 타협이 어렵다는 것이다.[17] 그렇다면 국민 개개인의 자부심이 매우 낮은 편에 속하는 한국에서 당파 싸움이 심한 건 어떻게 설명할 수 있을까? 극단적 당파성이 기승을 부린다는 점에서 미국과 한국은 비슷한데, 아무래도 다수결주의에 근거한 승자 독식의 대통령제가 큰 영향을 끼치는 것 같다. 내각제로 연정과 다당제 정당 제도가 많은 유럽 국가의 당파성이 미국과 한국보다는 약한 것도 그런 이유 때문일 것이다. 이와 관련, 임혁백은 다음과 같이 말한다.

"다수결주의하에서는 승자 독식의 원칙이 지배한다. 이 경우 정치적 경쟁은 죽고 사는 게임game of live and death이 될 것이다. 다수결주의하에서는 51퍼센트 다수만으로 승자 독식이 가능하다. 즉 51퍼센트의 의사가 일반 의사가 되는 것이다. 이 경우 다수파의 과잉 대표over-representation 현상은 물론, 정치적·경제적으로 우월한 다수파가 열등한 소수파 집단의 요구를 억압할 수 있는 '억압에 의한 결정' decision by repression을 내림으로써 다수파 독재를 할 수 있다. 이러한 다수결주의 원칙은 한국과 같이 지역 갈등으로 쪼개진 사회의 통합에 부정적일 수밖에 없다."[18]

한국은 사회 구성원의 동질성이 매우 높아서 다수결주의에 대한 거부감이 다른 나라들에 비해 약한 편이지만, 실은 바로 그런 이유 때문에 다수결주의의 폐해가 극단적으로 나타나 소통을 매우 어렵게 만들고 있다. 로버트 프랭크Robert H. Frank와 필립 국Philip J. Cook은 《승자 독식 사회The Winner-Take-All Society》(1995)에서 미국의 승자 독식 체제를 강하게 비판했지만,[19] 그래도 미국은 국가 차원에선 연방제 국가라 나름의 완충 효과를 기대할 수 있다. 반면 초강력 일극주의가 작동하는 한국에선 정치적 경쟁이 그야말로 '죽고 사는 게임' 이 될 수밖에 없다. 대선 결과에 따라 특정 시민운동 단체와 인터넷 미디어의 흥망성쇠가 결정되다시피 하고, 심지어 지식인의 행동반경까지 영향을 받는 한국 같은 나라에서 소통이 원활하게 이루어진다면 오히려 그게 더 이상한 일일 게다.

방송 분야가 그 대표적 사례다. 한국에서 방송의 공정성을 부르짖는 단체와 지식인들의 행태가 어떻게 변해왔는지 살펴볼 필요가 있다. 방송의 공정성이란 게 시간에 따라 변하는 개념인가? 김대중·노무현 정권 출범 이전엔 방송의 공정성을 신앙처럼 여긴 이들은 진보파였던 반면, 김대중·노무현 정권 기간 중 그 신앙의 주체는 보수파로 바뀌었다. 이명박 정권이 출범하면서 또 한 번 변화가 일어났는데, 보수파는 그 신앙에서 멀어졌고 진보파가 다시 그 신앙을 회복했다. 과연 이게 방송 분야의 각종 '자원'에 대한 승자 독식주의와 무관할까?

▌속도주의

한국은 군 장성 출신이 대통령으로 집권한 기간이 한 세대(30년)에 이르며, 그중 25년은 군사독재 정권의 군사주의가 이념화된 시기였다. 특히 박정희는 국가가 주도하는 외자 의존적·수출 주도형 공업화 정책을 근간으로 한 '군사적 성장주의' 노선을 택했고, 국가가 주도적 역할을 담당함으로써 성장 과정을 단축할 수 있다는 발상과 실천은 초고속 압축 성장을 가져왔다.[20] 군사주의는 일방적 비난의 대상이 되고 있지만, 여기서는 '강력한 일극 리더십 체제하에서 군사작전식으로 신속하게 목표를 달성하는 걸 최우선 가치로 여기는 이념'이라는 가치 중립적 개념으로 쓰고자 한다. 징병제는 한국의 거의 모든 남성에게 군사주의적 가치를 주입하는 메커니즘이 되었으며, 기업들도 사실상 군사작전식 속도주의를 효율성 원리로 삼고 있음에 주목할 필요가 있다.

군사작전식 속도주의의 첫째 계명은 '빨리빨리'다. 박정희는 '중단 없는 전진'과 더불어 "밀어붙일 때 밀어붙여라"라고 외치면서 국정 운영을 군사작전하듯이 했으며, 자신처럼 군인 정신이 충만한 사람들을 선호했다. 이들은 수치화된 목표를 내걸고 그걸 내면화하는 행동 패턴을 보였고, 그 과정에서 '빨리빨리'는 군이 외칠 필요조차 없는 절대 당위가 되었다.[21] 이런 속도주의는 새마을운동에서부터 충효 교육에 이르기까지 사회 전반에 걸쳐 작동하는 기본 모델이 되었다.

한국인들은 지도자와 권력을 가진 사람들의 소통 능력을 문제 삼는 일엔 익숙하지만, 한국 사회가 전반적으로 소통을 필요로 하고 높게 평가하는가 하는 점은 외면하고 있다. 한국은 '빨리빨리'에 중독된 사회다. 소통은 시간이 좀 걸린다. 한국인들이 사랑하는 '과감한 결단'과 '저돌적 추진'의 적敵이라고 해도 좋을 정도다. 오늘날 한국인 다수가 자랑스럽게 생각하는 한국의 '압축 성장'은 소통을 건너뛴 '시간 설약'의 설과로 보아야 하며, 그런 속도주의적 의식과 행동 양식은 지금도 계속되고 있다고 보는 것이 옳지 않을까?

연고주의

동질적인 연고와 코드는 시간과 비용을 절약해준다. 연고주의는 이심전심

以心傳心이라는 빠른 속도를 숭배하는 유사 이데올로기다. 학벌주의도 복잡한 인간 평가 과정을 학벌이라는 '간판' 하나로 대체함으로써 시간을 줄이고자 한 '속도 전쟁' 의 산물이다. 한국의 근현대사는 불확실성의 질곡으로 점철된 시대였기에 한국인들은 본능적으로 불확실성에 대한 공포감이 있다. 그래서 불확실성을 제거하는 데 도움을 주는 종교, 위계질서, 신분증 문화가 발달해 있다. 속도 전쟁의 이면엔 바로 이 불확실성에 대한 공포가 자리 잡고 있다. 다른 것에 대한 공포는 동질성을 추구하고자 하는 시도로 이어지며, 같은 연고를 가진 사람들의 결속력을 높여줌으로써 소통을 형식화·무력화하는 결과를 초래한다. 최재현은 연고·정실 중심의 패거리 만들기를 '칸막이 현상' 이라고 부르면서 다음과 같이 말한다.

"칸막이 현상이 보편화하다보니 사람들이 제각기 자기 칸을 넓히려고 혈안이 되기 마련이다. 조그만 칸막이 하나로는 신분이 위태로우니까 동시에 여러 가지 칸을 만들어 가려고 애쓴다. 그러다보니 온갖 종류의 단체, 또 무슨 회들이 생겨나고, 그런 모임을 유지하느라고 비합리적인 지출이 늘어난다. 우리 사회에 요식업이 지나칠 정도로 발달해서 전반적인 근로의욕 감퇴로 연결되는 일도 잦은데 이 또한 칸막이를 구축하고 칸을 키우려는 사회심리와 무관한 것이 아니다. 칸 안에 든 사람끼리 함께 먹고 마시는 일이 잦으니까 요식업도 쓸데없이 팽창하는 것이다."[22]

칸막이 안에서도 소통은 이루어지지만 그것은 '열린 소통' 이 아니라 '닫힌 소통' 이다. 물리적 칸막이가 적나라하게 이루어진 룸살롱이 잘 보여주고 있듯이, 그것은 '룸살롱 소통' 이라 부를 수 있다. 이런 '칸막이 현상' 은 사람 사는 어느 곳에서건 나타나기 마련이지만, 연고·정실주의가 발달한 한국에선 특히 심하다. 연고가 소통을 압도하는 현상은 공적 분야에서도 왕성하게 나타나고 있기 때문에 소통은 시늉으로 전락하고 만다.

미디어 당파주의

2008년 미국에서 라스무센Rasmussen 여론조사는 놀라운 결과를 보여주었다. "미국 정치 시스템이 당면한 가장 큰 문제는 무엇이라고 생각하십니까?"라는 질문에 선거 비용과 관련된 '돈 선거' 문제가 1위로 지적될 것이라는 예상을 깨고 '미디어 편향성'이 55퍼센트로 1위를 차지했다. '돈 선거'를 지목한 사람은 36퍼센트에 지나지 않았다.[23]

미국에서 극단적 당파성이 활개를 치게 된 데에는 여러 이유가 있지만, 한 가지 빼놓을 수 없는 주요 이유는 선동적인 주류 미디어의 퇴조와 그에 따른 새로운 미디어들의 등장이다. 이 새로운 미디어들은 노골적인 당파성으로 처음엔 틈새시장을 파고들었지만, 그게 장사가 잘된다는 게 확인되면서 주류 미디어에 필적하거나 오히려 그들을 압도하는 지경까지 이르렀다.

이 새로운 미디어들은 기존 미디어들이 중요하게 여기거나 적어도 존중하는 척 시늉은 내고자 했던 객관성, 공정성, 균형성 등 저널리즘 원칙들을 노골적으로 무시하고 당당하게 편파성을 강조하고 나섰다. 방송 미디어로서는 '형평의 원칙Fairness Doctrine'의 폐지와 더불어, 커뮤니케이션 기술의 발달이 가져온 미디어 환경의 급변이 그렇게 해도 된다는 암묵적 긍정 신호를 보낸 셈이다. 인터넷이 정치 미디어로서 위력을 보이면서 정치 세력들이 자체 인터넷 미디어를 갖는 풍조가 조성되었고, 이는 다시 당파성 전쟁에 기름을 퍼붓는 결과를 가져왔다.[24]

앞서 논의한 바와 같이, 이런 새로운 미디어 중 가장 큰 성공을 거둔 것은 우익 케이블 방송 미디어인 폭스 뉴스다. 전문 정치 컨설턴트들도 폭스 뉴스의 성공 방식을 그대로 정치에 이식했다. 분열과 갈등을 주요 선거 전략으로 삼은 것이다.

2004년 대선이 공화당 후보 조지 W. 부시의 승리로 끝나자, 선거운동을 지휘한 칼 로브가 부각되었다. 그의 핵심 전략이 바로 분열과 갈등이었다. 분열돼야 지지 기반이 커진다는 로브의 전략을 가리키는 로비즘Rovism이라는 말까지 생겨날 정도였다. 부시 진영은 2000년 선거 때 투표하지 않은 복음주의 기독교도들이 400만 명에 이르는 것으로 보고 이들을 투표장으로 이끌어내는 데 총력을 다했는데, 이를 위해 사용된 주된 방법이 바로 그들의 분노와 공포를 자극하는 것이었다. 또한 로브의 부시 행정부에선 모든 정부 부처와 기관들이 철저한 정치화politicization의 길을 걷도록 강요당함으로써 미국 사회 전반에 '적대의 정치'가 확산하였다.[25]

편향성은 이익이 되는 장사라는 건 극우 성향의 '라디오 스타' 러시 림보, 글렌 벡 등과 같이 독설을 주 무기로 삼는 방송 논객들이 맹활약하게 된 것에서도 여실히 드러났다. 전 공화당 부통령 후보 세라 페일린Sarah Palin처럼 독설을 구사하는 정치인의 인기도 높아졌다. 미디어가 독설의 뉴스가치를 높게 평가한 탓이기도 하다.[26]

이는 한국도 마찬가지다. 미디어들은 무슨 사건만 벌어지면 독설가들의 독설을 소개하느라 바쁘다. 독설가와 미디어는 서로 키워주고 밀어주는 일종의 유착 관계를 형성하고 있는 셈이다. 그런데 흥미롭고도 중요한 건 독설가의 '시장 가치'가 지지자들의 수에 의해서만 결정되는 건 아니라는 데 있다. 오히려 특정 독설가를 증오하는 사람들이 많을수록 그 독설가는 번영을 누린다. 그 독설가를 증오하고 욕하는 데서 쾌감을 느끼는 사람들이 그만큼 많다는 뜻이다. 이래저래 독설은 장사가 잘된다는 말이겠다.

미국 중심으로 미디어 당파주의를 소개하긴 했지만, 한국 이야기가 아닌가 할 정도로 한국 상황과 매우 비슷하다. 이와 관련, 김민환은 "소통의 부재에 대해 정치권 탓만 할 수는 없다. 사회에서 바람직한 공론을 창출하여 국민을 통합할 책무가 있는 언론은 혐오스러운 정파성의 늪에서 좀처럼 빠져나오지 않고 있다"며 다음과 같이 말한다.

"자기 정파의 잘못은 바늘처럼 가벼이 여기고 다른 정파의 오류는 몽둥이인 양 키운다. 제3자의 위치에서 정치를 감시하는 언론 본연의 자세는 잊은 지 오래다. 우리 언론은 관전자나 심판이 아니다. 걸핏하면 여야 선수들까지 운동장에서 밀어내고 언론끼리 패가 갈려 백병전을 치른다. 언론을 통해 자유로이 의견을 교환하게 하면 예정된 방향으로 모든 것이 자동조절된다는 자유주의의 기본 가정은 정파 저널리즘이 판을 치는 상황에서 제대로 작동할 리가 없다."[27]

한국의 온라인 당파 전쟁은 미국보다 더 치열하다. 미국에선 최근에 이루어진 인터넷의 좌우 평형상태도 한국에선 수년 전에 이루어졌다.[28] 처음엔 진보·좌파세력이 우세를 보였지만 보수파도 인터넷에 적극 뛰어들면서 두 세력 사이에 균형이 이루어졌으며, 그 때문에 사이버 당파 전쟁이 치열하게 전개되고 있는 것이다. 다 나름대로는 참여 민주주의를 활성화하기 위한 투쟁이겠지만, 그런 투쟁의 와중에서 소통은 실종될 수밖에 없다는 게 문제다. 또한 당파 전쟁에 따른 부산물인 '악플 인신공격'은 사실상 중간파 지식인들에게 자기 검열을 강요함으로써 기존 불통 체제를 더욱 악화시키는 효과를 낳고 있는 실정이다.

▌벽 대신
▌다리를 세우자

사정이 이와 같음에도 한국에서 '당파 싸움 망국론'에 대한 우려가 비교적 낮은 것은 아무래도 불행한 근현대사의 상처 탓에 상대성 원리가 결여됐기 때문인 것 같다. 미국인들은 자부심이 강해서 자신이 옳다고 생각하는지 모르겠지만, 한국에선 주로 과거 행적에 근거한 선악 이분법이 난무한다. 소통을 타협으로 보고, 타협을 부정한 것으로 보는 '정치 혐오'가 팽배한 가운데 '벼랑 끝 전술'을 구사하는 근본주의적 정치 행태가 정의롭거나 순수하다고 보는 '선량한' 시민이 적지 않다. 그래서 그런지는 몰라도 당파 싸움 수준이나 기법은 한국이 미국보다 한 수 위다.

　이 글에서 지적한 소통의 구조적 장애 요인은 한국 사회의 총체적 실체이자 반영이기에 그걸 제거하거나 완화하는 건 매우 어렵다. 소통을 희생으로 했기에 누릴 수 있었던 사회적 이익에 눈을 돌려 균형 감각을 갖는 것이 필요할지도 모른다. 그럼에도 소통을 진작시키기 위한 노력을 포기할 필요는 없다. 별 성과를 얻을 수 없을지라도 그런 노력을 통해 한국 사회의 작동 방식에 대한 이해를 높이면서 앞으로 나아갈 방향에 대해 성찰할 기회를 찾을 수 있기 때문이다. 그런 한계를 전제로 하여 비교적 실천 가능한 '소통 살리기' 3대 방안을 제시하고자 한다.

첫째, 승자 독식에서 자유로운 '비무장지대'의 영역을 넓혀 나가야 한다. 대통령에서부터 기초자치단체장에 이르기까지 지도자가 직접 권한을 행사해야 할 핵심 분야를 제외한 '인사'와 '예산'의 영역을 투명하게 제도화하는 일에서부터 출발하는 것이 필요하다. 인사와 예산이 당파 싸움의 보고寶庫라 할 '영구 캠페인'의 제물이 되지 않게 함으로써 사회 전반의 과잉 정치화를 억제하자는 것이다. 즉 지도자의 업무 중 상당 부분을 항구적인 시스템으로 대체해 선거가 승자 독식주의와 사생결단의 전쟁이 되는 강도를 낮춰주는 것이다. 각 단위의 지도자 권력에서 '정치 잉여'를 줄이고 이권 분배 기능을 투명하게 만들지 않는 한 선거와 정치에 사생결단의 자세로 임하려 드는 사람들의 수는 절대 줄지 않을 것이며, 소통은 영원히 신기루가 될 수밖에 없을 것이다.

둘째, 참여에 대한 인식 전환이 필요하다. 참여는 민주주의 기본원리인바, 그 누구도 참여 자체를 문제 삼을 수는 없다. 아니 오히려 참여는 계속 진작시켜야 한다. 문제는 기존 극단적 당파 싸움을 완화하기보다는 격화시키는 성격의 참여가 우리가 예찬해 마지않는 참여의 유일한 형식인가 하는 점이다. 우리는 이 점에 대해 고민도 하지 않은 채 '무조건 참여'만을 외쳐온 건 아닐까? 인물 중심형 참여에서 목적 지향형 참여로 전환할 필요가 있다. 물론 목적 지향형 참여도 이념과 당파에서 자유로울 수 없지만, '전부 아니면 전무'인 인물 중심형 참여와는 달리 목적 실현을 위해 모든 정치 세력과의 소통을 배제하지는 않는다는 차이가 있다. 인물 중심형 참여는 참여자들에게 참여의 '현실적 과실'이나 '권력 감정'을 줄 수 있지만 목적 지향형 참여는 그럴 수 없다. 따라서 그런 전환은 이루어지기 어렵겠지만 인물 중심형 참여자들이 '도덕적 긍지와 자부심'까지 느끼는 기존 풍토에 균열을 냄으로써 생겨날 수 있는 변화의 가능성에 기대를 걸어볼 수도 있겠다.

셋째, 권력 중심적인 '인정 투쟁' 문화에 대한 성찰이 필요하다. 왜곡된 입신양명 문화는 고위 공직을 가문의 영광을 위한 '제로섬게임'의 제물로 전락시켜 소통을 어렵게 만들기 때문이다. 기존 입신양명 문화의 동력은 이른바 '세상 사람들이 알아주는 맛'인바, 그렇게 출세한 사람들을 알아주지 않으려는 의도적인 노력이 필요하다 하겠다. 같은 맥락에서 대부분 왜곡된 입신양명 문화에서 비롯된 교수의 정·관계 진출에 대한 대학측의 엄격한 통제가 필요한 건 아닌지 공론화할 필요가 있다. 특정 정치 세력이나 정치인에 대해 교수들이 집단적 지지 성명을 내는 것도 한때는 소중한 가치가 있었지만 이젠 자제하는 게 좋겠다. 대학은 정·관계와 거리를 두고 소통의 본산으로 기능하는 것이 바람직하다.

"사람들은 다리 대신 벽을 세우기 때문에 외롭다People are lonely because they build walls instead of bridges"라는 말이 있다. 외로워서 벽을 세우고 또 그 안에서 또 다른 칸막이들을 열심히 만드는 것인가? 다리를 만들어 소통을 시도해보는 건 불가능한 일인가? 우리 반대편에 있는 사람들은 도저히 상종

할 수 없는 불구대천의 원수인가? 그게 아니라면, 왜 소통을 위한 운동은 구경조차 할 수 없는가? 그 누구건 완승完勝은 가능하지 않으며, 혐오하는 세력에게도 그들을 지지하는 선량한 국민이 때로는 다수를 차지할 정도로 많이 있다. 따라서 그 세력과도 평화공존할 수밖에 없다는 생각을 해보는 건 어떨까? 만약 기존 제로섬게임 체제하에서 벌어지는 '밥그릇 싸움'과 '인정 투쟁' 문제 때문에 그렇게 할 수 없다면, 우리는 이성과 양심과 심정에 호소하기보다는 '당파 싸움의 정치경제학' 원리에 투철한 자세로 그런 조건을 바꿔주는 데 노력을 기울여야 할 것이다.

4
정치인들은 쓰레기다
한국 '포퓰리즘 소통'의 구조

사회적 담론의
과잉 정치화 현상

나는 2011년 7월 《강남 좌파》, 2012년 5월 《멘토의 시대》라는 책을 낸 이후 한 가지 흥미로운 현상을 재확인하였다. 사회적 담론의 과잉 정치화 현상이다. 강남 좌파 현상은 이념의 좌우를 떠나 차분하게 논의해볼 만한 주제임에도 일부 진보파들은 강남 좌파론에 대해 강한 적개심을 드러냈다. 이유는 단 하나. 보수파가 그걸 이용하기 때문이란다. 보수파가 강남 좌파를 비판하기 때문에 진보파는 강남 좌파를 옹호해야 한다는, 아니 그런 논의 자체를 해서는 안 된다는 게 그들의 생각이었다.

포퓰리즘populism도 마찬가지다. 이념의 좌우를 떠나 차분하게 논의해볼 만한 주제임에도, 일부 진보파들은 포퓰리즘론에 대해 강한 적개심을 드러낸다. 포퓰리즘은 보수파가 진보파를 향해 퍼붓는 비난 공세의 주요 메뉴이기 때문이다. 사회적 담론이 그 자체의 의미와 가치로 분석·평가되는 게 아니라, 현실 정치판의 당파적 투쟁 구도의 관점에서 분석·평가되는 것은 결코 새로운 일이 아니다. 오랜 역사를 자랑하는 한국 정치의 문법이다. 그래서 《조선일보》가 지지하기 때문에 지지해선 안 된다거나, 반대로 《한겨레》가 반대하기 때문에 반대해선 안 된다는 따위의 논리가 그럴듯한 정치 이론으로 유통되고 있는 게 우리의 현실이다.

이런 흑백 당파 구도가 나라를 골병들게 한다. 정치적 투쟁에서 이분법은 필요악일 때가 잦지만, 어떤 사안이나 이슈는 절대 그렇지 않다. 정치적 투쟁에서 이기기 위해선 반대편을 0으로 간주하고 우리 편은 100이라고 떠들어야 하지만, 막상 승리를 거둔 뒤에 다뤄야 할 사안이나 이슈는 40대 60이거나 30대 70의 게임이지 0대 100의 게임이 아니다. 그런데 이분법 투쟁에만 골몰하다보면 사안이나 이슈마저 0대 100의 게임인 양 다루게 되니, 그게 성공할 수 있겠는가. 우리 모두 잠시 그런 이분법적 사고방식을 내려놓고 세상을 있는 그대로 직시해보자.

포퓰리즘은 한국의 각종 매체에서 사용 빈도수가 매우 높은 외래어에 속하지만, 이념 지향성에 따라 큰 차이를 보인다. 진보 매체에서 포퓰리즘을 비판과 비난의 의미로 쓰는 경우는 드물었고, 주로 보수 매체들의 애용물이었다.[1] 보수 진영에서 이른바 '빨갱이'라는 딱지가 약발이 떨어지기 시작하면서 그걸 대체할 수 있는 새로운 딱지로 등장한 게 바로 포퓰리즘이라는 주장마저 제기될 정도다.[2]

그런 상황에서 최근 들어 '우파 포퓰리즘'의 필요성을 역설하는 우파가 등장하고 진보파가 우파 포퓰리즘을 비판하는 현상이 나타나고 있는 건 매우 고무적인 현상이라 할 수 있겠다. 그런 시도는 무엇보다도 한국 사회에서 현재 통용되고 있는 포퓰리즘 개념에 근본적인 의문을 제기하면서 새로운 이론적 모델을 정립하는 기회가 될 수 있기 때문이다.

포퓰리즘이란 무엇인가?

포퓰리즘이란 무엇인가? 학문 세계를 떠나 저널리즘 세계에서는 포퓰리즘을 '반反엘리트주의적인 민중 영합주의'라는 단순화된 의미로 쓰고 있지만, 학문적으론 정확한 개념 정의를 시도하는 것 자체가 무모할 정도로 많은 뜻을 내포하고 있는 용어다. 1967년 에른스트 겔너Ernest Gellner 등 전 세계 관련 학자 마흔세 명이 포퓰리즘에 대한 일반 이론을 도출할 목적으로 영국 런던에 모였지만 결국 보편적인 핵심 개념을 찾아내는 데 실패했을 정도도. 포퓰리즘은 각기 다른 시대와 공간에서 출현한 정치적 현상을 총칭하는 말이기 때문이다.

포퓰리즘populism은 영어 people의 어원인 라틴어 populus에서 유래된 말로, 19세기 말 러시아 사회를 풍미했던 나로드니키narodniki의 계몽운동과 1890년대 미국 농촌 사회에서 일어났던 농민운동에서 비롯된 것이다. 고전적 포퓰리즘agrarian populism이라 할 수 있는 이 두 가지 정치 운동의 공통점은 전통 농촌 사회에 존재했던 집단적 공동체 생활에 대한 낭만주의적 동경과 더불어 기존의 지배 계층과 조직에 반대되는 개념으로서 보통 사람에 대한 최고의 가치와 높은 도덕률을 부여하는 것이었다.

최근 논의되고 있는 포퓰리즘은 주로 라틴아메리카 연구에서 발달한 개념이다. 라틴아메리카의 포퓰리즘에 대한 해석은 포퓰리즘을 수입대체 산업화import substitution industrialization 단계에서 나타났던 정치의 양식과 정권의 유형으로 보는 '경제주의적 접근' 과 1970년대 이후 국민과의 관계에 주목하는 '정치적 접근' 으로 나뉜다. 1960년대 이후 유럽에서 나타나고 있는 새로운 운동 조류를 가리켜 '신포퓰리즘new populism', 동유럽 사회주의의 붕괴와 대규모 이민에 따른 결과를 '신자유주의적 포퓰리즘neoliberal populism' 이라고 부르기도 한다.[3] 최근 미국에선 학력과 학벌에 근거한 능력주의meritocracy와 그 수혜층 엘리트를 공격 대상으로 삼는 새로운 포퓰리즘이 대두하였다는 주장도 제기되고 있다.[4]

일반적인 의미에서 포퓰리즘은 대중 기반과 다계급적cross-class 구성을 지닌 정당 또는 정치 운동을 포괄하는 개념으로 '소외된 엘리트들' 에 의한 리더십, 대중에 대한 직접적인 리더십 호소와 일방적 우위, 기존 정당의 취약성, 혁명적이라기보다는 개혁적인 경향, 단순하고 감정에 기반을 둔 대안 제시 등의 특성이 있다. 그 핵심은 '엘리트에 대한 불신과 대중에의 직접 호소' 다.[5]

포퓰리즘이 본질적으로 반지성주의anti-intellectualism냐 하는 점에 대해선 포퓰리스트들도 그들 자신의 지식인을 갖는다는 반론도 있긴 하지만,[6] 대체로 보아 반지성주의 성향을 보인다고 평가하는 게 옳겠다. 포퓰리즘은 이론이 약하기 때문에 부족한 지적 깊이를 메우기 위해 행동에서 더욱더 호전적인 성격을 띠게 된다.

    포퓰리즘은 사회주의와 비슷한 점이 많지만, 분노의 감정에 토대를 두고 있어 분노를 느끼는 대상이 누구인가에 따라 그 성격이 달라지고, 여기서 좌파와 우파로 갈라지게 된다. 좌파든 우파든 근본적으로 반체제적이며, '낙오자들의 목소리rhetoric of the underdog'라는 주장도 있다.[7] 실제로 모든 포퓰리즘 유형에서 나타나는 공통점 중 하나는 선악 이분법에 근거해 자신의 열악한 처지를 감성적으로 강조함으로써 동정심과 분노를 유발하는 수사적 스타일rhetorical style이다.

    포퓰리즘에 대한 개략적 소개였을망정, 이정도 수준의 논의에서조차 분명하게 드러나는 한 가지 사실은 포퓰리즘이 주로 소통의 문제라고 하는 점이다. 나는 포퓰리즘을 소통 연구의 한복판으로 끌어들일 가치가 있다는 전제하에 포퓰리즘이 오늘날 한국 사회에서 이루어지고 있는 정치적 소통의 핵심을 구성하고 있으며, 그 양상은 '포퓰리즘 소통'이라 부를 만하다는 논지를 전개하고자 한다. 나는 더 나아가 '포퓰리즘 소통'이 이뤄지는 주요 동력은 '기성 정치 엘리트 혐오'이며, 이는 다섯 가지 담론 형태로 표출된다는 사실을 밝힘으로써 한국 사회의 주요 정치 담론과 '포퓰리즘 소통'과의 관계를 규명하고자 한다.

포퓰리즘과
포퓰리즘 소통

포퓰리즘을 논할 때는 미리 전제하고 들어가야 할 것들이 많다. 어느 나라의 포퓰리즘, 그리고 어느 시대의 포퓰리즘을 말하는 것인가? 정치, 경제, 사회, 문화 중 어느 분야의 포퓰리즘을 말하는 것인가? 좌파 포퓰리즘을 말하는가, 우파 포퓰리즘을 말하는가? 미국의 경우 1940년대까지는 '보수 포퓰리즘conservative populism'은 성립하기 어려운 모순적인 말로 통용되었지만, 이후 우익 포퓰리즘이 본격 등장했으며, 1980년대부터 좌우 진영 모두 스스로 포퓰리스트라 칭하는 사례마저 나타났다.[8] 그럼에도 포퓰리즘 개념을 둘러싼 혼란은 여전하다. 최근 미국에서 우파 포퓰리즘 전성시대를 연 티 파티의 경우처럼, 똑같은 운동 단체에 소속돼 있으면서도 어떤 사람들은 "우리는 포퓰리스트"라고 자랑스럽게 말하는가 하면 어떤 사람들은 펄펄 뛰면서 "우리는 포퓰리스트가 아니다"라고 말한다. 포퓰리즘이라는 단어에 묻은 역사의 흔적을 각기 다른 시각에서 바라보기 때문에 빚어지는 일이다.

이른바 '한국 포퓰리즘 불가론'도 그런 관점에서 이해할 수 있겠다. 정상호는 "포퓰리즘은 근본적으로 국가의 정점에 있는 대통령 권한의 획기적 집중을 전제로 한다"며 "포퓰리즘이 적용되기에는 한국 시민사회가 너무나 성장했으며, 그것을 시도하기에 대통령의 힘이 너무나 미약하다"라고 주장한다.[9] 서병훈도 "한국 정치를 포퓰리즘이라는 말로 규정하는 것은 타당하지 않다"며, 그것은 "개혁을 거부하는 일부 정치 세력의 편견이

담긴 결과"라고 주장한다. 다만 그는 "한국 정치가 포퓰리즘에 감염되지 않도록 각별한 주의가 필요하다"며 그 가능성은 열어두고 있다.[10]

그런 가능성을 탐색하는 차원에서 2010년 3, 4월 《한겨레》 지면에서 벌어진 '포퓰리즘 논쟁'은 고무적인 현상이라 할 수 있겠다.[11] 그런데 이 논쟁은 포퓰리즘에 대해 생각해볼 수 있는 여러 생산적인 의제들을 던져주었지만, 여전히 포퓰리즘에 대한 엄밀한 개념 정의가 어렵다는 걸 재확인시켜준다. 그렇기에 오히려 한국형 포퓰리즘에 대한 독자적인 이론 구성이 필요함을 보여주는 건 아닐까? 마찬가지로 '한국 포퓰리즘 불가론'의 취지와 선의는 충분히 이해할 수 있지만, 각 나라의 포퓰리즘 전개 양상과 평가 내용이 크게 다르다는 건 한국에도 한국형 포퓰리즘이 존재하리라는 점을 강하게 시사한다. '한국 포퓰리즘 불가론'은 보수 세력이 김대중·노무현 정부에 대해 정략적인 공격을 가할 용도로 포퓰리즘 딱지를 오·남용한 것에 대응하는 성격이 강했다는 점도 고려할 필요가 있겠다.

오히려 한국적 현실에 주목해 한국 특유의 모델을 구상해보는 건 어떨까? 평등주의가 매우 강한 나라와 매우 약한 나라가 있다고 가정해보자. 여기에 포퓰리즘의 개념을 두 나라에 똑같이 적용하는 게 무슨 의미가 있을까? 따져보아야 할 게 어디 평등주의뿐이겠는가? 빈부격차, 계층 이동성의 정도, 인구의 사회 문화적 동질성, 엘리트에 대한 신뢰도 등등 고려해야 할 게 하나둘이 아니다. 이런 차이를 소중하게 여긴다면, 그리고 포퓰리즘을 '경제' 중심으로만 보지 않고 정치·사회·문화 등 전 분야에 걸친 현상으로 이해한다면, 각 나라엔 각각에 맞는 별도의 포퓰리즘 개념이 있어야 한다는 주장에 어렵지 않게 동의할 수 있을 것이다.

한국은 "너도 하면 나도 하겠다"는 평등의식 또는 오기가 매우 강한 사회다. 그게 바로 한국 사회가 성공한 비결이다. 그런 의미에서 이는 축복이다. 그러나 동시에 한국 사회가 안고 있는 주요 문제들의 원인이기도 하다. 그런 의미에서 이는 저주이기도 하다. 포퓰리즘의 강한 '수요'를 유발하는 이런 독특한 토양을 외면한 채 외국의 포퓰리즘 개념을 수입해 그대로 적용한다면 한국 정치에 대한 이해가 오히려 어려워질 수 있다.

▎좌파 포퓰리즘과 우파 포퓰리즘

한국에서 포퓰리즘의 번역에 대해선 여러 견해가 있다. 대체로 '민중주의'가 많이 쓰이고 있지만, 이한구는 '대중주의'가 적합하다고 주장한다. '대중영합주의'는 의미가 중복되는 문제를 안고 있고, '민중주의'는 포퓰리즘의 부정적 이미지와 잘 조화되지 않는다는 것이다. 또 민중주의라는 번역은 이 운동에서의 주체는 리더십이며 민중은 수단적 객체에 지나지 않는다는 점에서 부적합하다는 견해도 있음을 이유로 들었다.[12] 김병국 등도 "'민중주의'라는 말이 과연 적합한지 의문이 없지 않다"며 "이 운동 사조에서의 주체는 리더십이며 '민중'은 수단적 객체의 존재 이상이 되지 못한다. 어떤 면에서 '민중을 빙자'한다는 의미의 '빙민주의' 또는 '칭민주의'가 차라리 더 적합한 번역일 것이라는 농담 아닌 농담을 새겨둘 필요가 있다"라고 말한다.[13] 그밖에 최한수는 '인민주의'로 번역하는 게 적합하다고 주장하며,[14] 송영배는 국수주의國粹主義에서 '국國'을 '민民'으로 대체한 '민수주의民粹主義'라는 말을 쓴다.[15] 포퓰리즘을 외래어로 쓰는 것을 선호하는 서병훈은 포퓰리즘을 굳이 번역한다면 "민주주의로 포장한 대중영합적 정치노선"이라 할 수 있다고 말한다.[16]

이와 같은 번역의 어려움이 시사하듯이, 한국에서 포퓰리즘의 역사는 그리 오래되지 않았다. 포퓰리즘 비판은 김대중 정부의 출범 이후에 본격적으로 나타나기 시작해 노무현 정부에서 최고조에 이른 담론이다.[17] 노무현 정부 시대의 포퓰리즘은 '디지털 포퓰리즘'이라는 주장도 제기되었다. 김일영은 노무현 정부가 "제도화가 따르지 않는 참여는 정치적 퇴행을 가져올 수도 있다"는 새뮤얼 헌팅턴의 고전적 명제를 무시했다면서 "지난 1년 동안 노 정권은 열세인 대의제도를 우회하여 대중과 무매개적 관계를 맺는 수단으로 사이버 공간을 적극 활용함으로써 인류 역사상 처음으로 디지털 포퓰리즘의 가능성을 보여주었다"며 다음과 같이 주장한다. "이런 참여 과정에서 노 정권과 코드가 맞는 네티즌들이 '사이버 홍위병'으로 동원되어 사이버 공간의 익명성에 기댄 채 기성 질서를 공격하는 작업이 꾸준히 이루어졌는데, 이 역시 디지털 포퓰리즘의 가능성을 보여주는 증거라고 할 수 있다. 특히 이들이 기존 질서에 대해 보여주는 '분노의 정치' 내지는 '배설의 정치'는 포퓰리즘의 공격성과 파괴성을 그대로 보여준다."[18]

그러나 2004년 가을부터 인터넷에서 보수파의 반격이 본격적으로 시작돼 얼마 후 두 세력 사이의 균형이 이루어졌으며, 그 덕분에 사이버 당파 전쟁이 치열하게 전개되었다.[19] 인터넷 신문만 보더라도, 2012년 6월 현재 진보적인 오마이뉴스와 프레시안이 각각 4위와 7위를 차지한 반면, 보수적

인 뉴데일리와 데일리안이 각각 5위와 6위를 기록할 정도로 두 세력은 균형을 이루고 있다.[20]

그 와중에서 디지털 포퓰리즘이 기승을 부렸던바, 디지털 포퓰리즘을 특정 정치 세력만의 문제로 보기는 어렵다. 여전히 진보 쪽 포퓰리즘을 비판하는 목소리가 높긴 했지만,[21] 이명박 정부 들어서 어떤 유형의 포퓰리즘이건 포퓰리즘이 노무현 정부만의 문제가 아니라는 점이 분명해졌다. 이명박 정부의 포퓰리즘을 비판하는 목소리가 보수 진영에서 왕성하게 터져 나왔으며 그 와중에도 '우파 포퓰리즘'의 필요성을 역설하는 목소리가 적잖은 세력을 형성했다.

2011년 7월 6일 한나라당 대표 홍준표는 《조선일보》와 한 인터뷰에서 "내년 총선과 대선에서 우파 포퓰리즘 정책을 추진하겠다"며 "국가재정을 파탄시키지 않는 친서민적인 인기 영합 정책은 필요하며, 그것이 바로 정치다. 한나라당이 추진하는 반값 등록금, 서민복지 확대, 전·월세 상한제, 비정규직 대책 등은 모두 헌법적 근거를 두고 있는, 좋은 우파 포퓰리즘이다. 민주당의 '무상 시리즈'처럼 국가재정을 파탄시키는, 나쁜 좌파 포퓰리즘과는 다르다"라고 말했다. 진보 진영은 이를 "감성적 대중 동원을 이용한 보수 정권 장기 집권 길 트기 전략"으로 해석했다.[22] 좌우를 막론하고 최근 한국 정치 지형을 바꾸고 있는 SNS 플랫폼 정치가 '네트워크 포퓰리즘'이라는 현상을 낳는다는 주장도 제기되고 있다.[23] 이 모든 양상은 포퓰리즘이 한국적 토양과 친화성을 갖는 게 아니냐는 가설의 가능성을 높여준 것으로 볼 수 있다.

수요 측면의 포퓰리즘

우리는 전반적으로 포퓰리즘을 이야기할 때에 정치 엘리트들의 '공급' 측면만 볼 뿐, 대중 쪽의 '수요'는 보지 않으려 한다. 우선 이것부터 보완하는 게 좋을 것 같다. 그간 많은 학자에 의해 이루어진 포퓰리즘의 정의는 공급 측면의 정의라 할 수 있는데, 이 글에서는 모든 정치는 기본적으로 포퓰리즘이며, 포퓰리즘은 민주주의에 내장돼 있다는 에르네스토 라클라우Ernesto Laclau와 벤저민 아르디티Benjamin Arditi의 명제를 수용하는 동시에,[24] 수요 측면의 정의를 한국 실정에 맞춰 다음과 같이 내려보고자 한다.

"포퓰리즘은 특정 개인이나 집단이 당파적 혹은 사적 이익을 위해 기성 질서, 특히 정치 엘리트에 대해 강한 불신과 혐오를 가진 대중의 처지와 심리 상태를 이용하는 감성 위주의 선동적 이념·전략·행태·언어와 대중이 주체가 되어 정치 엘리트에 대한 강한 불신과 혐오를 드러냄으로써 정치에 영향을 끼치는 감성 위주의 분출적 이념·전략·행태·언어를 총칭한다.

공급 측면에서의 선동적 이념·전략·행태·언어는 수요 측면에서의 분출적 이념·전략·행태·언어에 영합하기 위해 '국민'이나 '민중'의 이름을 앞세워 이루어지며, 단순한 인물 교체 수준일망정 현상 타파라고 하는 점에서 일시적 개혁성은 있지만 엄밀한 현실 검토와 장기적 전망이 부재하고 책임 윤리가 박약하다는 특성이 있다. 이런 포퓰리즘 체제하에서 선거는 집권 세력에 대한 인물 중심주의적 '반감과 응징'이라는 순환적 이벤트의 성격을 갖게 되며, 그 결과 '열망과 환멸'이라는 악순환을 반복하게 된다."

'포퓰리즘 소통'은 정치적 소통 행위가 위에서 정의한 포퓰리즘 위주로 이루어지는 것을 뜻한다. 포퓰리즘은 포퓰리즘 소통을 포함하는 개념으로 볼 수 있다. 하지만 포퓰리즘은 충족시켜야 할 여러 명제가 있는 반면 포퓰리즘 소통은 그 명제 중의 일부인 소통만 가리키는 것이기 때문에 명제 충족의 제약 조건에서 비교적 자유롭다는 차이가 있다. 이러한 구분은 이념·전략보다는 행태·언어 중심으로 이루어지는 수요 측면의 포퓰리즘을 고찰하는 데 필요하다. 수요에 추동받은 공급 측면에서 포퓰리즘 소통의 특성은 세 가지로 요약할 수 있다.

첫째, 당파적 혹은 사적 이익을 앞세우기 때문에 구조 개혁이나 시스템 개혁보다는 사회적 문제의 의인화personification와 개인화personalization를 통한 인적 청산에 집중하는 '분노의 정치' 정치 담론을 구사한다. 둘째, 정치 엘리트에 대해 강한 불신과 혐오를 가진 유권자들의 처지와 심리 상태를 이용하기 위해 '여론조사 만능주의'라고 해도 좋을 정도로 여론조사를 오남용하고, 그마저 철저히 인물에 대한 지명도 또는 지지도 따위를 묻는 인물 중심주의라고 하는 한계를 보이는바, 이는 정책과 이슈가 인물에 종속되는 성격의 정치 담론을 양산한다. 셋째, 정책과 이슈는 이성적으로 초당파적 타협과 합의에 도달하는 것이 가능하지만 인적 청산은 감정 발산을 극대화하는 승자 독식주의를 전제한 것인바, 정치적 소통은 인적 청산을 목표로 삼는 선동적 이념·전략·행태·언어 중심으로 이루어진다.

이 글의 주요 목적이자 문제의식은 그간 이루어진 공급 측면의 포퓰리즘 연구는 대중을 정치 엘리트에 의해 일방적으로 이용만 당하는 피해자로 보게 되는 본원적 한계를 갖고 있다는 데서 출발하였다. 물론 포퓰리즘으로 말미암은 궁극적 피해는 대중이 입게 되겠지만, 포퓰리즘을 전개하는 과정에서 주도권은 정치 엘리트보다는 오히려 대중이 행사하고 있으며, 이는 포퓰리즘 소통의 주요 동력이 '기성 정치 엘리트 혐오'라는 것을 밝힘으로써 입증될 수 있을 것이다. 포퓰리즘 소통의 구조 또는 담론의 특징은 크게 보아 엘리트에 대한 극단적 불신, '물갈이(인물 교체)'의 상례화, 지대地代 평등주의, '적敵 만들기'의 제도화, 완충(중립)지대 소멸 등과 같은 다섯 단계 또는 측면들을 갖고 있다.

엘리트에 대한 극단적 불신

한국인은 사회 문화적 동질성과 주거적 밀집성 때문에 평등주의를 추구하려는 정서가 강하다. 물론 실제로 평등하게 사느냐 하는 것과는 전혀 다른 문제다. 고밀집 사회는 이웃과의 비교를 강요한다. 이웃을 의식하지 않고선 단 한시도 못살게 한다. 그 비교는 필사적이다. 행복은 비교에서 나오기 때문이다. 한국 사회에서 '위화감'과 '체면'이 매우 중요하게 작용하는 배경이다. 또한 불행한 한국 근현대사는 대중이 엘리트를 불신하고 혐오해야 할 충분한 근거를 제공했으며, 초고속 압축 성장 탓에 권력과 부의 정당성이 의심받으면서 평등주의 정서가 강해졌다고 볼 수 있다.[25] 이게 바로 포퓰리즘의 비옥한 토양이 된다.

법치法治를 믿는 사람은 얼마나 될까. 한국형사정책연구원이 2004년 7월 서울 등 7대 광역시에 거주하는 만 20세 이상 성인 남녀 2,000명을 대상으로 조사한 바로는, 국민 열 명 중 일곱 명이 '유권무죄有權無罪 · 유전무죄有錢無罪, 무권유죄無權有罪 · 무전유죄無錢有罪'라고 생각하는 등 형사 사법 불신이 매우 심각한 것으로 나타났다.[26] 물론 그 불신엔 그럴 만한 충분한 근거가 있다. 2005년 1월 13일자 《동아일보》 조사로는, 1993년 이후 12년간 뇌물수수와 선거법 위반 등 각종 혐의로 기소된 정치인과 고위 공무원 등 거물급 인사 464명 가운데 집행유예나 사면 등이 없이 실형을 만기 복역했거나 현재 복역 중인 사람은 10퍼센트 미만인 것으로 나타났으며, 이들의 무죄 비율은 비슷한 기간 일반 형사피고인과 비교하면 열 배가량 됐다.[27]

법치가 그 지경일진대 정치가 어찌 정상일 수 있으랴. 《서울신문》(2005년 1월 1일자)의 '광복 60주년 여론조사'에 따르면, 정치인에 대한 신뢰도 조사(10점 만점)에서 응답자 1,000명 중 385명이 0점을 매겼으며, 5점 이하의 낙제 점수를 준 응답자가 전체의 91.6퍼센트인 것으로 나타났다. 이런 현실과 관련, 이태동은 "지금 국민 사이에서 정치인들에 대한 평판은 '쓰레기'라는 말이 나올 정도로 품위와 신뢰를 잃어 바닥을 헤매고 있다"라고 주장했다.[28] 또한 한국직업능력개발원이 2006년 3~4월 전국의 일반 성인, 대학생, 고교생 등 7,800명을 대상으로 17개 주요 직업의 직업윤리 수준을 조사한 결과 국회의원이 꼴등을 차지한 것으로 나타났다.[29]

이 정도면 '정치 불신'이나 '정치 혐오'를 넘어 아예 '정치 저주'라고 불러야 옳을 듯하다. 이런 현실은 대중의 정치 담론에 어떤 영향을 끼치는가? 즉 대중은 사적 공간에서 정치를 어떻게 소비하는가? 유감스럽게도 이는 그간 커뮤니케이션 연구에서 누락된 주제기에 이것만을 별도의 논문 주제로 다뤄볼 가치가 있다. 여기선 2006년 8월 서울 여의도의 한 순댓국밥집에서 60~70대 노인 두 명이 털어놓은 이야기를 소개하는 수준에 머물러야 할 것 같다. 비록 단편적인 에피소드일망정 이런 이야기는 전국에 있는 술집이나 택시 속에서 매우 흔하게 들을 수 있는 이야기기 때문이다.

"어디 대한민국 땅에서 빽 없는 놈들은 살 수가 있나. 저희들끼리 꿍짝꿍짝 박자 맞추어 다 해 처먹고……. 속았어 불쌍한 우리들만 속았지……. 이제는 서민들 피까지 빨아먹으며 저희들 뱃속 채우고 국민들은 바닷속에 빠뜨려 허우적거리게 하고……. 아, 이 사람아, 열 받지 말고 자네 건강이나 챙겨. 자네가 나라 걱정한다고 국가가 자네 건강 챙겨줄 줄 아나. 다 쓸데없는 이야기야……. 요즘 오죽했으면 정치하는 놈들은 메뚜기 떼 닮았다고 하지 않나. 메뚜기 떼처럼 철따라 우르르 떼 지어 다니며 풀밭에서 논다고……. 징지인지고 믿을 놈 한 놈도 없지. 세긴에 이런 우스갯소리가 있지 않나. 한강에 빠진 사람 중에서 제일 먼저 정치인을 건져내야 한다고. 이유는 한강 물이 오염되지 않게 하기 위해서라나……."[30]

엘리트, 특히 정치인에 대한 강한 불신과 혐오는 모든 포퓰리즘의 동력이지만, 그게 한국처럼 강한 나라는 드물다. 오죽하면 러시아계 한국인인 박노자는 한국인에게 정치인에 대한 저주가 일상화돼 있는 걸 보고 "정치인 욕하기가 한국인의 취미 생활인가?"라는 의문이 들 정도였다고 했을까.[31] 사실 이게 바로 한국형 포퓰리즘의 핵심 동력이지만, 정치 영역에서의 표현 양상은 늘 '개혁'으로 간주된다.

이를 잘 보여준 것이 '민주언론상'까지 받을 정도로 개혁 진영의 뜨거운 지지를 누린 팟캐스트 방송 〈나꼼수〉 열풍이다. 나꼼수는 방송 1회당 평균 600만 건의 다운로드를 기록하는 '권력'으로 부상해 19대 총선 국면에서 민주통합당에 절대적 영향력을 행사했다. 나꼼수가 SNS 바람과 맞물려 정치 혐오의 장벽을 허물고 있다는 시각이 있지만,[32] 당파적 차원을 넘어서 보자면 정반대의 해석도 가능하다. 나꼼수가 누리는 인기의 비결이 금기를 넘어선 욕설·독설, 정치 담론의 '개그화', 폭로와 음모론의 '상품화'라는 것을 생각건대, 나꼼수야말로 정치 혐오의 극치를 보여준 것일 수도 있다. 사실 음모론이야말로 포퓰리즘 소통의 주요 구성 요소가 아니던가.[33]

그런데 여기서 중요한 것은 나꼼수식 담론과 소통이 일상적 삶의 사적 공간에서 이루어지는 담론과 소통의 전형을 보여주고 있다는 점이다. 나꼼수가 누리는 인기의 비결은 사적 공간에서 소비되던 정치적 담론이 아무런 제약 없이 공적 공간으로 옮겨지면서 많은 사람이 연대감을 느끼며 공유할 수 있게 되었고, 그 과정에서 수용자의 개인적 분노가 집단적 정의감으로 전환되는 만족감을 느낄 수 있게 하였다는 점이다.

'물갈이'의 상례화

포퓰리즘 소통을 개혁으로 간주하는 대표적 사례는 한국인의 정치에 대한 저주 심리를 이용한 정치 엘리트의 '물갈이(인물 교체)'다. 총선에서 한국처럼 정치 엘리트 물갈이를 많이 하는 나라, 또 그걸 개혁으로 여기는 나라가 있을까? 초선 의원 비율은 1988년 13대 총선에선 55.5퍼센트, 1992년 14대 총선에선 39.1퍼센트, 1996년 15대 총선에선 45.8퍼센트, 2000년 16대 총선에선 40.7퍼센트, 2004년 17대 총선에선 62.9퍼센트, 2008년 18대 총선에선 44.8퍼센트, 2012년 19대 총선에선 49.3퍼센트였다. 1992년만 제외하곤 늘 40퍼센트대 이상을 유지해왔다는 게 놀랍다.

이는 기성 정치를 비난하고 저주하는 게 늘 잘 팔리는 정치적 상품이 될 수 있다는 걸 시사한다. 실제로 선거를 앞둔 한국 정당들은 여야를 막론하고 개혁의 상징으로 비정치인을 대거 영입하는 관행을 고수해왔다. 이른바 '젊은 피'를 수혈하는 것도 빼놓을 수 없는 개혁적 시도로 여겨져 왔다. 시스템은 그대로 둔 채 인물 교체만으로 정치를 바꾸고자 하는 시도는 매번 실패로 돌아갔음에도 이런 관행이 유권자들에겐 여전히 개혁으로 통용되고 있는 것이다.

그런 물갈이 비율이 높은 걸 가리켜 '공천 혁명'이라는 말까지 쓰인다. 물론 이 말은 한결같이 기존 정치권 인사들을 많이 물갈이하는 게 개혁이라는 전제를 깔고 있다. 그러나 과거의 경험은 그 개혁의 정체를 좀 다른 시각에서 볼 걸 요구한다. 예컨대, 17대 총선의 가장 큰 특징은 대폭적인 물갈이 및 세대교체였다. 초선은 299명 중 188명으로 62.9퍼센트를 차지했으며, 40대 이하가 43.1퍼센트(129명)였다.

당시 개혁파 인사들은 열광했다. 대폭적인 물갈이에 대한 찬사와 더불어 앞으로 대한민국 정치가 근본적으로 변할 것이라고 말한 이들이 많았다. 그러나 그런 장밋빛 낙관은 오래가지 않았다. 초선 의원들은 곧 여야 이전투구泥田鬪狗에서 가장 전투적인 돌격대 노릇을 하는 동시에 다선 의원들보다 더 약삭빠르다는 비난 공세에 직면했다. 부당한 비난도 있었겠지만, 물갈이를 많이 하는 게 곧 개혁이라는 등식의 허구를 입증해주는 데엔 모자람이 없었다. 그럼에도 18대 총선을 맞이해 다시 '물갈이=개혁' 등식이 각광을 받았으며, 19대 총선도 마찬가지다.

정치권 물갈이의 본질은 '카타르시스 효과'에 있다. 한국 정치의 발전을 위해 가장 필요한 것은 62.9퍼센트나 물갈이에 성공한 데 대해 찬사를 보내고 감격했음에도 왜 4년 만에 또다시 '물갈이만이 개혁'이라고 주장하게 되었는지 그 이유를 분석하고 대안을 모색하는 일이었겠지만, 그런 일은 일어나지 않았다. 아무래도 분석과 대안 모색은 '카타르시스 효과'를 주지 못하기 때문일 것이다. 정당 기능을 스스로 포기하고 외부 인사들에게 공천권을 넘겨준 '공천 혁명'의 와중에서 '상향식 공천'이 실종되었다고 비판하는 목소리가 높았지만, 똑같은 일이 19대 총선에서도 반복되었다. '청년 비례대표'가 유행했고 '신인 가산점 제도'마저 등장했는데, 이는 "식상한 정치에 새로운 바람을 일으키고 새로운 정치를 기대하는 국민의 여망에 부응하기 위해 참신한 정치인들이 대거 국회에 진출해야 한다"는 따위의 논리로 정당화된다.

'변화'와 '바꾼다'는 말은 성스러운 단어처럼 여겨지며, 그걸로도 모자라 "완전히 갈아엎겠다"는 말이 선거 구호로 등장하곤 한다. 유권자들의 기성 정치 혐오 심리에 편승하려는 포퓰리즘 이외에 달리 설명할 길이 없지만, 이는 정치, 언론, 대중이 삼위일체가 되어 시도하는 일이다. 신인으로 교체하는 일에 '수혈'이라는 은유법을 쓰는 것이 과연 온당한가 하는 의문은 제기되지 않은 채, 즉 피가 문제가 아니라 신체에 더욱 근본적인 문제는 없는가 하는 고민은 결여된 채, 마치 흡혈귀라도 되는 것처럼 '새 피'만을 외치는 게 선거 시즌의 단골 구호가 돼버렸다. 예컨대,《조선일보》(2012년 3월 6일자) 사설 제목은 "새누리당 공천에 '새 피'가 없다"이다.

그런 포퓰리즘 소통은 여론조사 결과로 정당화되곤 한다. 포퓰리즘은 민주 생활의 기초로 여론조사가 보유한 능력에 신뢰를 보내고 정치적 이슈들을 결정하는 데 있어서 여론조사의 역할에 대해 낙관적이다.[34] 한국형 포퓰리즘은 낙관적인 정도를 넘어서 여론조사에 절대적 가치를 부여하는 지경까지 이르렀다. 심지어 학계마저 그런다. 오죽하면 "한국 학계의 대표적 거품과 위선 현상이 바로 여론조사비 항목"이라는 말까지 나왔겠는가.[35]

한국형 포퓰리즘의 가장 대표적인 사례로 정당 내 여론조사 경선을 들수 있다. 이에 대해 전문가들의 의견은 대부분 부정적이다. "당원들이 해야 하는 후보 선출에 여론조사를 활용하는 것은 정당정치를 포기한 얄팍한 포퓰리즘"(국민대 교수 이명진),[36] "지금과 같은 정당의 후보 선출 방식은 여론조사의 본질을 모르는 '조사 문맹Research Illiteracy' 현상이자, 정치적 선택이 가요 인기투표와 같다고 여기는 포퓰리즘"(서울대 교수 박찬욱),[37] "여론조사 경선은 세계적 망신거리"(한국 사회여론연구소장 김헌태) 등의 비판이 제기되었다.[38] 그러나 여론조사 경선은 여전히 건재할 뿐만 아니라 정치 개혁인 양 간주되고 있다.

한국의 여론 형성은 이른바 '바람'의 지배를 많이 받는다. '바람기'는 유권자의 특권이라곤 하지만, 그게 지나치면 대접받지 못한다. 정치인들은 여론을 무서워하는 동시에 여론을 깔보기 때문이다. 언제든 한번 바람만

불면 쉽게 뒤집어질 수 있다고 보기 때문에, 자신의 과오를 깊이 성찰하기보다는 바람을 만들 수 있는 드라마·이벤트를 연출하는 데 집중한다. 이는 정치인들의 '한건주의'를 창궐케 하고 성찰을 거의 불가능하게 만든다. 선거나 여론조사에서 자신에게 유리한 결과가 나오면 '대중은 위대'하고, 자신에게 불리한 결과가 나오면 반대편의 음모와 방해 때문에 그렇다는 식의 이중잣대가 만연해 있는 것도 바로 그런 대중 폄하에서 비롯되는 것이다. 대중은 여론조사를 일종의 게임으로 즐길 뿐이기 때문에 바람 따라 움직이는 것에 별 문제의식을 느끼고 있지 않다. 그렇게 본다면 여론조사는 범국민적인 포퓰리즘 소통의 도구인 동시에 오락인 셈이다.

대중문화를 넓은 의미의 정치로 본다면, 정치 또한 넓은 의미의 대중문화다. 대중문화는 포퓰리즘의 보고寶庫로서 정치에 대한 영향력이 강해질수록 포퓰리즘 정치는 정치의 본령으로 자리 잡을 가능성이 높아진다.[39] 한국 정치는 이른바 '대중문화로서의 정치politics as popular culture'라고 하는 관점에서 이해할 필요가 있겠다.[40]

일반적인 정치 담론에서 '상식'이 필요한 수준을 넘어 과도하게 강조되는 양상을 보이는 것은 역사적·구조적 문제를 은폐하거나 우회하면서 지금 당장 대중의 정서에만 관심을 보이는 대중문화의 속성과 매우 비슷하다고 볼 수 있다. 상식common sense은 포퓰리즘 소통의 주요 구성 요소가 아니던가.[41] 그런 포퓰리즘적 상식의 힘은 모바일 투표와 SNS를 통해 한국 정치의 지평을 흔들고 있고, 이는 '직접 민주주의 시대의 도래'라는 식으로 예찬의 대상이 되지만, 참여의 대표성으로 빚어진 왜곡 문제에 대해선 아무런 말이 없다.

지대
평등주의

왜 한국 유권자들은 물갈이의 상례화에서 비롯된 '열망과 환멸의 사이클'을 여러 차례 경험했음에도 여전히 물갈이를 원하는 걸까? 차라리 미국의 경우처럼 의원들의 임기 제한term limits 운동이 일어날 법도 하건만,[42] 그런 시도는 전혀 없이 그저 상황과 바람에 따라 움직이는 기회주의적인 물갈이 열풍만 있을 뿐이다.

물론 유권자들이 무지하거나 어리석어서 그런 건 결코 아니다. 이는 정치에 절망한 심리 상태나 체념의 지혜에서 비롯된 것으로 보인다. 그래서 애써 임기 제한 운동과 같은 제도화를 시도하는 일엔 별 관심이 없고 그저 '감정의 폭발'에만 주력할 뿐이다. 평등주의가 강해 '분배의 윤리'에 투철한 한국인들의 속내를 거칠게 표현하자면 이런 것이다.

"정치인은 자신의 권력욕을 충족시키기 위해 국민을 뜯어먹고 사는 집단이며, 정치는 그들 개인과 가문의 영광을 위한 출세 수단일 뿐이다. 뜯어먹더라도 돌아가면서 뜯어먹어라. 조폭 세계에도 '분배의 윤리'는 필요하다. 고로 물갈이는 다다익선多多益善이다."

한국 정치는 유권자의 측면에서 볼 때엔 좌우左右의 싸움도 아니고, 진보와 보수의 싸움도 아니다. 출세한 사람과 출세하지 못한 사람들 사이의 싸움일 뿐이다. 다선 의원이 낙선한 지역의 유권자들에게 물어보면 어디에서건 "그 정도면 많이 해먹었잖아!"라는 말을 쉽게 들을 수 있다. 이런 평등주의를 가리켜 '지대地代 평등주의'라고 부를 수 있겠다. 개인이나 집단이 국가 부문의 자원과 영향력에 접근하여 사적 이익을 얻고자 하는 '지대 추구rent-seeking' 행위는 불가피하다고 체념한 상황에서 돌아가면서 지대 추구를 하라는 게 택할 수 있는 차선이거나 차악으로 본다는 것이다. 이와 관련, 박승관은 "'입'은 열리되 '귀'는 닫힌 상태의 의견 체계"를 '군론群論'이라 정의하면서 다음과 같이 말한다.

"'군론 사회'에서는 사회 체계 내부에 충만한 불신과 증오감을 정치적으로 조직화하여 이익을 챙기는 '정치 계급'이 발호하기 시작한다. 일반화되고 전면화된 대중의 불만을 직업적으로 조직하고, 정교하게 이론화하여 정치적으로 동원함으로써 자신들의 정치적 지위 유지를 도모하는 엘리트 집단이 흥성한다. 정치는 표 동원 전략 이상도 이하도 아니게 된다. 존재하는 사회적 균열을 봉합하여 전체 공동체의 통합을 기도하는 참된 정치 지도자보다는 이러한 균열을 극대화하고 적극 활용하여 자신들의 분파적 이익을 챙기는 모리배형 정치인들이 득세하는 경향이 나타난다. 각종 파당, 패거리, 떼와 '빠' 집단이 우후죽순처럼 발호하고, 이성적 토론이 아니라 집단적 세력과 우김질에 의존하여 이기적 욕구를 관철하는 '떼법'이 창궐한다."[43]

이 주장의 문제의식엔 공감할 수 있지만, 오히려 사태를 너무 낙관적으로 보는 게 아닌가 하는 생각을 떨치기 어렵다. 지목할 수 있는 '모리배형 정치인들'이 많이 존재한다면 변화를 추구하는 게 의외로 쉬울 수 있겠지만, 이념과 사적 이익의 공동 추구가 얼마든지 가능하다고 보는 게 진실에 더 가까우며 그렇기에 변화를 시도하는 게 그만큼 더 어렵다고 보아야 하지 않을까? 오히려 한국이 '정치 과잉' 사회라는 데서 답을 찾는 게 옳은

게 아닐까?

　모두 다 공익을 추구하기 위해 정치를 한다 하더라도 한국처럼 정치 과잉인 데다 입신양명 문화가 강한 사회에서는 지대 추구의 경계가 모호해진다. 민주화운동에 헌신했던 농민운동가 천규석이 "지나고 보니, 60~80년대까지의 그 풍성했던 민주화운동이란 것들도 잘난 놈들에게는 입신출세와 물질적 보상이라는 두 가지의 전리품을 동시에 거두어 갈 기회로 활용되었다"라고 말한 것은 바로 그 점을 지적한 것이라 볼 수 있겠다.[44] 한국처럼 대학교수, 언론인, 시민운동가의 정관계 진출이 많이 이루어지는 나라가 또 있을까? 한국 특유의 입신양명 문화가 아니고선 설명하기 어려운 현상이다. 그러나 바로 그런 까닭에 한국의 정치 담론은 '정치 결정론'에 근접할 정도로 정치의 중요성을 과장하며, 그 과정에서 과도하게 언어적으로 명분과 이타성을 내세우는 경향을 보인다.

　심지어 시민운동가의 정계 진출을 시대적 사명으로 보는 주장마저 적잖은 호응을 얻고 있다. 예컨대, 안병진은 "정당과 시민운동의 굳은 벽이 이미 무너졌다. 정당이 내부에서 정치하고 시민운동은 외부에서 견제만 한다는 이분법적 이론은 20세기 낡은 유물이다"라고 주장한다. 그는 시민운동가는 "시민적 가치를 훈련한 이들", 기성 정치인들은 그런 훈련이 없는 사람들로 보면서, "시민운동가들의 정계진출에 대한 비판은 결과적으로 현실정치에서 기성 정치인의 안정된 미래를 보장해준다"라고 말한다.[45]

　이런 주장의 진정성을 의심할 필요는 없지만, 문제는 그 바탕에 '우리 대 그들'이라고 하는 이분법이 깔렸다는 점이다. 시민사회에서 존경을 받던 이들마저 정치권에 들어가 변질한 사례가 수없이 많음에도, 여전히 한국 정치의 문제를 '사람 문제'로 보는 시각은 질긴 생명력을 자랑한다. 이런 포퓰리즘 소통은 늘 민심을 오판하게 하여 '열망과 환멸의 사이클'을 지속시키는 주요 이유가 된다. '지대 평등주의'의 원리에 따라 표를 던진 유권자들의 뜻마저 '우리'의 뜻과 목표에 대한 지지로 간주하기 때문이다. '우리 대 그들'이라고 하는 이분법이 지배하는 소통 양식에서 적의 존재는 절대적 필수이며, 적의 죄와 힘은 과도하게 부풀려져야만 하는 대상이 된다.

적 만들기의 제도화

'계급 투쟁class struggles' 대신에 '엘리트 투쟁elite struggles'을 강조하는 엘리트 이론은 엘리트가 아닌 일반적인 유권자들을 수동적인 구경꾼이거나 아니면 기껏해야 기득권 엘리트에 대항하여 싸우는 신진 엘리트의 일시적 이익을 위해 동원되는 도구로 간주한다.[46] 그러나 그건 결과적 평가일 뿐 최종 결과에 이르기까지의 과정에선 엘리트들 간의 투쟁은 곧 일반 대중 간의 투쟁이기도 하다. 이른바 '적 만들기enemy-making'의 제도화 때문이다. 앞서 지적했듯이, 정치화된 대중은 그들이 두려워하고 혐오하는 사람에 대한 반대를 통해 자신의 정체성을 규명하려는 경향이 있다. 리더십은 그걸 돕는 것이다. 그런 의미에서 리더십은 '적을 만들어내는 게임'이기도 하다.[47]

인류 역사를 이끌어온 정서 가운데 가장 큰 힘을 발휘한 건 증오였다. 물론 증오가 나쁜 것만은 아니다. 예컨대, 나라를 빼앗긴 채로 착취당하는 사람들이 지배자들에 대한 증오의 힘으로 떨쳐 일어나지 않으면 그 무엇으로 일어나랴. 우리 시대에 문제가 되는 건 '증오의 일상화'와 '증오의 상품화'다. '증오 마케팅'이라는 표현을 써도 무방할 만큼, 정치·사회적 언행의 기본 동력을 증오로 삼는 게 너무도 자연스럽게 확산해 있다는 점이다. 증오 마케팅에도 그 나름의 명분이 있을 수는 있다. 사회적 갈등에서 어느 한쪽이 자신들의 부당한 기득권을 유지하기 위해 수단과 방법을 가리지 않는다면, 반대쪽은 그쪽에 대한 증오를 바탕으로 세를 규합하는 수밖에 없을 것이다. 그러나 민주화 이후 그렇게 편을 갈라도 좋을 만큼 단순한 사안은 많지 않다. 그런 사안이 있더라도 어떤 선의적 행위의 '의도하지 않은 결과'까지 고려한다면, 증오를 동력으로 삼아도 좋을 만한 일은 더욱 줄어들 것이다.

일반적으로 증오 마케팅에서 가장 문제가 되는 건 "과연 누구에게 이익이 돌아가는가?" 하는 점이다. 증오는 주로 상층 엘리트 계급에서 발생한다. 제도적으로 이들은 제한된 몫을 놓고 경쟁해야 하는 처지에 놓여 있기 때문이다. 반면 서민층 삶엔 증오가 끼어들 일이 거의 없다. 이들 역시 제한된 일자리를 놓고 경쟁은 하겠지만, 이들의 경쟁 방식은 엘리트 계급의 승자 독식주의와는 크게 다르다. 엘리트 계급이 자기들의 이익을 다수의 이익인 양 포장하는 건 인류 역사 이래로 계속돼온 전통이지만, 이젠 엘리트 계급의 삶이 어떠한가 하는 걸 하나의 검증 지표로 삼을 필요가 있다. 정치 엘리트 집단의 일원이 되는 걸 개인적 출세와 가문의 영광을 위한 '코리안 드림'으로 여기는 기존 의식을 당연시하는 한, 그 어떤 제도와 법으로도 정치가 민생을 착취하는 걸 막을 수 없다는 점에 관심을 기울일 필요가 있다는 것이다.

일부 유권자들, 특히 목적 없이 표류하는 삶으로 고통받던 사람들에게 열정적 증오는 뚜렷한 목적과 의미를 부여한다.[48] 이분법은 필수적이다. 자신은 선의 편으로 악과 싸운다는 사명감, 정의감, 도덕적 분노, 지적 확신을 불러일으키려면 반드시 증오의 대상으로 삼을 적이 존재할 필요가 있다.[49] 증오를 유지하기 위해 적은 우리에게 큰 해를 입힐 수 있는 악이 되어야만 하며, 수단과 방법을 가리지 않는 걸 정당화하기 위해 적은 인간이 아닌 악마로 간주된다. 또한 증오는 자신의 고통, 분노, 좌절에 대한 해결책으로서 수치마저 긍지로 바꿔놓는 큰 힘을 발휘한다.[50]

'적 만들기' 메커니즘은 정치의 승자 독식주의로 말미암아 제도화 수준에 이르렀으며, 대중매체도 그런 제도화를 뒷받침하고 있다. 특히 인터넷은 정보 편식으로 집단 구성원의 동질성을 촉진하는 동시에 소수 과격파의 주도권을 강화하는 등의 기능으로 집단 극화 현상을 심화시키고 있다. 정치인은 물론 적극적인 참여 대중이 이슈와 정책보다는 늘 집단과 개인에 대한 '심판'과 '응징'을 외치고 '독재', '타도', '박멸', '파탄', '망국' 등과 같은 극렬한 과장법을 구사하는 이유도 바로 여기에 있다.

완충 지대의 소멸

'적 만들기'의 제도화가 이루어진 정치 시장에선 정치적 양극화 구도가 형성돼 언로言路의 완충(중립) 지대는 소멸한다. 소통을 거부하는 강한 주장이 잘 팔리기 마련이다. 이는 중간파가 수난을 당했던 한국 근현대사가 입증하는 역사적 사실이다. 강력한 이분법이 지배하는 승자 독식주의 체제하에선 중간파가 취하거나 제공할 수 있는 현실적인 이익이 없다. 그렇다면 오히려 존중을 받아야 하는 게 아닌가? 중간파가 이익 때문에 중간을 택하는 게 아니라는 점이 이해된다면 가장 큰 도덕적 우위를 누려야 하는 게 아닌가? 얼른 생각하면 그럴 것 같지만 실상은 전혀 그렇지 않다.

이념이나 정치적 성향과는 직접적인 이해관계가 없는 보통 사람들이 사적 이익을 염두에 두고 자기주장을 강하게 내세우는 건 아니다. 그래서 우리는 보통 사람들의 주장은 순수하다고 착각하기 쉽다. 하지만 '소외의 공포'도 순수한 것으로 볼 수 있을까? 소외당하고 있다는 느낌만큼 기분 나쁘고 두려운 건 없다. 그래서 누구건 가급적 주류에 끼고 싶어하는 강한 욕망이 있다. 비주류나 반주류도 세력을 형성함으로써 독자적인 자기 세계를 갖기 때문에 그 속에서 다시 주류가 되고자 하는 투쟁이 벌어지기 마련이다. 선거나 여론조사에서 선두의 지지가 더욱 강화되는 경향을 일컫는 '밴드왜건 효과band-wagon effect'를 부정하는 사람은 없다. 그러나 자신의 정치적 판단이 밴드왜건 효과에서 비롯됐다는 걸 인정할 사람이 단 한 명이라도 있을까? 그러니 개인의 순수성을 판단하려는 시도 자체가 무의미한 일이다.

해방 정국에서 중간파가 설 자리가 없었던 이유는 무엇인가? 제공할 이익이 없고, 피를 끓게 하는 담론을 생산해낼 수 없었기 때문이다. 한국처럼 '급변의 소용돌이'가 휘몰아치는 사회에서 이익의 공정 분배를 선호하고 피와 열정을 멀리하는 중간파의 운명은 고독과 고립이다. 오랜 세월 독재 정권을 거치면서 중간파가 '기회주의자'나 '사쿠라'라는 오명을 뒤집어쓴 탓도 있다. 어떤 정권이 들어서고 어떤 조직의 지도자가 누가 되느냐에 따라 지성 사회 구성원의 인정욕망 실현이나 세속적 팔자마저 달라지는 현 상황에선 중간을 포용하는 지성 사회의 회복도 기대하기 어렵다. 이런 '이익 이론'은 천박하거니와 순수한 마음으로 자신의 명분·이념을 위해 헌신하는 사람에게는 모욕적일 수도 있지만, 소통을 어렵게 만드는 독선과 오만은 자신의 순수성에 대한 과도한 확신(착각)에서 비롯되는 경우가 많다는 점에 주목할 필요가 있겠다.

■ '과시적 소통'과 '전략적 소통'을 넘어서

한국 사회엔 진정한 소통보다는 소통의 시늉만 내는 '과시적 소통'과 자신의 주장을 관철하기 위한 '전략적 소통'이 번성하고 있다.[51] 여기서는 불통도 소통의 일부로 볼 수 있다는 전제하에, 번영을 누리는 또 하나의 소통 양식으로 포퓰리즘 소통을 들 수 있으며, 이는 유권자들의 기성 정치 엘리트에 대한 강한 혐오에서 비롯됐다는 주장을 전개한다. 한국 사회에선 그런 혐오의 직간접적인 표출을 개혁으로 보는 경향이 강하나, 그건 개혁이라기보다는 '열망과 환멸의 사이클'이라고 하는 과정 중 일부일 뿐이라는 게 나의 또 다른 주장이다. 포퓰리즘 소통의 단계별 구조는 다음과 같이 정리할 수 있겠다.

첫째, 대중의 엘리트에 대한 극단적 불신은 포퓰리즘의 동력으로, 정치권 물갈이를 상례화하는 동시에 이를 개혁으로 간주하는 풍토를 조성했다. 대중은 기성 정치에 대한 불신과 혐오를 드러내는 소통에 치중하며, 정치 엘리트는 그런 수요에 대응하는 공급 차원에서 정당의 인적 구성을 외부 수혈을 통해 새롭게 하는 걸 대표적인 개혁 담론으로 구사하고 있다.

둘째, 정치권 물갈이의 상례화는 여론조사라고 하는 포퓰리즘 수요에 근거해 늘 '공천 혁명' 등과 같은 개혁 담론으로 예찬되지만, 시스템 차원의 변화와는 거리가 멀다. 어떤 문제가 발생하면 그것을 유발한 제도나 관행에서 그 원인을 찾기보다는 그것과 관련된 사람들을 지목해 그들을 응징하거나 응징하자는 것이 주요 정치 담론의 대부분을 구성하고 있다. 따라서 똑같은 문제가 계속 반복되면서 열망과 환멸의 사이클만 낳고 있을 뿐이다.

셋째, 그런 열망과 환멸의 사이클 이번엔 한국 정치에 대해 체념의 지혜를 터득한 유권자들이 정치 엘리트의 지대 추구 행위에 '분배의 윤리'를 적용한 '지대 평등주의'가 작용하고 있다. 선거를 맞아 대중의 사적 공간에서 유통되는 정치 담론은 대부분 지대 평등주의에 관한 것이지만, 정치권과 언론은 선거 결과에 대해 현실과는 동떨어진 분석과 해석을 함으로써 열망과 환멸의 사이클을 지속시키는 결과를 초래하고 있다.

넷째, 그런 한계에도 선거가 뜨거운 열망의 분출과 더불어 유권자들 간의 격전장이 되기도 하는 이유는 증오를 기반으로 한 '적 만들기의 제도화'가 이루어지고 있기 때문이다. 특정 정치 세력이나 정치인에 대한 '반감과 응징'을 표현하기 위한 참여라고 하는 수요와 이를 이용하려는 정치권의 공급이 맞물려 정치 담론이 적에 대한 심판 중심으로 이루어지고 그 과정에서 극단적인 담론의 과장이 저질러진다.

다섯째, 적 만들기의 제도화로 소통이 거의 불가능해지는 동시에 언로의 완충 지대는 소멸하고, 극단적인 정치 양극화가 발생함으로써 심대한 국력 낭비를 초래하고 있다. 소수에 지나지 않는 강경파의 담론이 초기 효과를 통해 정치권과 대중에게 지배적 힘을 행사하는 것은 궁극적으로 정치와 대중의 간극을 더욱 벌어지게 하고, 그럼으로써 적에 대한 증오의 담론은 더욱 강화시키는 악순환이 발생한다. 이와 관련, 한국 못지않게 양극화된 당파 싸움이 치열한 미국의 경험을 반면교사로 삼는 게 어떨까? 미국이 여러 면에서 일본과 독일에 추월을 당한 것은 바로 그런 이유 때문이라는 주장이 있는데,[52] 그런 문제가 우리에게도 일어날 수 있는 가능성에 주목을 해보자는 것이다.

이처럼 포퓰리즘 정치는 '우리 대 그들'이라는 이분법 투쟁 중심으로 이루어지며, 정치와 정당에 대해 적대적이다. 포퓰리즘은 구조의 문제는 비켜가면서 인물 중심의 '의인화·개인화' 수법을 통해 분노를 결집·폭발시키기 때문에 원하는 변화를 오히려 방해한다. 그런 관점에서 보자면 물갈이를 개혁으로 여기는 한국의 모든 선거는 유권자들이 돌아가면서 기성 정치 엘리트를 응징하는 이벤트에 지나지 않는다고 해도 과언이 아니다. 이게 바로 한국 정치의 공개된 비밀이다. 그런데 각 정치 세력은 이 공개된 비밀을 무시하고 선거 결과에 아전인수격 의미를 부여하며 민심을 잘못 읽다가 다시 응징의 사이클에 의해 돌아오는 매를 맞고 쓰러지는 일을 반복하곤 한다. 정치 엘리트에 대한 불신과 혐오를 넘어설 수 있는 근본적인 대안을 모색하지 않는 한 이 지루한 게임은 끝나지 않을 것이다.

지금 한국 사회는 '영구 캠페인'의 소용돌이에 빠져 있다. 정부·여당은 말할 것도 없고 야당과 모든 지방자치단체장도 1년 365일 내내 '일상적 삶의 선거 캠페인화'에 몰두하고 있다. 그 와중에서 행정과 정책은 왜곡되고 비전과 인내는 실종되고 분열과 갈등은 심화한다. '영구 캠페인'의 유혹은 마약과 같다. 언론도 그러면 안 된다고 비판하면서도 캠페인의 흥미성을 높이 사 직접 그 장場에 뛰어들고, 대중 또한 개탄을 금치 못하면서도 캠페인이 제공하는 우열승패의 재미에 빠져든다.

선거는 후보자들만의 게임은 아니다. 선거 캠프 간의 게임이고 선거 캠프에 몸담은 사람들의 인적 네트워크에 포진한 사람들 간의 게임이기도 하다. 지금 이 순간에도 수많은 고급 인력이 각 단위의 선거 캠프에 몸을 담고 '코리안 드림'을 향해 뛰고 있으며, 다양한 종류의 이해관계자들이 어느 쪽에 줄을 설 것인지를 놓고 저울질하고 있다.

그런 상황에서 개혁은 실현되기 어렵다. 개혁을 할 수 있는 위치에 오르기 위해선 반드시 이겨야만 하고, 이기기 위해선 제공할 수 있는 '이익'을 흔들면서 사람들을 불러 모아야 한다. 나중에 권력을 잡아 권력이 제공하는 이익을 향유하다보면 권력을 계속 잡아야 할 이유를 더욱 절실히 느끼게 되고 그래서 '정치의 사유화'는 계속될 것이다. 또한 정치 엘리트들은 자신들에 대한 불신과 혐오를 넘어서거나 호도하기 위해 적 만들기를 통한 증오 마케팅을 구사함으로써 한국 사회를 더욱 소통 불능의 상태로 몰아갈 것이다.

그러나 이런 모든 문제의 책임을 정치 엘리트에게만 묻는 것은 온당하지도 않거니와 현명하지도 않다. 대중의 엘리트에 대한 극단적 불신이 모든 문제의 출발점이며, 그러한 불신은 역사적이며 구조적인 것으로 단기간 내에 해소할 수 있는 것이 아니기 때문이다. 앞서 지적했듯이, 그간 이루어진 공급 측면의 포퓰리즘 연구는 대중을 정치 엘리트에게 일방적으로 이용만 당하는 피해자로 보는 본원적 한계를 갖고 있다. 정치 엘리트에게 누적된 역사와 구조적 문제를 일시에 넘어서면서 대중에게 포퓰리즘 소통에 영합하지 말라고 요구하는 것은 너무도 비현실적이지만, 우리는 그런 비현실성을 근거로 한국 정치를 이해하고 평가하는 오류를 범하고 있는 것은 아닐까?

5
'100대 0'의 증오에서 '51대 49'의 이성으로
솔 알린스키의 운동론이 주는 교훈

클린턴과 오바마의 공통된 이념의 시금석

2008년 미국 대선을 향한 예비선거가 치열하게 전개되고 있던 2007년 3월 25일 《워싱턴포스트》는 〈클린턴과 오바마의 공통된 이념의 시금석〉이란 기사에서 민주당의 유력 대선 후보인 힐러리 클린턴Hilary Clinton과 버락 오바마 두 사람이 정치에 입문하기 전 솔 알린스키Saul Alinsky, 1909~1972와 인연을 맺은 놀라운 공통점이 있다고 보도해 화제가 되었다.

알린스키는 마피아가 설치던 1930년대부터 시카고 도시 빈민운동에 투신했던 급진 좌파다. 지역사회 조직화community organizing에 주력한 그는 《급진주의자를 위한 기상나팔Reveille for Radicals》(1946), 《급진주의자를 위한 규칙Rules for Radicals: A Pragmatic Primer for Realistic Radicals》(1971) 등의 저서를 통해

5 '100대 0'의 증오에서 '51대 49'의 이성으로 171

미국을 넘어 전 세계의 빈민 운동에 영향을 끼쳤다. 1970년 《타임》은 60년대 미국 대학 급진주의 학생운동의 영웅으로 떠오른 그에게 '인민 권력의 예언자'란 칭호를 붙여주었으며, 《플레이보이》는 "알린스키야말로 미국이 낳은 가장 위대한 비사회주의 좌파 지도자의 한 사람"이라고 했다.[1]

도대체 어떤 인연인가? 시카고 근교 파크리지 출신으로 웰즐리 여대Wellesley College 학생회장이던 스물한 살의 힐러리는 1968년 알린스키를 만나면서 집안 분위기 때문에 어렸을 때부터 지지해온 공화당을 버렸고, 알린스키의 이론을 중심으로 '빈곤과의 전쟁'에 대한 졸업논문을 썼다. 알린스키에게 조직 운동가로 활동할 것을 제안받았지만 거절했다.

힐러리는 백악관 안주인이 된 직후인 1993년 《워싱턴포스트》 인터뷰에서 "기본적으로는 알린스키가 옳았다"면서 정부의 빈민 구제 프로그램이 당사자 개개인이 아닌 관료 계급만 살찌운다는 점을 비판했지만, 졸업논문이 좌파적이라고 비난받자 웰즐리 대학 쪽에 논문 비공개를 요청하기도 했다. 졸업논문은 2001년 뉴욕 주 상원의원 선거 때도 우익 계열 단체인 '폴리티컬 USA'에 의해 인터넷 경매 사이트 이베이eBay에 경매 물품으로 게시돼 힐러리를 괴롭혔다. 힐러리는 2003년 자서전에서 "사람들을 스스로 힘을 갖도록 돕는 알린스키의 일부 생각엔 공감한다"라고 말했다.

반면 1985년 스물세 살의 컬럼비아 대학 졸업생 오바마는 알린스키 조직의 제안을 받고 박봉(연 1만 3,000달러)을 무릅쓰고 시카고 흑인 공동체 운동에 참여한 뒤 이를 발판으로 정치에 입문했다. 오바마는 대통령 출마 선언 당시에도 "당시 활동으로 생애에서 최고의 교육을 받았다"라고 밝힐 정도로 알린스키와의 인연을 강조했다. 《워싱턴포스트》는 힐러리에게 알린스키의 영향은 지적인 수준에 그쳤지만 오바마에게는 더욱 체화된 요소로 작용했다고 분석했다.

두 사람의 대선 전략에서도 알린스키의 유산이 드러났다. 공허한 이상에 기울기보다 대중 개개인에 접근하려는 알린스키의 조직 전략을 사용한 것이다. 이합집산과 타협을 통해 정치적으로 가능한 방안을 찾으려는 '이상적 현실주의자' 면모 역시 '알린스키적'이었다. 차이가 있다면 오바마는 '행동'을, 힐러리는 '이론'을 알린스키에게 배웠다는 점이었다.

하지만 두 사람은 알린스키와 관련한 언론의 인터뷰를 거부했다. 선거 국면에서 급진적 좌파로 오인받는 것을 피하기 위해서였다. 《워싱턴포스트》는 둘 다 알린스키의 이상주의에 영향을 받았지만 이후 사회 발전을 위해서는 체제 내부의 정치도 중요하다는 것을 깨닫게 됐다고 결론 내렸다. 오바마를 지도했던 시카고 조직 운동가 그레고리 갈루조는 알린스키가 두 사람에게 미친 영향을 긍정적으로 평가하며 "둘 중 누가 백악관에 들어가더라도 우리는 보통 사람들에게 더 민감하게 반응하는 정부를 갖게 될 것"이라며 기대감을 표했다.[2]

지역사회 조직화의 힘

알린스키는 1909년 일리노이 주 시카고의 러시아계 유대인 가정에서 태어났다. 시카고 대학University of Chicago 고고학과를 졸업한 그는 전액 장학금을 받고 시카고 대학원에서 범죄학을 전공했는데, 공부를 제대로 해보겠다는 욕심으로 알 카포네Al Capone 폭력단에 들어가 체험 연구를 하기도 했다. 2년 만에 대학원을 그만두고 일리노이 주 정부의 범죄 전문가로 취직한 그는 직장을 다니면서 파트타임으로 진보적 노동조합 기구인 산업별조직위원회CIO의 조직가로 활동했지만, 점차 노동운동보다는 빈민운동 쪽으로 눈을 돌리게 되었다.

알린스키는 사회사업가나 지식인 등과 같은 공상적 사회개량주의자do-gooder들에 대해 비판적이었다. 빈민들의 문제를 이해하지 못하거나 경험하지 못한 그들은 자기들의 경험에서 비롯된 자기들의 아젠다를 위에서 아래로 부과하기 때문이라는 게 비판의 이유였다. 그는 빈민의 관심과 필요를 스스로 찾게 하고 해결케 하는 것이 중요하다고 역설했으며, 그 방법론으로 지역사회 조직화community organizing 방식을 스스로 개발해냈다.[3]

알린스키가 1939년 시카고 증권시장 뒤안길에 있는 빈민촌에서 시도한 지역사회 조직화는 성공 사례로 많은 사람의 주목을 받았다. 이와 관련, 오재식은 "대부분 사람이 가난을 숙명으로 받아들이고 바닥에 처져 있을 때 알린스키는 그들에게 종교적 설교를 하지 않았다. 또 이론적인 설명이나 설득을 시도하지도 않았다"며 다음과 같이 말한다.

"대신에 절망에 빠진 사람들 옆에 앉아서 조용한 말로 '당신을 구할 사람은 당신뿐'이라고 격려했던 것이다. '자산은 돈이 아니라 사람'이라고, 사람들끼리 손을 잡게 되면 시청과 시장하고도 협상할 수 있다고 선동했다. 이렇게 해서 조직된 증권시장 뒷골목은 유명한 사례로 떠올랐고 폭동이 일어날 것을 걱정했던 시카고 시장도 그들과 대화하는 것을 주저하지 않았다. 이렇게 신선한 바람을 일으킨 알린스키의 방법에 감동을 한 재산가 마셜 필드 3세Marshal Field III가 기금을 희사했으며, 알린스키는 곧 산업사회재단Industrial Area Foundation을 1940년 시카고에 설립했다. 알린스키는 재단을 통해서 지역사회 조직가들을 전문적으로 양성하는 한편 가난한 지역사회를 조직하는 데 전념했다."[4]

알린스키는 지역사회 조직화의 이상이자 주요 원리를 신약성서 사도행전 4장 32절에서 찾았다. 이런 내용이다. "믿는 무리가 한마음과 한뜻이 되어 모든 물건을 서로 통용하고 제 재물을 조금도 제 것이라 하는 이가 하나도 없더라All the believers were one in heart and mind. No one claimed that any of his possessions was his own, but they shared everything they had."[5] 이건 사실상 공산주의가 아닌가. 그러나 알린스키는 공산당과는 확실한 거리를 두고 독자적으로 활동했다. 그 어떤 도그마dogma를 신봉하기엔 그는 너무도 독립적이고 전투적이었다.[6]

급진주의자를 위한 기상나팔

1946년 1월 알린스키는 그간의 지역사회 조직화 경험을 《급진주의자를 위한 기상나팔》이라는 책으로 출간했다. 이 책은 《뉴욕타임스》 베스트셀러 목록에 오를 정도로 제법 세간의 주목을 받았다.[7] 그는 이 책에서 "자유주의자는 '머리'로 인민을 좋아하지만, 급진주의자는 '머리'와 더불어 '가슴' 으로 인민을 좋아한다"며, 둘의 구체적 차이에 대해 다음과 같이 말했다.

"자유주의자와 급진주의자의 근본적 차이는 권력을 보는 시각에 있다. 자유주의자는 권력이나 권력의 행사를 두려워한다. 권력의 대중적 사용에 대한 두려움은 '목표에는 동의하지만 방법에는 동의하지 않는다'는 자유주의자들의 모토에 잘 나타나 있다. 자유주의자는 항의하는 반면, 급진주의자는 항쟁한다. 자유주의자는 분노하는 반면, 급진주의자는 전의에 불타 행동으로 돌입한다. 자유주의자는 개인적 삶을 포기하지 않으며 대의는 삶의 작은 일부인 반면, 급진주의자는 대의에 모든 걸 바친다. 자유주의자는 꿈을 꾸지만, 급진주의자는 꿈의 세계를 건설한다."[8]

알린스키가 원한 건 민주주의의 재구성이었다. 그는 "도시의 전반적인 사회생활로부터 개인이 분리되고 익명화되는 과정이 민주주의의 기반을 약화시킨다"며, "민주주의는 생활 방식이지 젤리처럼 가공해서 보존해야 할 공식이 아니다. …… 역동적 민주주의가 아니라면 민주주의는 존재하지 않는 것과 다를 바 없다"라고 했다.[9]

역동적 민주주의를 방해하는 건 무엇인가? "민주적 생활 방식은 인간 대중에 대한 신뢰에 근거하고 있지만, 인민에 대한 신뢰를 가진 민주주의 지도자는 매우 드물다. 오히려 우리의 민주적 생활 방식은 인간에 대한 인간의 두려움으로 가득 차 있다. 권력을 가진 소수는 다수를 두려워하고, 다수는 상호 불신한다."[10]

신뢰가 없으니 참여가 있을 리 없다. "우리 인민 대중의 대다수는 이 나라의 운명을 형성하는 데 자신들이 목소리를 내거나 참여 할 일이 있다고 더 이상 믿지 않는다. 그들은 그들 자신의 어떤 욕망이나 능동적 행위의 결과로 민주주의를 포기한 게 아니다. 좌절, 절망, 무관심에서 비롯된 자포자기의 수렁으로 내몰렸기 때문에 민주주의를 포기한 것이다. 대중적 참여가 없는 민주주의는 마비돼 사망하기 마련이다."[11]

그래서 어쩌자는 건가? 알린스키의 해법은 지역사회 조직가가 그 지역사회에서나마 민주주의를 복원시켜야 한다는 것인데, 그 일을 위해 갖춰야 기본자세가 있다. 그는 늘 "나의 유일하고 확고한 진리는 사람에 대한 믿음이다"라고 했는데, 그 믿음은 존경으로 표현되어야 한다는 게 그의 주장이다.

"조직적 캠페인이 실패하는 주요 이유는 인간의 존엄에 대한 진정한 존경의 결여에 있다. 일부 조직가들은 내심 지역사회 주민보다 자신이 우월하다고 느낄지도 모르겠다. …… 주민들이 늘 속을 수는 없는 법이다. …… 주민을 정말 좋아하는 조직가들은 본능적으로 그들을 존경한다. 그래서 성인을 어린애처럼 대하지 않는다."[12]

에릭 호퍼와 마틴 루서 킹

알린스키는 자신처럼 독립적인 사회운동가인 에릭 호퍼Eric Hoffer의 《맹신자들The True Believer: Thoughts On The Nature Of Mass Movements》(1951)을 애독했으며, 샌프란시스코에 사는 호퍼와 접촉해 여러 번 만나기도 했다. 두 사람은 공통점이 많았는데, 모두 왕성한 독서가로 책을 읽을 때마다 독서 카드를 작

성하는 것도 같았다.¹³

호퍼는 그 책에서 대중운동에 열심히 참여하는 사람들을 광적인 성격의 소유자로 규정하면서 그들의 동인을 개인적인 욕구 불만에서 찾았다. 진덕규는 "호퍼는 대중운동의 발발을 단지 그 운동에 참여하는 사람들의 심리적인 성격에 의해서만 분석하고 있기 때문에 대중운동이 발발하게 되는 사회경제, 정치적인 성격들에 대한 문제를 등한시하고 있다. …… 그러한 정신적 이유는 수많은 이유 중에서 그 하나에 불과한 것이며, 오히려 이러한 이유 중에는 정치, 경제, 사회의 구조적인 성격이 더욱더 중요하다고 할 수 있다"며 다음과 같이 말한다.

"호퍼의 대중운동론에서 지적되어야 할 한계점은 대중운동의 참여자들을 대부분 정신적인 불만자로 규정함으로써 정상인적인 대중운동 참여가들을 전혀 다루고 있지 않다는 점이다. 대중운동의 전개에서 때로는 대중운동과 무관한 영역에서 극히 만족한 생활을 영위하는 개인들도, 어떤 특정의 사건에 의해서 심각한 충격을 받게 되었을 때 헌신적인 참여 의지로서 그것에 뛰어드는 경우가 있음을 목도할 수 있다. 이러한 사실은 에릭 호퍼의 논리에서는 사실상 무시되고 있다 할 것이다."¹⁴

그런 문제에도 호퍼의 책엔 귀담아들을 만한 말이 많다. 운동을 하는 데 '경험'은 장애일 수 있다는 것이나, 양 극단의 운동은 서로 통하는 점이 있다는 것이나, 운동의 인적자원을 놓고 모든 운동은 상호 '제로섬 게임'을 벌이고 있다는 것 등은 주목할 만한 통찰이 아닐 수 없다.¹⁵

알린스키가 《맹신자들》을 좋아한 이유는 아마도 분석의 현실주의적 철저함 때문이었을 것이다. 그 책의 한계라는 것도 따지고 보면 학술적 차원에서의 거시적 고찰의 결과일 뿐, 직접 운동을 조직하고 이끄는 처지에선 그런 데까지 눈을 돌릴 필요도 없거니와 여유도 없었을 것이다.

현실주의적 철저함을 선호한 알린스키는 60년대 민권운동 지도자들의 이상주의를 싫어했고, 그래서 마틴 루서 킹Martin Luther King Jr.도 싫어했다.[16] 민권운동의 전략·전술 부재에 대해 비판적이었던 그는 "민권운동의 치명적인 약점은 그것이 안정적이고 규율이 잡힌 대중 기반 권력 조직으로 발전하지 못했다는 점이다"라고 했다. 그는 마틴 루서 킹의 '수동적 저항passive resistance'이 남부에선 불가피한 것임을 인정하면서도 북부에선 좀 더 정교한 운동이 필요하다고 역설했다.[17]

노동운동가로 킹을 자주 만난 알린스키의 친구 랠프 헬스타인Ralph Helstein은 두 사람을 연결하려고 애를 썼지만 실패하고 말았다. 알린스키는 무엇보다도 킹의 남부 전도사Southern-preacher 스타일을 싫어했다. 자신의 독보성을 긍지로 삼는 알린스키의 강한 자아가 두 사람의 만남을 어긋나게 한 셈이다.[18]

알린스키의 법칙

알린스키는 1969년에 쓴 《급진주의자를 위한 기상나팔》 보론에서 "있는 그대로의 세상과 우리가 원하는 세상 사이엔 큰 차이가 있다There is a great difference between the world as it is and the world as we would like it to be"며 다음과 같이

말했다. "있는 그대로의 세상에서 사람은 주로 이기심 때문에 행동한다. 있는 그대로의 세상에서 옳은 일은 나쁜 이유 때문에 행해지며, 나쁜 일은 좋은 이유 때문에 행해진다. …… 있는 그대로의 세상에서 '타협'은 추한 단어가 아니라 고상한 단어다. …… 있는 그대로의 세상에서 이른바 도덕성은 대부분 특정 시점의 권력관계에서 자신이 점하고 있는 위치의 합리화에 지나지 않는다."[19]

이는 '알린스키의 법칙'이라고 해도 좋을 정도로 이후 수많은 사람의 입에 오르내리게 된다. 오바마가 젊은 시절 지역사회 조직화 운동을 하면서 했던 "있는 그대로의 세상이 아닌, 그래야만 하는 세상The world not as it is, but as it should be"이란 말도 바로 알린스키의 법칙을 조금 변형한 것에 지나지 않았다.[20] 물론 알린스키의 법칙은 1969년에 나타난 것은 아니며, 1930년대부터 알린스키가 지켜온 일관된 운동 원리였다. 그 원리의 핵심이라 할 수 있는 '현실주의적 철저함'은 그가 다른 운동을 비판할 때 꼭 동원되곤 하는 주요 논리이기도 했다.

미국 제32대 대통령 프랭클린 루스벨트Franklin Roosevelt를 아버지처럼 존경했던 제36대 대통령 린든 존슨Lyndon Johnson은 스스로 그의 정치적 후계자이고 싶어했다. 그래서 그는 자신이 루스벨트의 뉴딜 정책을 완성하겠다는 야망을 품고 1964년 5월 22일 미시간대에서 '위대한 사회Great Society'를 선포했고, 동시에 '빈곤과의 전쟁War on Poverty'을 밀어붙였다. 이 전쟁을 위해 마련된 '경제기회법the Economic Opportunity Act'은 "불충분한 교육, 불충분한 주택, 불충분한 고용, 좌절된 야망"의 악순환으로 가난이 대물림되는 걸 막겠다는 취지를 표명했다. 주택·도시개발부가 장관급 부서로 신설되는

등 각종 프로그램이 수행되었다.²¹

　빈곤과의 전쟁은 상당 부분 알린스키의 아이디어를 베껴 간 것이었다. 알린스키는 빈곤과의 전쟁의 취지는 긍정 평가하면서도 그 방법론에 대해선 매우 비판적이었다. '알린스키의 법칙'에 충실하지 않다는 이유에서였다.²²

신좌파와의 불화

알린스키는 60년대 운동권 학생들의 영웅이었다. 수많은 운동권 학생들이 그를 찾아와 그의 말을 경청했으며, 그는 그걸 즐겼다. 그러나 일부 학생 행동주의자들student activists, 특히 신좌파New Left 지도자들과는 불편한 관계였다. 신좌파가 혁명 의욕에 너무 충만한 나머지 있는 그대로의 세상이 아니라 자기들이 원하는 세상 중심으로 운동을 전개한다고 보았기 때문이다.

　1964년 여름 알린스키의 친구인 랠프 헬스타인은 알린스키와 신좌파 학생 지도자들과의 회합을 주선했다. 신좌파의 최대 학생 조직인 SDS Students for a Democratic Society를 이끌고 있던 톰 헤이든Tom Hayden, 토드 기틀린 Todd Gitlin, 리 웹Lee Webb 세 사람이 알린스키를 만나러 왔다. 알린스키는 세 젊은이의 생각이 너무도 순진해 그들의 운동은 실패하게 돼 있다고 일축하는 등 쌀쌀한 반응을 보였다.

　세 사람은 당시 SDS의 핵심 개념인 '참여 민주주의participatory democracy'

의 원칙에 따라 빈민가에 들어가 생활하고 있었다. 그들의 전략은 옛날의 타운미팅 민주주의town-meeting democracy와 유사했다. 모두가 똑같은 발언권을 갖고 의견의 합치consensus를 중요시하고 리더십과 위계엔 반대하는 방식이었다.

반면 알린스키는 조직들의 조직organization of organizations, 강한 리더십strong leadership, 구조structure, 집권화된 의사결정centralized decision-making의 중요성을 역설했다. 그는 세 학생 지도자들이 가난한 사람들을 낭만화하면서 자신들을 그들과 동일시하는 것에 대해 짜증을 냈다. 지역 주민들을 존경해야 한다는 것이 곧 낭만화를 의미하는 건 아니며, 효과적인 조직화는 세상을 있는 그대로 보는 기반 위에서 출발해야 한다는 것이 그의 논지였다.

학생 지도자들은 알린스키에 밀리지 않으려고, 알린스키의 운동 방식이 '퇴폐적이고, 타락하고, 물질주의적인' 부르주아 가치의 전복은 물론 '자본주의 타도'와도 거리가 멀지 않느냐고 이의를 제기하자, 알린스키는 냉소적으로 세 명에게 이렇게 쏘아붙였다. "그 가난한 사람들이 원하는 게 '퇴폐적이고, 타락하고, 물질주의적인' 부르주아 가치의 향유에 동참하는 것이란 걸 모르는가?"[23]

알린스키는 이후에도 학생 행동주의자들에 대해 비판적이었다. 그들의 진정성마저 의심했다. 물론 세상을 있는 그대로 보지 않는다는 이유 때문이었다. "그들은 사회를 바꾸는 데에 관심이 없다. 아직은 아니다. 그들은 그들 자신의 일, 자신을 발견하는 것에만 관심을 두고 있다. 그들이 원하는 것은 계시revelation일 뿐 혁명revolution이 아니다."[24]

1968년 8월 시카고에서 열린 민주당 대통령 후보 지명 대회는 반전시위 때문에 난장판이 되었다. 지명 대회장 근처에서 반전시위대 4천여 명과 경찰이 충돌했는데, 경찰은 무자비한 진압 작전을 폈다. 경찰은 시위 참가자들을 꼼짝 못하게 붙들고 얼굴과 머리를 총의 개머리판으로 가격하기도 했다. 이 잔인한 폭력은 나흘 밤낮으로 계속되었으며, 텔레비전으로 그대로 중계돼 9천만이 넘는 시청자가 현장을 지켜보았다. 기자들도 경찰의 폭력에서 벗어날 수 없었다. 경찰이 경찰봉을 치켜들고 기자들에게 달려들 때마다 기자들은 "전 세계가 지켜보고 있다!The whole world is watching."라고 소리쳤지만, 카메라의 존재도 경찰의 폭력을 막지는 못했다. 그래서 "이건 경찰의 폭동police riot이다"라는 말까지 나왔다.[25]

이 사건과 관련해, 많은 학생이 알린스키에게 질문을 던졌다. "당신은 여전히 우리가 현 체제 내부에서 일해야만 한다고 생각하시나요?" 그는 이런 답을 내놓았다. "세 가지 중 하나를 하라. 첫째, 가서 통곡의 벽을 쌓고 너 자신을 위로하라. 둘째, 미쳐버린 후에 폭탄 투척을 시작하라. 하지만 그 방법은 단지 사람들을 우파로 놀아서게 할 뿐이다. 셋째, 교훈을 얻어라. 고향으로 가서 조직화하고, 힘을 모아서 다음 전당대회에서는 너희 자신이 대의원이 되어라."[26]

급진주의자를 위한 규칙

1971년 알린스키는 《급진주의자를 위한 규칙》을 출간했다. 이 책에선 중산층의 재발견이 새로운 전략으로 등장했다. 중산층도 점점 무력감을 느끼고 있다는 점에 주목한 그는 중산층을 조직화해 빈곤층과 동맹케 해야 하며, 중산층의 문화적 경험을 소중히 해 그걸 운동의 자산으로 삼아야 한다고 역설했다.[27] 이 책은 다음과 같은 선언으로 시작하고 있다.

"이 책은 세상을 지금의 모습에서 마땅히 그렇게 되어야 한다고 자신들이 믿는 모습으로 바꾸고자 하는 사람들을 위한 것이다. 《군주론》은 마키아벨리가 가진 자들을 위해 권력을 유지하는 법에 대하여 쓴 책이다. 《급진주의자를 위한 규칙》은 가진 것 없는 자들을 위해 권력을 빼앗는 방법에 대하여 쓴 책이다. 이 책에서 우리는 어떻게 대중조직을 만들어서 권력을 빼앗아 민중에게 돌려줄 것인지를 다룬다."[28]

그는 제일 먼저 자신이 혐오하고 두려워하는 독단적 교리에 대한 경고를 한다. 그는 덴마크의 핵물리학자인 닐스 보어Niels Bohr가 "내가 말하는 모든 문장은 확언이 아니라 질문으로 이해되어야만 한다"라고 말한 것을 인용하면서, 운동가들은 독단적 교리를 경계하는 동시에 두려워해야 한다고 역설한다.

"무산자들, 혹은 가난한 자들을 신격화하는 사람들은 다른 교조주의자들과 똑같은 잘못을 저지르고 있으며, 또한 그들만큼이나 위험하다. 이데올로기가 독단적 교리로 타락할 위험을 감소시키고, 인간의 자유롭고 열려 있으며 탐구적이고 창조적인 정신을 보호하고 동시에 변화할 수 있도록 하기 위해서는, 그 어떤 이데올로기도 '모두의 행복을 위해서'라는 미국 헌법 제정자들의 이데올로기보다 더 구체적이어서는 안 된다."[29]

독단적 교리를 막을 수 있는 예방주사는 호기심이다. "지나친 호기심은 위험하다Curiosity killed a cat"라는 서양 속담이 있다. 알린스키는 이 속담은 조직가에겐 무의미하며, 운동의 동력은 바로 '한계를 모르는 강박적인 호기심'이라고 역설한다. "조직가는 호기심이라는 전염병을 옮기는 사람이 된다. 왜냐하면 '왜'라고 묻는 사람은 반항을 시작하고 있기 때문이다. 지금까지 일반적으로 인정되고 있던 방식과 가치에 대해 의문을 제기하는 것은 혁명에 선행하면서 또한 반드시 필요한 개혁의 단계이다."[30]

이 책에서도 다시금 강조되는 것은 '있는 그대로의 세상'을 보는 것이다. 그는 "일단 있는 그대로의 세상으로 들어서고 나면, 잘못된 생각들을 하나씩 버릴 수 있다. 우리가 버려야 하는 가장 중요한 환상은 결코 피할 수 없는 사물의 양면성을 분리해 파악하는 인습적 사고방식이다. 지적으로 우리는 모든 것이 서로 기능적으로 연결되어 있다는 사실을 알고 있지만, 행동할 때 우리는 모든 가치와 문제들을 분할하고 고립시킨다"며 다음과 같이 말한다.

"우리는 주변의 모든 것을 빛과 어둠, 선과 악, 생과 사와 같이 그것과 결코 분리할 수 없는 반대개념의 짝으로서 바라보아야 한다. …… 모든 현상의 이원성에 대한 이러한 이해는 우리가 정치를 이해하는 데 반드시 필요하다. 이를 통해서 우리는 한 가지 접근법은 긍정적이고 다른 한 가지는 부정적이라는 신화에서 벗어날 수 있다. 인생에서 그와 같은 것은 없다. 한 사람에게는 긍정적인 것이 다른 사람에게는 부정적이기 마련이다. 어떤 과정을 '긍정적' 혹은 '부정적'이라고 서술하는 것은 정치적 무지의 표시이다."[31]

이 주장의 연장선상에서 알린스키는 조직가는 정치적으로 분열적이지만 동시에 잘 융화된 존재가 되어야 한다고 주장한다. 그는 "문제가 극단적으로 나누어져야만 사람들은 행동할 수 있다. 사람들은 자신의 주장이 100퍼센트 천사의 편에 있으며 그 반대는 100퍼센트 악마의 편에 있다고 확신할 때 행동할 것이다. 조직가는 문제가 이 정도로 양극화되기 전까지는 어떠한 행동도 가능하지 않을 것임을 알고 있다"며 다음과 같이 말한다.

"내가 말하고 있는 것은 조직가라면 자신을 두 부분으로 나눌 수 있어야 한다는 것이다. 그의 한 부분은 행동의 장에 있으며, 그는 문제를 100대 0으로 양분해서 자신의 힘을 투쟁에 쏟아붓도록 힘을 보탠다. 한편 그의 다른 부분은 협상의 시간이 되면 이는 사실상 단지 10퍼센트의 차이일 뿐이라는 점을 알고 있다. 그런데 양분된 두 부분은 서로 어려움 없이 공존해야만 한다. 잘 체계화된 사람만이 스스로 분열하면서도 동시에 하나로 뭉쳐서 살 수 있다. 그런데 바로 이것이 조직가가 해야만 하는 일이다."[32]

그런데 진보주의자들은 타협을 더럽게 생각하는 고질병을 앓고 있다. 이걸 방치할 알린스키가 아니다. 그는 "타협은 허약함, 우유부단함, 고매한 목적에 대한 배신, 도덕적 원칙의 포기와 같은 어두움을 가지고 있는 단어"지만, "조직가에게 타협은 핵심적이고 아름다운 단어"라고 주장한다.

"타협은 언제나 실질적인 활동 속에 존재한다. 타협은 거래를 하는 것이다. 거래는 절대적으로 필요한 숨 고르기, 보통 승리를 의미하며, 타협은 그것을 획득하는 것이다. 당신이 무에서 출발한다면, 100퍼센트를 요구하고 그 뒤에 30퍼센트 선에서 타협을 해라. 당신은 30퍼센트를 번 것이다. 자유롭고 개방적인 사회는 끊이지 않는 갈등 그 자체이며, 갈등은 간헐적으로 타협에 의해서만 멈추게 된다. 일단 타협이 이루어지면, 바로 그 타협은 갈등, 타협, 그리고 끝없이 계속되는 갈등과 타협의 연속을 위한 출발점이 된다. 권력의 통제는 의회에서의 타협과 행정부, 입법부, 사법부 사이에서의 타협에 바탕을 두고 있다. 타협이 전혀 없는 사회는 전체주의 사회이다. 자유롭고 개방적인 사회를 하나의 단어로 정의해야 한다면, 그 단어는 '타협' 일 것이다."[33]

수단과 목적의 윤리 · '권력 전술'의 규칙

운동가들을 끊임없이 괴롭히는 것은 수단과 목적 사이에서 빚어지는 갈등이다. "목적은 수단을 정당화하는가?" 알린스키는 수단과 목적은 질적으로 상호 연결되어 있기 때문에 이 질문은 적합지 않다며, 진정한 질문은 언제나 "이 특정한 목적이 이 특정한 수단을 정당화하는가?"라고 말한다. 그러면서 그는 이 해묵은 문제를 해결하겠다는 듯 '수단과 목적의 윤리'와 관련한 열 개 규칙을 제시한다.

1. 수단과 목적의 윤리에 대한 사람들의 관심은 이슈에 대한 그의 개인적 이해관계에 반비례한다. 그리고 그가 갈등의 현장에서 얼마나 떨어져 있나 하는 거리에 비례한다.
2. 수단의 윤리에 관한 판단은 판단을 내리는 사람의 정치적 입장에 따라 좌우된다.

3. 전쟁에서는 목적이 거의 모든 수단을 정당화한다.
4. 판단은 행동이 일어난 바로 그 시점의 맥락에서 이루어져야지, 전후의 다른 유리한 시점을 기준으로 이루어져서는 안 된다.
5. 윤리에 관한 관심은 이용 가능한 수단의 숫자에 비례해서 커지며, 그 역 또한 성립한다.
6. 이루고자 하는 목적이 덜 중요할수록, 사람은 수단에 대한 윤리적 평가에 관여할 여유를 더 많이 갖게 된다.
7. 일반적으로 성공이냐 실패냐 하는 것이 윤리의 주요 결정 요인이다. 성공적 반역자와 같은 것은 존재하지 않는다. 사실 성공한다면 그는 건국 영웅이 된다.
8. 수단의 도덕성은 그 수단이 패배가 임박한 순간에 사용된 것인지, 혹은 승리가 임박한 순간에 사용된 것인지에 따라 좌우된다.
9. 모든 효과적인 수단은 반대 세력에 의해서는 자동적으로 비윤리적이라고 평가된다.
10. 네가 가진 것으로 네가 할 수 있는 것을 하고 나서, 그것을 윤리적으로 포장하라.
11. 목표는 '자유, 평등, 박애', '공공선을 위하여', '행복의 추구', '빵과 평화' 등과 같은 일반적인 용어로 표현되어야 한다.[34]

이어 알린스키는 '권력 전술'과 관련된 열세 개 규칙을 제시한다.

1. 권력(힘)은 당신이 가진 것뿐만 아니라, 당신이 가지고 있다고 적이

생각하는 것이다.

2. 당신 편인 사람들의 경험을 결코 벗어나지 마라. 어떤 행동 또는 전술이 사람들의 경험 밖에 있으면, 결과는 혼란, 공포, 후퇴일 뿐이다.

3. 가능하다면 어디에서든 적의 경험을 벗어나라.

4. 적이 그들 자신의 교본에 따라 행동하도록 만들어라.

5. 비웃음은 인간의 가장 효과적인 무기다. 비웃음에 대해 반격하기란 거의 불가능하다. 또한 비웃음은 상대를 격노하게 만들어서, 그는 오히려 당신에게 유리한 방향으로 대응하게 된다.

6. 좋은 전술은 당신 편 사람들이 좋아하고 즐기는 전술이다. 당신 편 사람들이 행동을 하면서 즐겁지 않다면, 그 전술은 무언가 아주 잘못된 것이다.

7. 너무 오래 끄는 전술은 장애물이 되고 만다.

8. 여러 상이한 전술과 행동으로 압력을 계속 가하라. 그리고 당신의 녹석을 위해 낭시의 모든 사건을 활용하라.

9. 협박은 전술 행동 자체보다 더 위협적이다.

10. 전술을 위한 대전제는 상대에 대해 끊임없이 일정한 압력을 계속 가할 수 있는 활동의 전개이다.

11. 만일 당신이 어떤 하나의 부정을 필요한 만큼 강하게 그리고 끝까지 밀고 나가면, 그 부정은 반대편으로까지 뚫고 들어갈 것이다.

12. 성공적 공격의 대가는 건설적인 대안이다.

13. 표적을 선별하고, 고정시키고, 개인화하고, 극단적인 것으로 만들어라.[35]

《급진주의자를 위한 규칙》도 이전의《급진주의자를 위한 기상나팔》처럼 큰 반향을 불러일으켰는데, 한 가지 흥미로운 사실은 7년 전 알린스키에게 푸대접을 받았던 토드 기틀린이 이 책에 대해 혹평을 해, 둘 사이에 논쟁이 벌어지기도 했다는 점이다. 기틀린은 《더 네이션》에 쓴 서평에서 이렇게 말했다. "이 책에서 가장 주목할 만한 사실은 알린스키 스스로 자신의 운동 방식이 '성공보다는 실패가 많았다'라고 인정한 점이다."

알린스키는 그 말은 새로운 조직가들을 훈련하는 일에 국한해서 한 말인데, 기틀린이 맥락을 벗어나 의도적인 왜곡을 했다고 분노했다.[36] 알린스키의 방법론에 그 어떤 문제가 있건, 알린스키는 죽는 날까지 운동을 계속했지만, 기틀린은 운동을 접고 아이비리그 대학의 교수로 변신했다는 점에서, 기틀린이 큰소리를 치긴 어렵게 되었다고 볼 수 있겠다.

알린스키의 모든 운동론을 한 단어로 요약하자면, 그건 바로 '조직화'다. 오늘날에도 진보적 지식인들은 '조직화한 금력organized money'을 패배시키기 위해 '조직화한 민중organized people'이 필요하다는 말을 할 때마다 꼭 알린스키를 거론하곤 한다.[37] 조직화는 민중을 수동적으로 보는 느낌이 든다는 이유로 '연결, 연대connected'라는 단어를 쓰는 게 좋겠다고 제안하는 사람들도 있긴 하지만,[38] 조직화건 연대건 민중이 서로 힘을 합칠 때만 개혁을 할 수 있다는 데엔 이론의 여지가 없다 하겠다.

흥미로운 건 알린스키가 사실상 오바마의 멘토라는 점을 들어 오바마에게 색깔 공세를 펴는 보수파들도 지역사회 조직화를 위해 알린스키의 운동 방법론을 공부하고 있다는 점이다. 오바마에 맹공을 퍼붓는 티 파티 회원들의 필독서 중에 알린스키의 책이 들어가 있다는 게 재미있지 않은가.[39]

알린스키가 한국에 미친 영향

알린스키는 한국의 운동에 어떤 영향을 끼쳤을까? 한국에 알린스키를 가장 먼저 소개한 사람은 전 아시아교육연구원 원장 오재식인 것으로 보인다. 그는 1966년 7월 하순 미국 예일대 신학대학을 졸업하고 귀국을 앞둔 시점에서 알린스키의 연수 프로그램에 참가했다. 로스앤젤레스 근처의 한 연수원에서 미국의 지역사회 조직가 서른 명과 함께 알린스키의 강의를 듣고 그와 토론하는 등 2주간에 걸친 특별훈련을 받은 것이다. 그는 귀국 후 기독학생운동으로 복귀하여 기독학생운동 단체들의 통합 과정에서 한국학생사회개발단(학사단)을 결성할 것을 제안했으며, 1967년에 출범한 학사단 운동에 알린스키의 접근 방법을 적용했다고 한다.

"훈련받은 학생들은 두세 명으로 팀을 구성하여 서민들이 살아가는 수많은 삶의 현장에 투입되었고 신분을 밝히지 않은 채 현장의 목소리와 울음소리를 수록하였다. 현장 상황을 정확하게 파악한 후, 선동하지 않고 차분하게 그들을 조직하는 것이 목적이었다. 이렇게 접근한 수많은 현장 가운데 하나가 1970년 전태일 분신자살 사건이었다. 이 비극적인 사건은 노동자들의 운동을 활성화하는 기폭제가 되었다. 기독학생운동이 노동운동과 손을 잡고 1970년대의 '민주화운동'을 시작하게 된 것이다."[40]

그런 과정에 알린스키의 조직가인 허버트 화이트Herbert White의 기여도 있었다. 그는 1968년 한국에 파견돼 연세대의 도시문제연구소를 기반으로 수도권선교협의회에 가담해서 서울 청계천에 있는 빈민촌을 중심으로 조직가들을 훈련하기 시작했다. 이 훈련은 2년간 계속되었고 조직가 열다섯 명이 과정을 마쳤다. 이렇게 조직된 수도권 팀은 도시산업선교회 사람들과 연대하여 1970년대 민주화운동에 참여했다고 한다.[41]

이와 관련, 빈민활동가 최인기는 "당시 사회는 여전히 반공 이데올로기가 지배하는 엄혹한 시기였으므로 종교와 운동의 결합은 필연적이었다. 이때의 종교운동을 통해 해방신학 외에 빈민 활동에 도움을 준 이론은 '알린스키'의 공동체 조직 이론과 그 후 '프레리'의 민중 교육론이었다. 알린스키의 조직 이론과 방법론 및 프레리의 교육론에서의 사회구조와 체제에 대한 분석은 활동가들에게 많은 영향을 주었던 것으로 전해지고 있다. 아래와 같은 실천적 지침은 최근의 빈민 활동가들에게도 귀감이 될 수 있을 것이다"며 다음과 같이 말한다.

"첫째, 조직된 주민을 행동하게 한다. 그 후 그 행동을 반성하게 하고 다음 행동을 유도한다. 둘째, 지도력을 독점하지 않게 한다. 조직가는 지도자를 교체하거나 공유하게 한다. 셋째, 공동체를 조직한 조직가는 그 공동체를 발전시키고 새로운 공동체를 조직해서 공동체가 유기적으로 발전하게 한다. 넷째, 주민 지도자를 발굴하여 훈련하고 지도력을 개발한다. 다섯째, 공동체 조직 과정을 통해서 인간관계의 예술을 창조한다. 여섯째, 빈민의 부정적 요소를 극복하게 돕고, 주체적이고 자발적으로 성장하게 돕는다. 이러한 실천적 지침과 의식을 받아들인 빈민 활동가들은 주로 철거 지역을 중심으로 거점을 옮겨 다니며 헌신적으로 조직 활동에 매진해나갔으며 결과적으로 광주대단지 주민 행동, 청계천 주민 행동, 중랑천 주민 행동 등에 직간접적인 영향을 줄 수 있었다."[42]

1983년엔 한국기독교사회산업개발원 원장인 조승혁이 《알린스키: 생애와 사상》(대한기독교서회)을 번역·출간하였으며, 그로부터 25년 후인 2008년 2월 29일 《급진주의자를 위한 규칙》이 번역·출간되었다. 《한겨레》(2008년 4월 26일자)는 이 책을 소개하면서 "이 책은 시민운동가들이 현실에서 꿈을 이루기 위해 알아야 할 조직론과 행동론, 그리고 시민운동 활동가들의 인생론을 담은 알린스키의 저작이다"라고 했다. 번역자인 박순성 동국대 교수도 이 책이 우선적으로 시민운동가들을 위한 책임을 다음과 같이 밝히고 있다.

"수년 전부터 참여연대에서 젊은 활동가들과 함께 일하면서 그들의 열정과 희생에 고마움과 함께 미안함을 느껴왔다. 이 번역서는 이러한 마음을 그들에게 전달하기 위한 노력의 하나다. 이 책이 참여연대 활동가들뿐만 아니라, 사람이 살만한 사회를 만들기 위해 애쓰고 계시는 여러 시민 단체 활동가들, 자원 활동을 하시는 시민과 학생들에게 도움이 되기를 바란다."[43]

《한겨레21》은 2010년 새해 캠페인 '운동합시다'를 통해 시민의 시민단체 참여를 촉구하고 나섰다. 이 주간지는 간단한 설문조사를 통해 시민운동 욕구를 측정한 후 그 유형을 눈팅형(욕구 불감), 나눔형(욕구불만), 연대형(욕구 충만), 활동형(욕구 폭발)의 네 가지로 분류했는데, 나눔형을 위한 처방으로 '학습'을 권하면서 도서 목록 여섯 권에 《급진주의자를 위한 규칙》을 포함시켰다.[44]

2MB는 사기꾼, 생쥐, 바퀴벌레?

시민운동가들과 시민운동에 관심이 있는 사람들이 알린스키의 방법론을 열심히 배우는 것도 좋은 일이겠지만, 오늘날 한국 사회에서 알린스키의 시급한 '효용'은 좀 다른 데 있는 건 아닐까? 《시사IN》 기자 고동우가 그걸 잘 지적한 것 같다. 그는 2009년 8월 8일자 《시사IN》(99호)에 쓴 칼럼에서 "진보 · 개혁 진영은 상대를 '모욕' 하는 것만으로 자신이 할 일을 다한 것처럼 생각할 때가 종종 있는 듯하다. 한 진보 언론의 기사 제목을 보니 '2MB는 사기꾼, 생쥐, 바퀴벌레' 다. 통쾌하신가? 하지만 이런 비판은 결국 자신을 비추는 거울이 될 수밖에 없다"며 다음과 같이 말한다.

> 미국의 사회운동가인 솔 D. 알린스키는 이런 경향을 '구두선口頭禪식 급진주의'라고 비판하면서 그 폐해를 다음처럼 꼬집었다. "낡아버린 옛 단어나 구호를 사용하고 경찰을 '돼지' 라든지 '백인 파시스트'라고 부르는 등의 방식은 오히려 자기 자신(급진주의자)을 정형화함으로써 남들이 '아, 뭐 쟤는 그냥 저런 애' 라고 하는 말로 대응하고는 즉시 돌아서게끔 한다." 알린스키는 "의사소통은 듣는 대중의 경험 안에서 이루어져야 하며 타인의 가치관을 온전히 존중하는 바탕 위에서 시작되어야 한다"라고 말한다. 그리고 또 하나 그가 의사소통에서 강조하는 것은 바로 '유머 감각'이다. 상황이 매우 안 좋은 건 사실이지만, 요즘 진보 · 개혁 진영을 보면 항상 너무 비장하고 너무 심각해 보인다. 하지만

그렇게만 해서는 대중이 편하게 다가오기 어렵지 않을까?[45]

고동우에 이어 도서출판 후마니타스 대표 박상훈도 2010년 1월 8일자 《경향신문》 칼럼에서 앞서 언급했던 상대에게 모욕을 주는 것으로 자신의 일을 다했다고 생각하는 태도에 대한 알린스키의 비판을 인용했다. 그는 "오랫동안 노동운동을 했고 지금은 평화운동을 하고 있는 대학 동기를 만났다. 이런저런 이야기를 하는 과정에서, 그는 우리 사회 진보파의 언어가 지나치게 공격적이고 때로는 폭력으로 느껴질 때가 잦다는 말을 했다. 그러다보니 진보적 매체나 논의의 장에 더 이상 참여하거나 관심을 두지 않게 되더란다"며 다음과 같이 말한다.

> 최근 인터넷 글쓰기의 영향이 커지면서 진보파들의 언어 습관에도 적지 않은 변화가 보여 주목되고 있다. 집권 세력과 그 수장을 'MB' 내지 '2MB'로 표현하고 거기에 '명박이', '쥐박이', '생쥐', '바퀴벌레' 등의 모욕적 이미지를 결합시키려는 노력이, 진보파들의 말과 글에서 쉽게 볼 수 있게 되었다. 그것은 아마도 통치의 가혹함에 대한 강렬한 항의의 소산이겠지만, 결과는 그리 긍정적이지 않은 것 같다.
> 한 번은 인권 문제에 대한 관심을 진작시키기 위한 콘서트에 갔는데, 시작에 앞서 사회자가 그 취지를 설명했고 해직교사 한 분을 무대로 초청해 이야기를 나눴다. 그런데 해직교사가 자신의 사례를 설명하면서 현 정부를 "이명박 정부"라고 지칭하자 사회자는 "MB 정부를 좋아하시나 보네요"라고 물었다. 이명박 정부와 MB 정부 사이의 언어 선택이

갖는 정치적 의미가 사회자에게는 예민하게 포착되었던 듯하다. 사람들은 어떻게 받아들였을까? 객석은 무슨 영문인지 몰라 조용했는데, 사회자가 농담이라고 말한 다음에도 여전히 조용했다. 진보파들과 그렇지 않은 일반 시민 사이에 언어 습관의 괴리가 커지는 것은 좋은 현상이라고 말하기 어렵다.[46]

정치를 대체한 '증오 상업주의'

사실 오늘날 한국 진보파의 주류 담론은 알린스키의 관점에서 볼 때는 진보에 역행하는 것이라고 해도 과언이 아니다. 독설과 욕설을 앞세운 카타르시스 효과를 노린 담론만이 호황을 누리고 있지 않은가. 그 흐름에서 조금만 벗어나면 대뜸 날아오는 질문이나 비판이 "MB 정부를 좋아하시나 보네요" 따위의 것이다. 최근의 나꼼수 현상을 반길 수 없는 이유도 여기에 있다. 이런 상황에서 오재식이 알린스키 운동론의 교훈에 대해 다음과 같이 말한 것이 가슴에 와 닿는다.

"종교적 차원에서 보면 사람은 다 엇비슷하다. 나빠봐야 51퍼센트 정도일 것이다. 반대로 좋아봐야 역시 51퍼센트 정도가 아닐까. 그런데 전략적 차원에서 상대와 싸움이 벌어졌을 때는 상대가 100퍼센트 나쁘고 내가 100퍼센트 좋아야 이기는 것이다. 이것을 종교화하고 신념화해야만 전투를 할 수 있다. 그러나 전략적 상황이 끝나고 여러 가치와 기준들이 제자리를 잡아야 하는 때에도 자신의 전투행위를 설명할 때는 여전히 전략에 사로잡힌 종교를 내세워야 하는 것이 관행이다. 여기에 알린스키가 말하는 혁명적인 사고와 자세 변화가 요구되는 대목이 있다. 100퍼센트 나빴던 사람들을 51퍼센트로 복원시키기 위해서는 자신을 지배했던 이념 체계에서 탈출할 수 있는 용기가 있어야 한다."[47]

그런데 그 '용기'는 사회적 분위기에 압도당하고 만다. 시장 논리가 '100대 0'의 적대감이나 증오를 선호하기 때문이다. 그건 그럴듯한 아름다운 명분으로 포장되기 때문에 '100대 0'의 셈법을 지지하지 않는 사람이 이상하거나 나쁜 사람이 되는 진풍경이 벌어지는 것이다. 알린스키의 말마따나, 사람들은 자신들의 주장이 100퍼센트 천사의 편에 있으며 그 반대는 100퍼센트 악마의 편에 있다고 확신할 때 행동할 것이므로, 정치건 언론이건 장사를 위해선 시종일관 '100대 0'으로 밀어붙여야만 하는 것이다.

알린스키는 분열과 융화를 동시에 할 수 있어야 한다고 역설하지만, 그게 말처럼 그렇게 쉬운 일이 아니다. 특히 우리는 무엇이건 한번 하면 '올인'을 하고 끝장을 봐야만 직성이 풀리는 체질이 아니던가. 알린스키식 어법을 쓰자면, 이기고 싶다면서도 사실상 패배하기 위해 애쓰는 사람들, 바꾸고 싶다면서도 바뀌지 않게 하려고 발버둥 치는 사람들이 야권과 진보 쪽의 주류로 행세하는 게 우리의 현실이 아니던가.

패배를 당한 뒤에도 그 이유를 외면한 채 그마저 또 다른 '증오 상업주의'의 불쏘시개로 이용하려는 사람들이 여전히 큰 힘을 쓰는 게 오늘의 풍토가 아니던가. 전체 유권자의 절반 정도가 '100퍼센트 악마의 편'을 지지하는, '있는 그대로의 세상'을 보지 않은 채, 자신들이 '100퍼센트 천사의 편'임을 주장함으로써 늘 유권자 절반을 소외시키는 자해自害를 상습적으로 일삼으면서 그게 왜 문제인지 모르겠다는 게 그들의 정신 상태가 아니던가.

정치를 '증오 상업주의'로 대체하는 구조적 메커니즘이 변할 조짐은 도무지 보이지 않지만, 그래도 신기하다고 생각되는 것은 '100대 0'의 이분법 구도에 반기를 들고 나선 안철수가 인기를 누린 '안철수 현상'이다. 1차 시도는 실패로 끝났지만, 앞으로 안철수의 2차 정치 행보와 결과가 어떻게 이어지건 그가 한국 사회에 기여한 최대 공로는 바로 그 점에 있는 건 아닐까?

맺는 말
왜 안철수의 도전은 실패했나?

국민의 절반을 절망시키는 정치

"우리는 증오를 인정하려고도 비난하려고도 하지 않으며, 악에 정면으로 대항하려고도 하지 않는다. 악은 메두사의 머리다. 그것을 정면으로 바라보면 돌이 될지도 모른다. 그래서 우리는 합리화한다. 증오를 일상적인 사회학 용어나 심리학 용어로 설명하면 더 편안해진다. 우리는 또한 정치학과 경제학의 도움으로 증오 행위의 원인과 방법을 설명하며, 증오가 궁극적으로 병적인 마음의 상태라는 사실을 잊어버리곤 한다."[1]

미국 정신의학자 윌러드 게일린Willard Gaylin의 말이다. 미국의 폭스 뉴스와 무브온이 진영 논리에 따라 각 진영에 속한 사람들의 뜨거운 사랑, 반대 진영에 속한 사람들의 거친 저주의 대상이 되고 있음에도, 사람들 대부분이 마치 그것이 민주주의의 기본 원리라는 듯 담담하게 여길 수 있는 것도 바로 그런 이유 때문일 것이다. 상대편을 향한 맹목적 증오를 그럴듯하게 포장함으로써 자신을 좀 더 의젓하고 고상하게 보이도록 하는 일, 그 실체를 다양한 각도에서 밝히고자 했던 게 본문에 실린 글들의 의도이기도 했다.

게릴라 혁명 투사인 체 게바라는 증오를 병사들을 효과적으로 통제하고 지휘하면서 적에겐 공포를 주는 전략적 도구로 이용하였다지만,[2] 그런 효과와 과정을 의식하건 의식하지 못하건 모든 갈등과 싸움과 전쟁엔 증오가 동력으로 작용하기 마련이다. 증오는 놀라운 힘을 발휘하는 마법과도 같다. 그러나 우리는 자꾸 그 마법의 실체를 감추려고 한다.

그런 이유 때문일까? '증오 상업주의'는 그간 한국 정치를 지배해온 주요 이념이었음에도, 정치권에선 이에 대한 문제 제기가 거의 없었다. 언론계와 학계에선 증오 상업주의에 대한 비판이 적잖이 나왔지만, 의례적인 비판으로만 간주했을 뿐 이렇다 할 세력을 형성하진 못했다. 2012년 한국 대선 정국을 강타했던 '안철수 현상'은 바로 이런 맥락에서 이해할 필요가 있다.

안철수는 "우리 정치권은 승자 독식이 반복되기 때문에 결국 증오의 악순환에 빠진다"며 "여與나 야野 누가 이기면 국민의 절반이 절망한다"라고 말했다.[3] 그는 "상대방을 지지하는 국민 절반을 적으로 돌리고, 국민을 반으로 갈라놓는, 낡은 프레임과 낡은 체제로는 아무런 사회 문제를 해결하지 못한다"라고 지적했다.[4]

2012년 대선 역시 '국민의 절반이 절망한' 선거였다. 소설가 공지영은 선거 다음 날인 12월 20일 오전 자신의 트위터에 "아침에 한술 뜨다가 비로소 울었다. 가끔 궁금한데 나치 치하의 독일 지식인들은 어떻게 살았을까? 유신 치하의 지식인들은? 절망은 독재자에게서가 아니라 그들에게 열광하는 이웃에게서 온다. 한반도, 이 폐허를 바라보고 서 있다"라고 적었다. 공지영의 이 발언은 많은 비판을 받았지만, 선거 직후 수많은 공지영들이 나타났음을 어찌 부인할 수 있으랴. 여러 증언 가운데 두 개만 감상해보자.

"유권자들은 모세가 갈라놓은 홍해 바다처럼 양쪽으로 쫙 갈렸다. 다른 후보의 당선을 '나라가 망하는 것'이라고 했고, 반대로 다른 쪽은 '국가의 재앙'이라고 했다. 화인火印과도 같은 저주를 주고받았다. 어느 한쪽은 선거 결과 나라가 망조 아니면 재앙의 길로 들어간다고 생각했다. 지난 50여 일간 격렬했던 선거 과정이 그랬다. 패자를 지지했던 많은 사람은 화병에 걸려 드러누울지도 모른다. 걱정이 크다. 선거전에서의 치열한 쌈박질이 새 정부 출범 후에도 고스란히 이어져 극심한 국론 분열로 치달은 과거를 겪었기에 더욱 그렇다."[5]

"'나는 이제 이 땅에 숨 쉬는 인간은 그가 아는 이든 모르는 이든 5년간 외면할 것이다.' 대선 직후인 지난 21일 한 지인한테서 받은 문자메시지다. 그는 올해로 오십 줄에 접어든 한 집안의 가장이다. 한때는 군사독재에 저항한 열혈 청년이었고, 근년에는 한 대기업의 프랜차이즈 업체를 운영하다 그 대기업과 손해배상을 놓고 일전을 치른, 인생의 단맛은커녕 쓴맛만 잔뜩 본 자영업자였다. 그는 자칭 '5년간 칩거 생활 선언문'을 문자로 날린 뒤 칩거에 들어갔다. '동생 죽고 난 뒤 처음으로 통곡했다', '어찌 사나요, 원통해서……' 등 연말 모임과 카카오톡 등에서는 대선 후유증을 앓는 이들의 토로가 여전히 줄을 잇는다. 개중에는 숫제 '정치에 관심을 가지고 좀 더 나은 세상을 꿈꾸는 것이 얼마나 무지하고 비현실적인가', '앞으로 투표를 하지 않겠다' 며 정치 혐오증을 내비치는 이들도 적잖다."[6]

2012 대선은 '증오의 굿판'

그렇게 절망하는 이들에게 2012 대선은 애초부터 민주주의가 아니었다. 민주주의에서 선거는 우리 편이 질 수도 있다는 걸 전제로 하는 법이다. 그런데 우리 편은 무조건 이겨야만 하고 우리 편이 지는 건 선善이 악惡에 지는 걸로 간주하는 사고방식을 가진 사람들, 이들을 민주주의 실천에 적합한 유권자로 볼 수 있겠는가?

민주통합당 초선 의원들이 12월 26일 국회의사당 정문 앞에서 대선 패배에 대한 사죄의 의미로 1,000배를 올린 것도 민주주의 정신에 부합하는 의식儀式이나 이벤트로 보기는 어렵다. 초선 의원 20여 명은 이날 성명서를 통해 "민주당은 역사 앞에 씻을 수 없는 죄를 지었다"며 "우리가 국민 앞에 엎드려 통렬히 석고대죄한다. 지은 죄를 씻기 위해 당과 정치를 근본적으로 혁신하고 변화시키는 데 혼신의 힘을 다하겠다"라고 다짐했다.[7]

영하의 강추위 속에서 3시간에 걸쳐 1,000배를 올린 초선 의원들은 서로 부둥켜안고 울었다고 한다.[8] 이들의 노고에 경의를 표하면서도, "이건 아닌데……"라는 생각을 떨치기 어렵다. '역사 앞에 씻을 수 없는 죄' 니

'석고대죄'니 하는 말들은 이들이 선악 이분법에 중독돼 있다는 것만 말해줄 뿐, 한국 민주주의 발전을 위해 그 어떤 도움도 되지 않는다. 이들이 이런 의식과 행태를 바꾸지 않고선 정치 개혁은 요원하다는 깨달음을 주었다는 점에선 도움이 되었는지 모르겠지만 말이다. 이와 관련, 지난 2009년부터 '아름다운 동행21'(동행21)이라는 이름으로 진보·보수 활동가 집담회를 진행해온 이형용 거버넌스21클럽 상임이사는 다음과 같이 말한다.

"특히 진보는 선악의 관점에서 벗어났으면 좋겠다. 정의가 불의를 제압하거나 물리쳐야 한다든가, 권력을 잡아서 뭔가 정의를 실현한다는 식의 관점에서 벗어나야 한다. 민주나 진보·평화·개혁이라는 말을 많이 쓰는데, 우리가 그런 세력이니 그렇지 않은 세력을 물리쳐야 하고, 이것이 옳은 가치이기 때문에 당연히 국민의 선택은 우리여야 한다는 관점이 문제다. 그러니까 국민이 우리를 이해한다면, 국민이 깨어 있으면 우리를 선택하는 것이 당연하다는 관점이다. 중요한 것은 가치를 선택하는 것이 아니라 구체적인 비전과 정책을 누가 더 잘 제시하느냐는 것이다. 이번에 국민의 선택을 받지 못했다면 상대방이 잘되기를 기원해주고 무엇이 부족했는지 잘 검토해 선택을 받는 것이 중요한데, 선악의 프레임을 적용하니 허탈한 마음도 더 큰 것이다."⁹

그간의 대선들이 그러했듯이, 2012 대선도 선악 이분법에 근거한 '증오의 굿판'이었다. 이 증오의 굿판에 하이라이트는 이른바 '이정희 사건'이었다. 대선 TV 토론에서 "박근혜 후보를 떨어뜨리려고 나왔다"라고 밝힌 이정희는 박근혜가 이석기를 김석기, 김재연을 이재연으로 부른 실수를 지적하면서 "토론에 나올 때는 예의가 있어야 한다"라고 일갈하기까지 했다. 개그였을까? 그러나 웃는 사람은 거의 없었던 것 같다.

이와 관련, 사회디자인연구소 소장 김대호는 "옳은 말도 싸가지 없이 하면 크게 마이너스인데, 이정희는 해서는 안 될 말을 너무 많이 했다. 'ㅇㅇ년' 하는 노골적인 욕설과 머리끄덩이만 잡지 않았을 뿐 할 수 있는 무례는 다했다고 보아야 한다"며 다음과 같이 말한다.

"분명한 것은 이정희는 박근혜에 대한 분노, 증오심으로 이를 가는 사람들에게 카타르시스를 주었고, 역사 지식이 거의 제로인 20대 일부에게 과거사 공부를 좀 시켰을지 모르지만, 기본적으로 민주 진보에 대한 공포와 혐오감을 불러일으키는 데 혁혁한 공(?)을 세운 것은 분명하다. 이정희의 품격은커녕 최소한의 예의도 없는 망동으로, 문재인 후보는 선뜻 야권 연대의 손을 내밀지 못하고, 보수 지지층은 이정희를 보면서 '저런 놈들이 설치는 것을 막기 위해서 아무리 박근혜가 미워도 무슨 일이 있더라도 보수 후보를 당선시켜야겠다'는 마음을 굳히는 데 혁혁한 공을 세웠다는 얘기다." ■ 10

실제로 2012년 12월 리얼미터가 한 여론조사 결과에 따르면 보수 표심의 결집 원인으로 '이정희 후보의 공격적 TV 토론 태도'를 꼽은 응답자가 31퍼센트로 가장 높았다. 증오엔 증오로 화답해야만 하는가? 리얼미터 조

이어 김대호는 "이정희를 보면 인간과 시장에 대한 이해가 깊을 리 없는 순진한 열혈 운동권 여학생이 1980년대 후반에 교통사고 당해서 뇌사 상태로 있다가 20여 년 후에 깨어난 것 같은 느낌을 받는다"며 다음과 같이 말한다. "정서와 노래는 상황과 심리가 만든다. 자꾸 김지하의 시가 내 깊숙한 곳에서 흘러나온다. '타는 목마름으로 타는 목마름으로 상식이여 만세! 이성이여 만세! …… 떨리는 손 떨리는 가슴 치떨리는 노여움으로…… 민주주의 만세! 증오와 분열의 정치여 가래!'" 김대호, 〈담론비평〉 (제2차 대선 후보 TV 토론 소감) 치떨리는 노여움으로 쓴다. 상식이여 만세! 몰상식, 몰염치, 분열과 증오의 정치여 가래〉, 사회디자인연구소, 2012년 12월 12일.

사 결과를 전하는 《동아일보》 인터넷 기사엔 다음과 같은 증오의 담론이 '베스트 댓글'로 올랐으니 말이다.

"표독스러운 이정희의 표정에서 6·25사변 때 무고한 양민들을 대창으로 찔러죽이던 붉은 완장 찬 빨갱이들의 핏빛 어린 눈길을 보았다. 그녀의 하이에나 같은 뻐드렁니와 살인마 같은 눈길에 치가 떨리고 소름이 끼쳐 며칠 동안 잠을 설쳐야 했다. 인간의 얼굴이 아니었다!"[11]

이 '베스트 댓글'에 '추천 1481, 비추천 31'이란 것도 놀랍다. 아무리 보수적인 《동아일보》 독자들이라지만, 우리가 꼭 이렇게까지 증오 공방전을 벌여야만 하는 건가? 이게 바로 '증오의 굿판'이 아니고 무엇이랴.

안철수의 도전과 좌절

'국민의 절반을 절망시키는 정치'를 끝장내겠다는 문제의식으로 대선에 출마했던 안철수의 도전은 일단 좌절되었지만, 그걸로 끝은 아니다. 어쩌면 이제부터 진정한 시작일지도 모른다. 안철수의 도전 과정에서 우리가 가장 놀랍게 생각해야 할 점은 '개혁'이라는 미명하에 한국형 포퓰리즘을 선전하고 선동했던 사람들이 그 귀결로 나타난 안철수 현상에 대해 보인 전혀 다른 태도였다. 기성 정당을 쓰레기처럼 여기며 모든 걸 뒤엎자는 식의 발언을 수도 없이 했고 실천했던 사람들이 '무소속'을 무슨 죄악인 양 여기면서 정당 민주주의의 수호신처럼 행세하는 자기기만의 향연이 대규모로 저질러졌다.

증오 상업주의와는 무관하게 선의에서 비판하는 사람들도 많았는데, 이들은 안철수 현상에 내재한 '알고리즘' 과 '콘텐츠' 의 차이 또는 갈등에 주목하지 않았던 것으로 보인다. 알고리즘으로 놓고 보자면, 안철수 현상은 한국형 포퓰리즘의 업보였지만, 콘텐츠로 놓고 보자면, 한국형 포퓰리즘의 원인이 된 증오 상업주의의 전면 타파였다. 과연 어느 쪽에 무게를 두어야 할 것인가? 이에 대한 고민이 없이 '1차원적 일관성' 에 충실했던 선의의 논객들은 실현 가능성이 전혀 보이지 않는 원칙에 근거한 비판을 양산해냄으로써 정치 개혁에 관한 한 진보주의자도 본의 아니게 수구 세력이 될 수 있다는 점을 여실히 보여주었다.

안철수의 국회의원 정원 축소 제안에 대한 비판이 그 좋은 예다. 이 제안에 대해선 좌우를 막론하고 모든 전문가가 융단폭격을 퍼부었다. 썩 좋은 제안이라고 말하긴 어려울망정 그게 그렇게까지 펄펄 뛰면서 공격해야 할 과오였을까? 유권자 중 다수는 지지를 보냈는데, 이건 어떻게 보아야 할까? 비판을 퍼부은 좌우의 논객들은 안철수의 제안에 대한 유권자들의 높은 지지를 '정치 죽이기' 포퓰리즘의 결과로 여기고 싶겠지만, 바로 이런 생각에 함정이 있다.

유권자들이 전문가들보다 훨씬 더 슬기롭고 똑똑하다! 왜 그런가? 전문가들의 비판은 민주주의 교과서 원론에 근거한 것이다. 그러나 그 원론은 한 번도 실현된 적이 없고 실현될 가능성도 전무하다. 전문가들이 앞다투어 뭔가 실현 가능성을 높일 방안을 제시한 것도 아니다. 자신들도 어쩔 수 없는 체념, 무기력, 패배주의에 사로잡혀 지내면서도 누군가 새로운 파격적 주장을 해대면 순전히 원론에만 근거해 공격을 퍼붓는 행태, 이건 일종의 무기력한 기득권 의식이다. 이들에게 그 어떤 선의가 있다 해도 기존 체제와 공생하고 있는 것이니, 그게 바로 기득권 의식이 아니고 무엇이랴.

새로운 제안, 그것도 무시할 수 없는 다수의 대중적 지지를 받은 제안이 나오면, 왜 그렇게 되었는가에 대한 성찰은 전혀 하지 않은 채 자신들이 신봉해온 구름 위의 이론에 근거해 그 제안이 얼마나 어리석고 유치하고 어설프고 위험한가에 대해 맹폭격을 퍼붓는 전사들! 국회의원이 쓰레기 취급을 받는 현실이 바뀔 길이 전혀 보이지 않는다면, 그 쓰레기를 줄인다고 해서 뭐가 그렇게 위험하고 어리석단 말인가? 그 전사들은 그런 제안을 했던 주인공(안철수)이 죽어나가자 그땐 천연덕스럽게 "그는 준비가 안됐었다"라는 진단을 내린다. 웃어야 할까, 울어야 할까?

물론 안철수의 과오도 없진 않다. 그는 '증오 시대의 종언'이라는 화두에 대한 긴장감을 잃고 야권 후보 단일화 프레임에 너무 깊숙이 몸을 밀어 넣는 실수를 저질렀다. 안철수 지지자들의 이질성이 조래한 결과로 보인다. 즉 안철수 지지자 중엔 증오 시대의 종언엔 별 관심 없이 새누리당 집권 저지에만 집중하는 이들이 많았는데, 이들이 안철수에게 직간접적으로 영향을 끼친 것으로 보인다.

■ '깡통론'을 들고 나온
김지하의 착각

안철수가 정치 개혁의 비전을 제대로 역설하지 못한 것도 과오로 지적될 수 있겠지만, 이는 모든 정치 전문가들과 유권자들이 동시에 성찰해야 할 대목이다. 정치 개혁을 제도와 법만의 문제로 이해하는 사람들이 너무 많았다. 아니 거의 모두였다고 해도 과언이 아니다. 무슨 아이디어 경진대회를 보고자 했던 걸까? 그 대표적 인물이 시인 김지하다. 안철수를 처음부터 비판했으면 모르겠는데, 처음엔 안철수에 대해 극찬을 했다가 불과 3개월 만에 180도 달라진 평가를 한 거의 유일한 인물이 바로 김지하가 아닌가.

김지하는 "지난 7월에는 안철수 후보가 가장 자질이 뛰어나다고 했는데 지금도 그런가"라는 질문에 "그때는 잘 몰랐다"며 "정작 후보가 돼서 하는 걸 보니 근 열흘 동안 아무것도…… 깡통이야"라고 비난했다. 그러면서 "무식하단 뜻이 아니다"라면서 "처음엔 뭐 있는 줄 알았는데 아직 어린애"라고도 했다.[12] '깡통' 이니 '어린애' 니 하는 말에 너무 주목할 일은 아니다. 실제로 출마 선언 이후 안철수에 대해 실망한 사람들도 적지 않았을 것인바, 그런 사람들의 생각을 좀 거칠게나마 대변한 걸로 볼 수 있다.

진보주의자들은 김지하의 박근혜 지지를 '변절'이라고 비난했지만, 그런 비난이야말로 증오 상업주의의 전형적인 구태다. 김지하가 비판받아야 한다면 그건 그가 박근혜를 지지한다는 사실에 대해서가 아니라, 늘 남들보다 한 걸음 앞서 갔던 비전과 총명성을 보여주지 못하고 리더십과 정치 개혁에 대해 보여준 그의 착각 또는 낡은 사고방식에 대해서다. 김지하식으로 보자면, 40여 년 전에 나온 그의 〈오적五賊〉도 구체적 프로그램이 없다는 점에선 '어린애 수준의 깡통'으로 폄하될 수 있었다. 그러나 이후 역사는 김지하의 선견지명과 용기를 입증해주지 않았던가? 왜 선견지명과 용기는 김지하 혼자만의 것이어야 한단 말인가?

정치 개혁이란 무엇인가? 그건 정치경제적 개혁인 동시에 문화 개혁이다! 이 두 가지 개혁은 동시에 이뤄져야 하지만, 개혁의 의지가 선행되어야 한다는 점에서 문화 개혁, 즉 의식과 행태의 개혁이 먼저 출발해야 한다.■ 그간 무슨 아이디어가 모자라서 정치 개혁이 안 된 게 아니다. 그런데도 많은 사람이 팔짱을 낀 자세로 무슨 기가 막힌 아이디어가 있어야 하는 게 아니냐는 엄청난 착각에 사로잡혀 안철수를 바라보았으니, 이거야말로 기가 막힐 일이 아닐 수 없었다.

혹 안철수를 '메시아'로 보았던 걸까? 황장수의 다음과 같은 독설은 '안철수 때리기'임에도 불구하고 안철수에게 우호적이건 적대적이건 안철수를 메시아 비슷하게 본 이들의 성찰을 촉구하고 있다는 점에서 유념할 만하다.

"안철수가 진짜 메시아라도 되는 양 꿈에서 헤매는 이들을 바라보면서

■ 나는 앞서 제3장에서 "우리는 소통을 뜻과 의지로 문제로 환원시켜 논의하는 경향이 강하다. 소통의 결과로 여겨지는 타협과 화합은 우선적으로 정치경제적 이해관계가 조정될 때에 가능하다"라고 했다. 그런데 여기선 '의식과 행태의 개혁'을 역설하다니, 혹 모순은 아닌가? 그렇진 않다. 우리 사회에서 나타나는 '소통'과 '정치 개혁'에 대한 다른 태도에 대한 대응의 차이일 뿐이다. 우리는 정책 의제냐 아니냐에 따라 각기 너무 다른 태도를 보이는 경향이 있다. 소통처럼 정책 의제가 아닐 때는 그냥 별생각 없이 "노력하자"라는 말을 너무 쉽게 내뱉는다. 이런 문제를 지적하기 위해 '정치경제적 이해관계의 조정'을 강조한 것이다. 반면 정치 개혁과 같은 정책 의제일 경우 과도할 정도로 아이디어 경쟁을 벌이는 경향이 있다. 사실 소통과 정치 개혁은 뿌리가 같은 문제인데도 말이다. 따라서 소통을 다룰 때는 정치경제를 강조하고, '정치 개혁'을 다룰 때는 의식과 행태를 강조할 필요가 있다는 게 나의 생각이다.

사이비 종교와 같은 사회병리적 현상의 대중화에 대한 두려움을 느낀다. 이들 안철수 추종자들은 안철수가 하는 무의미한 말과 행동에 온갖 의미를 부여하면서 구세주의 언행을 기록하는 숭배자와 같은 행동을 보이고 있다. 이쯤 되면 종교적 팬덤 현상이 아닐 수 없음에도 그저 이 모든 것을 '안철수의 뜻대로 하소서' 하며 꿈에서 깨어나지 못하는 진보 지식인과 야권 인사들이 널리 충만하다. 안철수 정치 절대로 못한다. 제발 야권은 정신 차리기 바란다."[13]

맞다. 안철수를 '진짜 메시아'로 보진 않았다 하더라도 메시아 비슷하게라도 본 사람들은 모두 그런 '종교적 팬덤 현상'에서 탈출해야 한다. 그런 사람들에게라면 황장수의 독설은 유효하겠지만, 안철수 지지자들 다수는 그런 사람들이 아니다. 안철수를 '역사적 우연'의 산물로 볼 뿐 그를 그다지 높게 평가하지 않는다. 그래서 안철수에게 답을 재촉하기보다는 더불어 같이 해나가야 한다는 자세를 취한다.

생각해보라. 안철수의 후보 사퇴 후 양쪽(새누리당과 민주통합당) 모두 네거티브에 미쳐 돌아가면서 자기들만이 선善이라고 주장하는, 그래서 절반의 유권자들을 악惡의 추종 세력으로 몰아가는 증오의 굿판을 벌일 때, 양쪽 모두에게 "이대론 안된다"라고 경고하는 것, 바로 이것이 안철수의 힘이었다. 모두 다 따라서 외치기만 하면 되는 일이었다. 그러나 일부 사람들은 그런 '힘'을 발휘할 수 있는 구체적 방법론을 제시하라고 윽박지르는 '묘기'를 연출하면서 "알고 보니 깡통이네"라고 돌아섰는데, 이런 행태에 굳이 이름을 붙인다면 '자학 개그'가 적합하겠다.

황당한 '안철수 죽이기' 비판들

더욱 기가 막힐 일도 있었다. '증오 상업주의'를 타파하는 것이 무슨 죄라도 되는 양 몰아붙인 비판이 바로 그것이다. 예컨대, 2012년 10월 《한겨레》에 실린 〈안철수식 새 정치의 탈선〉이라는 칼럼을 읽다가 깜짝 놀랐다. 안철수가 출마 선언과 함께 이승만, 박정희 전 대통령 묘소에 참배한 것을 비판한 대목 때문이었다.

"이승만, 박정희 정치의 요체는 목표, 성과 지상주의다. 목적은 어떤 수단도 정당화했다. 인권유린, 헌정 파괴, 재벌 몰아주기, 노동 탄압 등 그 모든 왜곡과 파행은 여기서 비롯됐다. 그 성과에 대한 평가와는 별개로, 새 정치가 가장 경계해야 할 것이다. 시작도 하기 전에 그런 정치에 머리를 조아렸으니, 도대체 정치의식이 있는 걸까."[14]

그간 진보 진영의 의식과 행태로 보자면, 낭연한 주장일 것이나. 그래서 문재인은 이승만, 박정희 전 대통령 묘소 참배를 거부했을 것이다. 국민적 '통합'이니 '화합'이니 하는 말을 아예 안 꺼내면 수긍할 수도 있다. 그러나 그게 필요하다고 생각하거나 주장한다면 이승만, 박정희를 아무리 용납할 수 없어도 그들을 지지하는 국민을 염두에 둬야 한다. 대통령의 자리란 그런 것이다. 반드시 그래야만 한다. 이승만, 박정희와 김대중, 노무현을 구분해 누구에겐 참배하고 누구에겐 참배하지 않는 편 가르기를 할 게 아니라, 차라리 대통령 묘소에 참배하기보다는 무명용사 묘소에 가서 참배하는 것이 옳다고 주장하는 게 더욱 진보의 정신에 충실한 모습이 아니었을까?

안철수에 대한 맹목적인 증오를 드러낸 논객들도 많았다. 사실 이게 가장 놀라운 점이다. 안철수는 아무도 증오로 대하지 않았지만, 그는 증오의 폭격 대상이 되었다. 이유는 단 하나. 안철수가 자신이 지지하는 사람 또는 세력이 승리하는 데 위협이 된다는 이유 때문이었다. 이는 증오 상업주의가 사회 전반에 걸쳐 구조화·내재화되어 있음을 보여주는 사건이었다.

안철수에 대한 맹목적인 증오를 드러낸 논객 중 대표적인 인물은 보수 논객 윤창중이었지만, 좌우를 막론하고 비교적 세간의 호평을 받는 인물로는 《중앙일보》 논설위원 김진을 들 수 있겠다(진보 논객 진중권은 어느 토론회에서 김진을 '존경'한다고 밝힌 바 있다). 그는 〈안철수는 과연 새 정치인가〉라는 칼럼에서 다음과 같이 말한다.

"헌 정치의 또 다른 문제는 황당荒唐이다. 안 후보는 국민이 가까운 곳으로 청와대를 옮기겠다고 공약했다. 청와대는 한국 현대사가 이뤄진 유적지다. 왜, 언제, 어디로 옮기겠다는 건지 아무런 설명이 없다. 그저 불쑥 소통을 위해 옮기겠단다. 소통 부족이 인물의 문제지 장소의 문제인가. 지금 위치보다 국민에게 더 가까운 곳이 어디 있나. 가깝다면 사람이 많은 강남역으로 옮기겠다는 건가. 마땅한 부지도 없는데 어디로 옮기나. 한강이라도 메울 건가. 황당하다는 비판이 쏟아지자 안 후보 측은 국민 토론으로 시기와 장소를 정하겠단다. 국민 토론이 전지전능한 신이라도 되는가. 국민이 토론하면 하야도 할 수 있나. 무책임의 극치다."[15]

이 칼럼에서 증오를 발견하긴 어려울지 모르지만, 그는 각종 방송 토론 프로그램에 단골 논객으로 출연해 다른 후보들을 제쳐놓은 채 오직 안철수에 대해서만 이 같은 비난을 여러 차례 반복했다는 점을 고려할 필요가 있겠다. 그는 이 비난을 할 때마다 흥분하곤 했다. 내가 보기엔 증오 수준이었다. 그는 정말 황당하다고 느끼는 듯했다. 왜 그랬을까? 나는 김진에 대해 "그는 진정한 의미의 보수 논객이다. 그의 칼럼에 동의하기 어려울 때가 많아도 그의 칼럼들을 존중하지 않을 수 없는 이유다"며 호평을 한 적도 있었기에,[16] 그의 선의를 이해해보려고 애를 썼다.

왜 청와대는 후진국형 공간인가

우선 청와대 이전 문제가 전혀 황당하지 않다는 점부터 지적해보자. 지도자의 집무 · 주거 구조가 통치행위에 영향을 끼칠 수 있다는 것은 결코 황당한 가설이 아니다. 그게 황당하다고 한다면, 공산학을 연구하는 학자들은 모두 황당한 사람들이란 말인가? 그런 점에서 청와대는 오랫동안 논란이 돼왔다. 한마디로 너무 구중궁궐九重宮闕이 아니냐는, 그래서 심리적으로 국민과 멀어질 수밖에 없는 구조가 아니냐는 문제 제기였다.

2007년 '풍수 박사' 최창조는 "청와대 자리를 옮기면 좋겠다"라고 제안했는데, 그 근거가 매우 과학적이다. 그는 "왜 여기만 들어오면 독선적이 되는지 짐작이 되더군요. 북악산은 동산처럼 조그마한 산인데, 청와대에서 보면 웅장하고 아름다워요. 또 서울 시내 고층 빌딩들 때문에 앞이 막힐 줄 알았는데 전혀 안 그렇더군요"라면서 다음과 같이 말했다.

"광화문 사거리만 나와도 북악산은 왜소하고 인왕산이 덩치가 좋은데 청와대에선 그렇지 않은 거죠. 환경심리학적으로 청와대에 있으면 세상에 어려움이 없는 것처럼 느껴지죠. 세상을 완전히 제압할 수 있다는 느낌이 드는 거죠."[17]

2012년 6월 김진이 몸담은 《중앙일보》 기자 고정애가 다시 그런 문제 제기를 하고 나섰다. 그녀는 "성급한 일반화일 순 있겠다. 하지만 해외 정상회담을 거듭 취재하며 확립한 이론이다. 대통령이 머무는 공간과 민주주의는 대체로 반비례한다는 거다. 대통령이 국민에 비해 과도하게 공간을 차지하고 있다면 비민주적일 가능성이 크다는 뜻이다. 대통령과 참모 사이, 대통령과 국민 거주 공간 사이의 거리도 마찬가지다. 만일 대통령이 일하다 문득 창밖을 내다보았을 때 일반인 누군가를 볼 수 있다면 그 나라는 민주주의 선진국일 가능성이 크다"라고 말한다.

아니다. 결코 성급한 일반화가 아니다. 어느 모로 보건 한국의 청와대는 문제가 있다. 무엇보다도 대중의 시야에서 완전히 차단돼 있기 때문이다. 건축가 승효상은 "워싱턴의 백악관과 런던의 다우닝가 등이 시민과 같은 눈높이에 그 건축 공간이 있는 까닭에 저들은 탄탄한 민주주의를 구가하고 있는지 모른다"며 "청와대란 공간 탓에 대통령의 사고도 행동도 권위적이 된다. 대통령이 말년에 비참한 건 그런 건물에서 5년을 살아서다"라고 주장한다.

고정애는 승효상의 말을 거론하면서 청와대는 '후진국형 공간'에 가깝다는 진단을 내린다. 그녀는 "장관이 대통령에게 보고를 마치고 수십 걸음을 뒷걸음쳐 물러나다 다리가 꼬여 넘어졌다는 게 YS 시절이다. 그로부터 10여 년이 지난 이명박 정부에서도 '모 수석이 심야에 사무실에서 머리를 식힐 겸 스포츠 중계를 틀었다가 TV 소리가 대통령의 잠을 방해하는 것 아닐까 걱정해서 껐다더라'는 얘기가 나온다. "일개 비서관이 대통령을 어떻게 독대하느냐"란 주장에 대해 "일반인은 갸웃하지만 청와대 사람들은 수긍한다. 여전히 '구중궁궐'인 거다"며 다음과 같이 말한다.

"이제라도 청와대 공간을 바꾸자. 대통령과 참모, 국민 사이의 거리를 좁히자. 대통령 한두 명 보고 말 대한민국이 아니지 않은가. 다소나마 좋은 대통령이 되게 할 방법이라는데 시도해봐야 하지 않겠는가. 마침 비서동 두 곳이 재난위험시설 D등급이란다. 돈이 들어가게 돼 있다. 기왕 쓸 바엔 더 쓰자. 우린 불통의, 그래서 실패한 대통령을 너무 많이 봐왔다."[18]

고정애에 이어 《세계일보》 기자 백영철도 7월 10일 〈'청와대 터가 안 좋다?' 역대 대통령 모두……〉라는 칼럼에서 "무엇보다 관저와 사저가 국민 삶과 너무 동떨어져 있는 것은 많은 문제를 야기한다. 비서들과 호흡하고 국민의 숨결을 수시로 느끼기에는 현재의 청와대 집무 공간이 너무 폐쇄적이고 고압적이다. 고립돼 있으니 고독한 역사와의 대화에 빠져들고, 그러다보면 소통에 큰 장애가 생길 수밖에 없는 것이다"라고 말한다.[19]

이어 《중앙일보》 논설실장 김진국도 7월 27일 〈구중궁궐에 갇힌 대통령〉이란 칼럼에서 대통령의 형이 저지른 비리와 관련해 대통령이 사과한 것을 두고 이렇게 말한다. "권력 공백기를 피하려면 본인과 측근을 경계하는 게 기본이다. 대통령의 권한을 분산하는 것도 방법이다. 당장 효과를 볼 수 있는 건 대통령을 구중궁궐에서 탈출시키는 일이다. 비서관이 대통령에게 보고하기 위해 차를 타고 가야 하는 청와대에서 무슨 소통이 되겠는

가. 만나고 싶은 사람만 만나고, 듣고 싶은 것만 들을 수밖에 없다. 구중궁궐에서 나와 귀를 열고, 다음에는 수시로 참모와 토론하는 대통령을 보고 싶다. 그래야 등 떠밀려 사과하는 불행의 악순환을 끝낼 수 있다."[20]

이 칼럼에 인용된, 청와대에서 고위 참모를 지낸 한 인사는 "퇴임하고 사저私邸로 돌아가 옛날 쓰던 침대에 누워 첫날 밤을 보낸 뒤에야 제정신을 차리게 된다"라고 말했다 한다. 특별한 공간이 유발하는 '권력 감정' 때문일까? 공간이 특별할수록 반감도 커지기 마련이다. 서울 시청 앞에서 큰 시위가 벌어질 때마다 "가자, 청와대로!"가 외쳐지는 이유는 그곳에서 청와대가 가깝기도 하지만, 특권화된 구중궁궐에 대한 강한 반감이 시위자들의 의식 속에 잠재돼 있기 때문일 것이다. 청와대를 구중궁궐에서 끌어내 좀 더 개방형 체제로 변화시켜야 할 필요가 충분하다 하겠다.[21]

형식주의자들의 '적대적 공존'

자, 이런 문제의식에서 비롯된 제안에 대해 강한 적개심을 드러내면서 '가까움'을 물리적 거리로 단정 지은 뒤 "가깝다면 사람이 많은 강남역으로 옮기겠다는 건가. 마땅한 부지도 없는데 어디로 옮기나. 한강이라도 메울 건가"라고 선동적 비난을 해대는 게 과연 온당한가? 적어도 고정애, 김진국의 칼럼을 읽지 않았을 리 없는 김진이 그 칼럼의 정신에 충실한 안철수의 생각을 그렇게 집중 공격해댄 것은 증오 이외에 달리 설명할 길이 없다.

그런데 흥미로운 건 안철수의 청와대 관련 제안을 비웃는 데 동참했던 민주당 대통령 후보 문재인의 지지자들이 나중에 문재인이 안철수의 제안을 수용해 공약으로 발표하자 전혀 다른 태도를 취했다는 점이다. 이전의 비웃음은 사라졌을 뿐만 아니라 아주 멋진 공약인 것처럼 정중한 대접을 받았다. 심지어 《중앙일보》마저 기사, 사설, 외부 칼럼 등을 통해 청와대 공간을 소통형으로 재배치해야 한다는 주장을 하기에 이르렀다.[22] 그런데 왜 김진은 안철수의 제안에 대해선 증오심까지 발동시킨 걸까? 그 답은 그가 쓴 칼럼의 다음 대목에서 유추해볼 수 있다.

"헌 정치는 포퓰리즘이 심하다. 안 후보는 대통령이 되면 제주해군기지 건설 과정에 대해 주민에게 사과하겠다고 했다. 강정마을로 정해진 건 노무현 정권 때였다. 세 개 후보지 중에서 주민 찬성이 가장 높아 선정된 것이다. 대법원은 건설 과정에 문제가 없다고 최종 판결했다. 대통령이 되겠다는 이가 사실관계도 모르고 편향된 시각으로 문제를 키운다. 시위대는 만나면서 정작 기지를 건설하는 해군은 만나지도 않았다. 근거 없이 사과하면 정부가 국책 사업을 어떻게 할 수 있나."

겨우 '사과'였다! 안철수는 아예 제주해군기지 반대를 내세운 문재인과는 달리 사과 후 예정대로 추진하는 매우 보수적인 방안을 내놓았던 것이다. 그런데 김진은 문재인에 대해선 아무런 비판도 하지 않은 채 사과만 물고 늘어지면서 안철수에게 포퓰리즘 딱지를 선사한다. 왜 그랬을까? 김진이 다른 보수 언론인이 한 것처럼 박근혜의 상대로 더 버거운 안철수 대신 문재인을 택하기 위한 정략적 판단을 했으며 그에 따른 정략적 발언과 글쓰기가 이루어진 게 아니냐는 가설도 가능할 것이나,■ 내가 보기엔 '진정한 의미의 보수 논객'이라는 나의 이전 진단에 그 답이 있는 것 같다.

전부는 아닐망정, 일부 보수주의자들은 내용보다는 형식을 더 중하게 여긴다. 김진이 바로 그런 보수주의자인 것 같다. 그는 내용에서 안철수보다 더 왼쪽으로 간 문재인은 너그럽게 참아낼 수 있어도 형식에서 그가 보기엔 말도 안 되는 파격을 저지른, 즉 정당도 없고 정치 경험이 전무한 안철수가 대통령이 되겠다고 나선 것 자체를 용납할 수 없었기에 증오심까지 품게 된 것이다. 김진은 혼자가 아니었다. 진보주의자 중에도 내용보다는 형식을 더 중하게 여기는 이들이 많았는데, 이념의 좌우를 막론한 이들 형식주의자는 안철수를 자신들의 평소 신념을 위협하는 적으로 간주했다. 증오 전쟁을 벌이는 양쪽 세력이 '적대적 공존 관계'를 형성하면서 '증오 시대의 종언'을 외친 '안철수 죽이기'에 나섰던 셈이다.

2012년 10월 11일 언론개혁시민연대가 주최한 '대선 보도, 이대로는 안 된다' 토론회에서 발제를 맡은 전규찬 언론연대 대표는 "보수 언론이 볼 때 제도 정치, 정치체제의 외부자인 안철수 후보는 인식공격의 대상이며 보수 언론의 '안철수 죽이기'는 선거 기간 내내 지속할 미래형 게임"이라며 "안 후보가 매력적인 중산층의 지지표를 빼내가면서 보수 진영을 배신하는 것처럼 보일 때, 그리고 무엇보다 그가 높은 당선 가능성으로서 신자유주의, 보수 정권의 재창출 가능성을 위협할 때, 그에 대한 조·중·동의 반감과 신경질은 극도의 수준에 이를 것"이라고 내다봤다. 이어 전 대표는 "노골적인 '안철수 죽이기' 프레임은 '안철수와 문재인, 끝까지 따로 떼어놓기'의 프레임과도 밀접하게 연동해 있다"면서 "과연 단일화가 될 것인지, 그 방법은 어떤 게 될 것인지를 묻는 이들의 연설에는 단일화가 되지 말아야 한다는 속내가 담겨 있다. 신문들은 지배 여당의 의사와 입장을 그대로 옮기고 있으며, 거의 당 대변인 역할에 가까운 기능적이고 도구적인 언어 수행성을 보여주고 있다"라고 비판했다. 김도연, 〈"노골적인 '안철수 죽이기' 보도, 문-안 떼놓기 위함"〉, 미디어스, 2012년 10월 11일.

'안철수 죽이기'를 위한 대통령 신비화

"원래 그의 꿈은 서울대 의대 교수였었다. 헌데 당연시했던 교수 임용에서 떨어지는 바람에 자존심에 더할 수 없는 상처를 입었다. 그때 받은 트라우마로 인해 이후 그의 성격과 행로는 사뭇 달라지기 시작했다. …… 많은 사람이 놓치는 부분이지만, 환한 웃음과 웃음 사이에 언뜻언뜻 내비치는 수상한 눈빛은 섬뜩하다. 고민은 했을망정 고생이라곤 해본 적이 없는 투명한 아랫입술을 밀어내며 꾹 다문 입, 그리고 깻잎 머리는 모든 사람을 자기 밑으로 깔아보는 독선과 자만으로 가득하다. 겉으로는 한없이 순수한 듯 웃지만, 조금이라도 기분 상하면 얼굴이 벌게져 바로 등을 돌린다. 그것도 싫다 좋다는 말도 없이 그냥 전화 안 받는 걸로 관계를 차단해버린다. 때문에 그의 주변에는 오래된 인연이 극히 적다."

"그는 자신보다 잘나지 않은 사람들이, 도덕적으로 자기보다 당당하지 못한 사람들이 행세하는 꼴을 차마 그냥 보고 못 산다. 모든 질서나 서열, 그리고 재화가 성적순, 도덕성순, 선행순, 청결순으로 배열 분배되지 않는 세상에 대한 원초적인 불만을 품고 있다 하겠다. 하여 그에 반해 보이는 권력자나 부자들에 대한 멸시와 적개심이 얼굴 가득하다. 오직 자신만이 그에 부합하고 경쟁력을 갖추고 있다고 자신한다. 선善에 대한 신념으로 가득 찬 독선자의 얼굴이다. 독선이 권력과 합쳐지면 그게 바로 독재가 된다."

"어찌어찌해서 예선전을 피해 결선 한 방으로 청와대에 들어간다 해도 그의 체력으로는 대통령직을 수행하기 어려울 것이다. 웬만한 단체장만

돼도 거의 초인적으로 일해야 한다. 앉아서는 수만 가지, 뛰면서는 수백 가지를 고민하고 판단하고 결정해야 하는 자리다. 하루에 수십 건을 결제하고 주재해야 하는 자리다. 사건마다 문 걸어 잠그고 들어앉아 며칠 혹은 몇 달씩 공부하고서 결정할 수도 없다. 기분 나쁘다고 토라져 사나흘씩 회사에 무단결근할 수도 없다."

"게다가 얌체스럽고 고집스럽고 게걸스러워 보이는 다문 입은 전형적으로 간과 심장이 약함을 보이고 있다. 예전에 그는 B형 간염을 앓았다고 한다. 지극히 소심한 만큼이나 심장도 분명 약하다. 심장마비를 조심해야 한다. 매사에 결정은 제가 해야 하는 성질로 그로 인한 스트레스를 견뎌낼 수 있을까? '철수야, 철수야, 뭐 하니?' '공부한-다!' 그게 정답이다. 그래야 제 명대로 산다."

이상 소개한 네 토막의 독설은 도서출판 동문선 대표 신성대가 2012년 7월 19일자 데일리안에 쓴 글 일부다. 칼럼 제목은 '철수야! 벼락치기 공부 그만하면 안 되겠니: 지는 게 싫어 혼자 독학으로 공부하고 나서는 일등강박증/주변인 걱정 '사회성 부족과 이중성' 깻잎 머리 아래 감춰진 독선의 향내'다. 그간 나온 안철수 비판 가운데 가장 독한 게 아닌가 싶다.

독한 데다 인신공격적 요소가 다분하긴 하지만, 이 글 역시 그간 나온 안철수 비판과 궤를 같이하는 게 하나 있으니, 그건 바로 대통령이라고 하는 자리에 대한 '신비화'다. 대통령은 초인적인 능력이 필요하며, 그 책임이 국가와 민족의 명운을 좌우할 만큼 크기 때문에 정치 경험이 전무한 사람이 대통령이 되는 것은 매우 위험하다는 논리다.

그런데 흥미로운 것은 그 논리가 자의적으로 적용되는 경우가 많다는 점이다. 안철수 비판에 대한 의욕이 앞서다보니 그의 가장 큰 약점이라 할 '정치 경험 부재'를 집중적으로 공격하기 위해 대통령 자리를 신비화시키지만, 다른 측면에서 안철수를 비판할 땐 정반대 논리가 동원되기도 하더라는 것이다. 신성대의 비판도 예외는 아니다. 그는 다음과 같이 말한다.

"그는 말끝마다 대한민국이 이대로는 안 된다고 했다. 도대체 대한민국이 이대로 안 될 건 또 뭔가? 유토피아를 꿈꾸는가? 무균 사회를 만들겠다는 건가? 물론 기성 정치인들의 그동안 한 짓들을 보면 실망스러운 부분도 상당히 많다. 그렇다고 반드시 이대로 안 된다는 건 지나친 결벽증이다. 그 자신이 말했듯 집권당이 무능했다고 야당인들 별수 있었던 건 아니다. 해서 자신만이 그 대안이 될 수밖에 없다는 논리가 아닌가?…… 대권 도전자마다 하나같이 세상을 바꿔보겠다거나 잘살게 해주겠다고 큰소리치지만, 국가 발전 단계를 보면 이미 그런 세상 다시 오지 않는다. 단체장 한 사람, 대통령 한 사람 때문에 세상이 금방 달라질 만큼 이제 대한민국이 그렇게 호락호락한 나라가 아니다. 이미 시스템으로 굴러가고 있다."

나중의 말은 탁견이다. 그렇다. 대통령 한 사람 때문에 세상이 금방 달라질 만큼 이제 대한민국이 그렇게 호락호락한 나라가 아니며, 대한민국은 이미 시스템으로 굴러가고 있는 나라다. 연세대 교수 박명림은 "한국 정도 되는 세계 10위권 규모의 민주국가 어디에서도 1년 전까지 대학교수였던 사람이, 공적 선출 및 집행 경험이 전혀 없이 곧바로 공동체 최고 공직에 선출돼 국가 업무를 성공적으로 처리하고 국가를 발전시킨 사례는 찾기 어렵다"라고 했다.[23] 그렇지만 실은 한국이 10위권 규모의 민주국가로 시스템에 의해 굴러가는 나라이기 때문에 공적 선출 및 집행 경험이 전혀 없는 사람이라도 언제든 대통령이 돼 잘할 수 있다는 논리 또한 얼마든지 가능하다. 우리가 정작 중요하게 생각해야 할 것은 대선 후보들의 그랜드 비전일 것이다.

제왕적 대통령에 대한 이중성

"《안철수의 생각》을 읽기 전까지 나는 안철수 서울대 융합과학기술대학원장에게 관심이 없었다. 그의 높은 지지율도, 확 달아오르고 쉽게 식어온 우리 국민의 장점이자 단점이 고스란히 반영된 팬덤 현상으로 간주했다. 하여 간간이 보도되는 그의 '공자 말씀'도 곧 사라지려니 했다. 그러나 이 책은 그런 내 선입견을 단숨에 날려버렸다. 그는 내공을 지니고 있다."

새로운사회를여는연구원 원장 정태인의 말이다. 《안철수의 생각》에 대한 혹평이 난무한 가운데 입바른 소리를 잘하기로 유명한 정태인이 이런 말을 했다니, 놀랍지 않은가. 도대체 무엇이 그의 생각을 바꾼 것일까? 그는 재벌 개혁에 대한 안철수의 생각을 사례로 들어 다음과 같이 말한다.

"그는 놀랍게도 학계에서도 채 소화되지 않은 '이해당사자 이론'에 입각해서 재벌 문제를 진단하고 법조계에서도 아직 내용을 채우지 못했지만 방향이 뚜렷한 '기업집단법'을 대안으로 내세웠으며 그 생각의 틀은 산업생태계이다. 더구나 그는 종업원지주제나 이윤 공유, 경영참가라는 미시적 실천 방안을 이미 실행해서 성공해본 사람이다. 그는 '보편 복지'와 '선별

복지'를 정확하게 이해하고 있으며 보편적 증세가 필요한 이유 또한 정확히 지적한다. 당장 표에 도움이 되는 복지 정책을 나열하는 것과는 차원이 다르다."[24]

정태인의 글을 읽으면서 내내 했던 생각은 "선거가 '그랜드 비전'을 위한 축제가 되면 안 되나?" 하는 것이었다. 물론 답은 공정한 검증 기능을 포기하고 당파성의 포로가 된 현재 한국 언론 수준으로는 어렵다는 것이지만, 정태인이 그 가능성을 보여준 셈이니 포기할 일은 아니다. 다만 '왜 우리는 평소엔 제왕적 대통령을 혐오하고 반대한다고 말하면서도, 막상 대선 시즌만 되면 사실상 바람직한 대통령상을 제왕적 대통령으로 삼는 이중성을 버리지 못하는 걸까?' 하는 의문에 대해선 깊이 생각해볼 필요가 있겠다.

"서서히 우리는 사무실 분위기를 다소 근엄하게 유지하는 것이 선거운동 기간 인민주의 정책으로 접근하는 것만큼이나 그 효과가 있다는 것을 알게 되었다. 미국인들은 대통령이 실제보다 더 큰 사람이기를 원한다. 우리는 모든 공식 석상에서 '대통령에게 환호 보내기' 작전을 시작했다."[25]

전 미국 대통령 빌 클린턴의 공보 보좌관을 지낸 조지 스테파노풀러스George Stephanopoulos의 말이다. 이 말이 시사하듯이, 모든 나라의 지도자들이 실제보다 더 큰 사람인 것처럼 보이기 위한 쇼를 한다. 왜? 대중이 그걸 원하기 때문이다. 어렸을 때부터 그렇게 교육을 받아서 또는 세뇌당해서 그러는 건지도 모르겠다. 미국의 역사학자 하워드 진Howard Zinn은 다음과 같이 말한다.

"미국의 역사교육에서는 정치 지도자, 기업가 등 부자와 권력 있는 사람의 행적을 강조한다. 교실 수업은 흔히 대통령에게 집중된다. 교사들이 널리 사용하는 책 가운데 하나에는, 역대 대통령의 초상화가 벽에 가득 걸려 있고 그것을 바탕으로 역사 과목을 가르치는 한 교실의 예가 감탄스럽게 소개돼 있다. 우리 미국인은 정치 지도자를 신처럼 떠받들고 도처에 초상화를 내걸고 동상을 세우는 다른 나라 사람을 비웃곤 한다. 그러나 우리 문화에서는 대통령의 더없이 사소한 행동을 대단히 중대한 일인 양 간주한다."[26]

왜 그러는 걸까? 미국의 정치 컨설턴트 딕 모리스Dick Morris는 "미국은 역사적으로 군주제를 경험해보지 못했기 때문에 재미있는 오락거리는 할리우드에서 찾으려 하는 반면, 백악관에서는 어떤 위대한 지도자를 기대하는 경향이 있다"라고 말한다.[27] 작가 존 스타인벡John Steinbeck은 "우리는 대통령에게 도저히 한 사람이 해낼 수 없는 일과 도저히 한 사람이 감당할 수 없는 책임과 도저히 한 사람이 견뎌낼 수 없는 압박을 주고 있다"라고 말했다.[28]

어찌 생각하면 대통령제란 인간이 만들어낸 우스꽝스러운 제도임이 틀림없지만, 사람들은 대통령제에 대해 매우 진지하다. '대통령의 영웅화'는 지금도 계속되고 있으며, 이는 대통령에 대한 미국인들의 과잉 기대에서 잘 드러나고 있다. 칼럼니스트 로버트 새뮤얼슨Robert Samuelson은 미국인들은 대통령이 번영을 가져다줄 것으로 가정하지만, 불행하게도 그런 가정의 진실성을 확률로 따지면 16분의 1 정도라고 말했다.[29] 제왕은 백악관에 있는 게 아니라 미국인들의 마음속에 있는 것이다.

그 점에서 한국은 미국과 매우 비슷한 나라다. 둘 다 대통령제 국가이기 때문에 그러는 걸까? 그래서 국내에서도 대통령제 대신 내각제를 하자는 목소리가 끊임없이 나오는 걸까? 제왕적 대통령은 대통령제 국가의 숙명인가? 관련이 전혀 없진 않겠지만, 강력한 지도자에 대한 열망은 내각제 국가에서도 나타나는 것인바, 그것만으론 다 설명할 수 없는 다른 이유가 있는 것 같다. 미국에서 영국의 강력한 지도자였던 윈스턴 처칠Winston Churchill이 이상적인 지도자 모델로 통용되고 있는 걸 보더라도 그렇다.

러시아에 불고 있는 '스탈린 복고' 바람이 잘 보여주듯이,[30] 국가주의와 민족주의가 '영웅 대망론'의 더 큰 이유가 아닌가 싶다. 정신분석학자 에릭 에릭슨Erik Erikson은 사람들은 공포와 위기의 시대에 카리스마에 대한 갈망에 빠질 수 있다고 했다.[31] 카리스마에 굶주린 대중이 많다는 건 그만큼 사회적 불안정이 심하다는 걸로 볼 수 있다. 한국도 그런 경우에 속한다고 볼 수 있지만, 안철수 현상은 지도자상에 대한 매우 복잡미묘한 그림까지 보여준 셈이다.

안철수에 대한 비판이 상호 모순되는 게 많다는 것도 매우 흥미로운 현상이다. 예컨대, 이원복은 "(안철수 원장이 대통령에 당선된다면) 킹메이커들이 좌지우지하는 세상이 될 것"이라고 주장했지만,[32] 신성대의 경우처럼 안철수의 오만과 독선을 염려하는 사람들도 많다. 양쪽 사람들이 서로 만나 의견을 나눠보면 좋으련만 그건 쉽지 않은 일이니, 안철수로선 앞으로도 그저 맷집을 키우는 것이 가장 좋은 방법일 것 같다.

《조선일보》, 《한겨레》 기자로 태어난 게 아니다

증오를 넘어서기 위해 우리가 가진 신념의 우연성에 주목해보는 건 어떨까? 예컨대, 새누리당과 《조선일보》를 열성적으로 지지하는 사람은 그 당과 신문을 지지하기 위해 태어난 건 아니다. 민주당과 《한겨레》의 열성적 지지자도 마찬가지다. 언론고시 지원자들에게도 이념이나 당파성은 부차적인 것이다. 그들은 우연과 운에 따라 《조선일보》 기자도 될 수 있고 《한겨레》 기자도 될 수 있다. 어느 신문사 기자이건 출발할 땐 거의 비슷하다. 그 조직에 몸담고 물이 들 때쯤에서야 '조선일보 맨' 이나 '한겨레 맨' 으로 다시 태어나는 것이다. 정치는 조직이고, 조직은 종교다. 이와 관련, 새누리당, 민주당, 안철수 캠프 등을 출입했던 《한겨레》 기자 송채경화는 다음과 같이 말한다.

"이 세 집단을 두루 경험하면서 신기했던 것은 어느 곳이든 각각의 캠프에 합류한 외부 인사들이 캠프의 논리에 너무 쉽게 물들어버린다는 점이었다. 평소에는 객관적이고 냉철한 사고의 소유자라고 알려졌던 이들도 어느 한 정치집단에 들어가기만 하면 외부의 비판에 귀를 닫아버리고 자신들의 생각만 옳다고 주장하는 모습을 여러 번 목격했다. 어느 조직이나 이런 '물듦'의 원리는 비슷하겠지만 정치판에서는 더욱 심했다. 특히 후보를 지나치게 미화할 때는 이곳이 종교 집단이 아닌가 하는 생각마저 들었다. 캠프 사람들이 모두 집단 최면에 걸린 듯 진심으로 보이는 경우가 많았기 때문이다. 이런 현상은 비록 정도는 다를지라도 세 집단 모두에서 비슷한 방식으로 나타났다."[33]

민주당에서 대선 패배의 책임을 규명하는 게 가능하지 않은 이유도 바로 여기에 있다. 정당은 물론 정당 내의 각 계파 또는 패거리가 집단 체면에 걸린 듯 종교 집단화하는 상황에서 그 어떤 이성적 논의가 가능하겠는가? 평론가들은 대부분 "지난 총선 패배 후처럼 제대로 된 패인 분석도 없이 넘어가려고 하면 그건 재앙이다"라고 말하지만,[34] 패인 분석은 원초적으로 가능하지 않게 돼 있다. 패인 분석은 계파 혹은 패거리의 이익과 감정에 큰 영향을 끼칠 수 있기 때문이다.

민주당의 대선 패인과 관련해 가장 많이 지적된 것은 '친노 책임론'이다. 예컨대, 신율은 "친노 그룹이 이념적 접근과 배제의 정치로 일관하면서 중도층을 잃게 했다"며 "주류 친노가 패배의 책임을 지고 뒤로 물러나는 게 혁신의 선행 과제"라고 주장했다.[35] 민주당을 장악해 지난 총선은 물론 대선까지 주도했던 친노 세력의 책임을 묻는 건 정당해 보이지만,[36] 친노 세력은 그 책임을 전혀 인정하지 않는다.

문재인은 '증오 상업주의' 때문에 패배했다

노무현 정부 때 대통령민정수석비서관을 지낸 전해철 의원은 12월 26일 평화방송 라디오 인터뷰에서 '친노 책임론'과 관련해 "친노가 누구냐는 것도 불분명하고 친노라고 해도 대체 어떤 책임이 있느냐"라고 반발했다. 그는 "모두가 반성하고 필요한 조치와 노력을 해야지 일부 책임의 문제를 얘기하는 것은 맞지 않다고 생각한다"며 '공동 책임'을 주장하고 나섰다.[37] 친노 중의 친노라 할 안희정과 이광재도 "친노라는 개념은 실체가 없다"며 친노 책임론을 정면 반박했다.

또 노무현 정부 때 대통령홍보수석비서관을 지낸 조기숙 이화여대 교수는 한 걸음 더 나아가 "일부에선 참여정부 실패론과 친노 책임론이 나오고 있는데 그나마 문재인이 후보였기에 진보 진영이 대동단결해 1470만 표라는 경이적인 성적을 거두었다고 본다. 민주당의 정당 지지도는 42퍼센트로 역사상 처음으로 새누리당 지지도와 맞먹었다"며 다음과 같이 주장했다.

"후보도 유권자도 진보 지식인도 언론도 진보 진영이 할 수 있는 최선을 다한 명예로운 패배였다. 정직한 대결을 펼친 끝에 구조적 약세를 극복하지 못한 것이다. 따라서 패배 원인은 진단하되 서로 비난하지 말고 격려하며, 과거에 얽매이기보다는 미래지향적인 제안을 할 수 있기를 기대한다. 무엇보다 진지한 자기 성찰이 우선되어야 할 것이다. 2007년 패배 이후 진보 진영이 릴레이 반성문을 쓰지 않으면 또 패배할 것이라 수없이 주장했지만 노무현과 친노만 반성했지 정작 반성이 필요한 사람들은 책임 전가를 하다 또 패했다고 본다."[38]

'양극화의 이중화'라고나 할까? 한국 정치는 여야 간 양극화뿐만 아니라 야권 내 양극화도 매우 심각하다는 뜻이다. 한쪽에선 친노 세력이 총선과 대선 패배의 주범이라고 목청을 높이는데, 친노 세력은 그걸 전혀 인정하지 않을 뿐만 아니라 오히려 친노야말로 가장 성찰에 투철했다고 자화자찬까지 해대는 판국이니, 그 어떤 소통이 가능하겠는가? ■

사정이 이와 같으니, 패인 분석은 계파 혹은 패거리 간 이전투구泥田鬪狗를 불러올 수밖에 없게 돼 있다. 유권자들은 그 모습을 보면서 침을 뱉게 돼 있으니, 어찌 패인 분석이 가능하겠는가. 그렇다면 앞으로도 민주당이 살 길은 없다는 건가? 기존의 '증오 패러다임'을 벗어나지 않는 한 "그렇다"라고 답할 수 있다. 증오 상업주의가 민주당을 망쳐온 주범이지만, 본문에서 지적한 초기 효과 때문에 증오 상업주의 구사에 능한 세력이 당의 패권을 장악할 수 있었다는 것, 이게 바로 모든 비극의 근원이다.[39]

증오 상업주의로 일순간 승리할 수는 있지만 궁극적인 승리를 거두기 어렵고, 궁극적 승리를 거둔다 해도 그것이 지속 가능한 승리일 수 없다는 데 증오 상업주의의 비극이 있다. 증오 상업주의는 그 자체가 문제라기보다는 증오 상업주의에 함몰되는 순간 다른 상식적인 판단 능력과 더불어 새로운 비전과 희망을 제시할 수 있는 상상력이 마비된다는 점이 문제가 된다.

이미 밝힌 바와 같이 '친노 책임론'을 둘러싼 논쟁은 무의미하지만, 이런 반론이 있다는 건 소개해둘 필요가 있겠다. "하지만 민주통합당 출범 이후 대선까지 '범 친노'로 분류되는 인사들이 잇달아 당권을 장악했다. 지난 4월 총선 당시 한명숙 당 대표가 선거를 이끌었으며, 친노로 분류되는 백원우 의원이 당의 핵심인 공천심사위원회 간사를 맡았다. 비주류로 분류되는 한 의원실 보좌관은 '친노, 486 의원들은 운동주의적 정치관을 가지고 있고 먹물 근성이 있어 서민들의 정서를 잘 모른다'며 '지지자들의 열의에만 이끌리다보니 김용민 공천이라는 실수도 나타났고 임수경 의원도 북한 방문 이후 특별히 한국 사회 발전을 위해 족적을 남긴 것이 없음에도 공천을 받았다. 운동권 패밀리 정당 형태'라고 비판했다. 이후 총선에서 패배했지만 패배의 원인에 대한 성찰과 냉정한 분석은 온데간데없었다. 대신 친노로 분류되는 이해찬 전 대표가 박지원 전 원내대표 등 일부 호남 세력과 합쳐 다시 당권 장악에 성공했다. 대선 후보도 친노 성향의 문재인 후보가 압도적 1위로 선출됐다. 대선 국면에서도 선거 전략이 2040에 치우친 이벤트성으로 치러졌다는 비판도 있다. 한 의원실 보좌관은 '2002년 국민참여경선 이후 당의 움직임이 이벤트에 편중된 측면이 있었다'며 '이는 이번 대선에서 2040세대에 대한 과도한 쏠림으로 나타났다'라고 분석했다. 이어 '과도한 쏠림, 그건 선거의 기본자세가 아니'라며 '박근혜 후보는 지방을 다녀도 소도시를 가는데 민주당은 대도시에서 이벤트성 유세로 끝냈다'라고 말했다. …… 또한 이번 대선 과정에서 박근혜 후보 측은 잇달아 기득권을 포기했다는 인상을 줬지만 민주통합당 주류는 그렇지 않았다. 비주류 측은 친노 측의 '공직 포기' 공식 선언, 문재인 후보의 '의원직 사퇴'를 요구했지만 이는 받아들여지지 않았다. 노웅래 의원은 '당 중심으로 대선이 치러지기보다 사조직 형태로 운용돼 더 아쉬움이 있다'며 '우리 것을 내놓는 모습을 보여줄 수도 있었는데, 이를 못했던 것도 공적 조직의 힘보다는 사적 조직 중심이라는 한계를 보여준다'라고 말했다. 정상근, 〈민주당, 죽는시늉만 하다가는 정말 망한다〉, 《미디어오늘》, 2013년 1월 16일.

이게 바로 문재인이 대선에서 패배한 결정적인 이유다. 문재인은 여야를 막론한 모든 사람들에게 '훌륭한 인품의 소유자'라는 평가를 받았었지만, 그건 철저히 개인 수준에서만 머물렀을 뿐 그의 대선 전략의 핵심은 시종일관 증오 상업주의였다. 이와 관련, "제18대 대선은 좌·우파 이념 전쟁이 아니라 감수성 전쟁이었다"라는 박권일의 평가가 가슴에 와 닿는다.

"민주당이 '독재 정권 대 민주화 세력'이라는 틀로 선거를 끌고 갈 때, 새누리당은 경제성장, 강력한 치안 및 안보, 온정적 복지를 내세우며 '엄격하되 따뜻한 보수' 전략으로 맞섰다. 새누리당의 전략이 국민은 물론 안철수까지 고려한 것이란 점에서 캐치프레이즈처럼 '100퍼센트 대한민국'이었던 데 반해, 민주당의 전략은 오직 박근혜만 보고 만든 것이었다. 민주당과 이른바 '친노 세력'은 보수 정서를 정면돌파할 진보성을 부각하지도, 그렇다고 중간층에 안정감을 주지도 못했다. 1987년식의 낡은 대결 구도만 고집하며 성마른 공격성만 드러냈을 뿐이다."[40]

▍문재인과 민주당의
▍선악 이분법

문재인과 민주당이 증오 상업주의 때문에 패배했다는 진단은 문재인 측 국민통합추진위원장이었던 윤여준이 패인으로 지적한 '선악 이분법'과 맥을 같이 한다. 그는 대선 결과와 관련해 "진보의 문제는 자기는 선으로, 상대는 악으로 놓고 시작한다는 것"이라며 "충성스러운 지지층은 결집하겠지만 선악 구도에 동의하지 않는 유권자들은 떨어져 나간다. 선거는 못 이긴다"라고 말했다. 그러면서 "박근혜 (새누리당) 후보는 독재자의 딸이므로 '악'이며 국민이 수용하지 않을 테니 단일화를 이뤄 '독재자의 딸'만 알리면 된다고 본 것 같은데 '왜 문재인이냐'를 소홀히 했다. '뭐에 반대' 만으로는 정권을 잡기가 어렵다"라고 했다.[41]

김대호의 진단도 비슷하다. 그는 "진보가 압도적으로 유리한 정치 지형(MB 정부 심판, 정권 교체 민심이 들끓는 상황)에서 총선과 대선을 잇달아 망친 핵심 이유는 정치를 선과 악, 정의와 불의, 도덕과 부도덕이 명확하게 갈리는 민족 독립운동과 반독재(유신) 민주화운동의 연장으로 바라보았기 때문이다. …… 독립운동, 민주화운동 마인드로 정치와 세상을 바라보니 경륜과 콘텐츠는 경시되기 마련이다. 별로 쓸모도 없고, 이기고 나서 고민해도 된다고 생각하기 때문이다"며 다음과 같이 말한다.

"선과 악의 전쟁이라는 프레임으로 현실과 정치를 바라보면, '국민이 악의 손을 들어줄 리 없다'며 승리를 낙관하게 된다. 당연히 패배 후 심난적 멘붕 상태가 된다. 거악과 맞서 싸워야 하는 우리 측(선 진영 내지 소악)의 허물과 과오에 대해서도 관대하게 된다. 이를 비판하면 뒤통수에다가 총을 쏘는 이적 행위로 간주하게 된다. 반대 진영이나 스윙보터swing voter들에게는 뻔히 보이는, 진보가 만든 짙은 그늘은 잘 모르기도 하거니와, 안다 하더라도 일단 승리를 위해서 묻어두게 된다. 또한 선인 진보 진영이 아무리 부족해도 단일 후보가 되기만 하면 그리 어렵지 않게 승리할 수 있다고 생각한다. 후보의 자질, 매력, 정책, 당의 부실한 준비도 그리 심각하게 생각하지 않는다. 전략의 핵심은 대동단결, 연대, 연합, 통합, 단일화가 된다. 이러니 진보가 얄팍해 보이고, 부박해 보이고, 불안해 뵈지 않겠는가?"[42]

선악 이분법의 가장 큰 문제는 증오를 '정의'니 '양심'이니 하는 포장지로 아름답게 과대 포장해 자기 성찰의 씨를 말려버린다는 데 있다. 생각해보라. 악을 상대로 싸우는 선에겐 그 어떤 문제든 원초적으로 존재할 수 없게 돼 있다. 선, 아니 스스로 선이라고 주장하는 쪽에 그 어떤 문제가 있다 한들, 악, 아니 악으로 낙인 찍은 쪽을 상대로 싸우는 긴박한 상황에서 그건 언급할 가치조차 없는 것이 되고 만다. 내부 비판은 "해일이 일고 있는데, 겨우 조개나 줍고 있냐"라는 면박 하나로 간단히 정리되고 만다.■

어디 그뿐인가? 악으로 낙인 찍은 쪽에서 그 어떤 성찰과 혁신적 변화를 보이더라도, 그건 '위장', '속임수', '사기'로 매도될 뿐이다. 이게 바로 실제로 18대 대선에서 일어난 일이었다. 문재인과 민주당은 박근혜와 새누리당이 보인 '성찰과 혁신적 변화'를 위장, 속임수, 사기로 매도하는 데 총력을 기울였다. 설사 그것이 위장, 속임수, 사기였다고 하더라도, 그 수준에서나마 박근혜와 새누리당을 압도해볼 생각은 하지 않은 채 유권자들을 향해서 증오 상업주의를 가동한 가운데 "속지 말라"라는 구호만을 외쳐대는 그들을 '책임감 있는 집권 세력'으로 보긴 어려웠으리라.

증오에 눈이 멀면 상대편을 사악하거나 어리석은 존재로 과소평가하

■ 이 표현의 원조는 유시민이다. 정희진의 다음과 같은 개탄을 참고하는 게 좋겠다. "몇 년 전 진보 진영과 시민사회에 엄청난 파문을 몰고 왔던 '운동 사회 성폭력 뿌리 뽑기 100인 위원회' 활동에 대해, 많은 '진보 인사'들이 '안기부 프락치'라고 몰아세운 경우나, 유시민 의원이 개혁당 활동 당시, 당내 성폭력 사건 해결을 요구하는 여성 당원들에게 '해일이 일고 있는데, 겨우 조개나 줍고 있느냐'라고 비난한 것도, 같은 맥락에 있는 사건들이다. 여기서 '해일'은 여/야, 좌/우 갈등 등 남성들 간의 정치, 즉, '진정한' 정치를 의미하며, '조개를 줍는 것'은 남성과 여성의 권력관계를 비아냥거린 표현이다. 여성 억압이나 성폭력은 너무나 사소한 문제라는 것이다." 정희진, 〈'이영훈', 진보, 한국 사회: '자궁 점령'을 볼모로 한 남성 정치학의 순환구조〉, 월간 《인물과 사상》, 2004년 12월, 78~91쪽.

기 마련이다. 그래서 그들에게 박근혜는 단지 '독재자의 딸'이거나 '수첩 공주'로 격하될 뿐이다. TV 토론에서도 '아이패드 커닝'이나 할 정도로 지적 능력과 도덕성이 떨어지는 '찌질이'로만 보인다. 그래서 똑똑하고 야무지다고 정평이 난 어느 민주통합당 의원도 자신의 페이스북에 "박근혜의 커닝? 이제 '최첨단 수첩'을 동원. 참 부끄럽습니다. 이런 사람이 대통령 후보라니……"라는 글을 올렸다가 사과하는 자기 모욕을 치른 게 아니었겠는가? 초선 의원들이 대선 패배에 대해 '역사 앞에 씻을 수 없는 죄'니 '석고대죄'니 하는 살벌한 말을 내뱉으면서 1,000배를 올린 것도 그들이 여전히 질 수 없고 져서도 안 되는 상대에게 졌다는 오만과 독선이 그 바탕에 깔린 건 아니었을까?

당파가 이념을 만든다

이념이 당파를 만드는가? 그렇기도 하지만 당파가 이념을 만든다는 게 진실에 더 가까울 것이다. 자신이 내세우는 명분과 이념에 대해 조금만 신축성을 보이면 전체를 위해 도움이 되는 경우가 많다. 반대편의 명분과 이념을 가진 사람과 소통은 물론 타협할 수 있게 되기 때문이다. 그런데 그렇게 하지 않는다. 왜 그럴까? 명분과 이념에 자신의 사적 이익을 다 걸었기 때문이다. 그렇다고 해서 명분이나 이념이 순전히 빈 껍데기라는 뜻은 아니다. 물론 그런 경우도 많지만, 명분과 이념이 진실한 신념이라는 걸 의심할 필요는 없다. 문제는 자신의 명분과 이념이 승리할 때에 자신의 이익이 극대화된다는 데 있다. 그 관계를 의식하지 못할 수도 있지만, 결과는 마찬가지다.

대선 시즌만 되면 수많은 문화예술인까지 나서서 특정 후보를 지지하는 선언에 참여하곤 한다. 왜일까? 그 나름 순수한 뜻이 있다는 걸 의심할 필요는 없지만, 동시에 그런 참여가 이른바 '밥그릇' 문제와 전혀 무관한 것만은 아니라는 점도 분명한 사실이다. 이와 관련, 노재현은 다음과 같이 말한다.

"안 그래도 문화계마저 이미 진영화될 대로 진영화됐다. 악순환이 거듭되면서 진영의 이익·불이익이 정의·불의 논리로 포장돼 횡행하고 있다. 그 결과 김대중 정부, 노무현 정부, 이명박 정부를 거치면서 일종의 고지 탈환전이 상례화됐다. '우리는 혁명을 하고 있다'며 문화계 물갈이에 나선 장관이 등장하더니 정권이 바뀌자 '코드 기관장들은 물러나는 게 자연스럽다'라는 또 다른 물갈이 신호탄이 터져 올랐다. …… 권력이 바뀌면 진영에서 호박 넝쿨처럼 기관장·단체장을 차고앉는 5년 단위 블랙코미디 연속극이다."[43]

명분과 이념이 진실로 국리민복國利民福을 위한 것이라면 소통과 타협을 배척하거나 두려워할 이유가 없다. 그러나 이는 사적 이익과 직결돼 있기 때문에 곧 절대적인 목표가 된다. '명분 중독'과 '이념 과잉'이 나타나는 이유다. 물론 모두가 다 그런 건 아니며, 정도의 차이일 뿐 한국만 그런 것도 아니다. 그렇다고 이 문제를 외면할 게 아니라, 그 사회적 중요성에 주목해 우리의 문제로 삼아보자는 것이다.

여기서 말하는 사적 이익은 넓은 개념이다. 자신이 주도해서 세상을 바꾸고 싶어하는 인정 욕망까지 포함하는 개념이다. 그런 인정 욕망은 자신이 소속된 집단이 승리하기를 바라는 마음으로도 나타나는데, 실제로 이게 편 가르기의 주요 토대가 된다. 이게 바로 이념과 이익이 유착하는 전형적인 방식이다.

우리는 박정희나 노무현을 추종하는 세력의 행태를 이념이나 노선의 관점으로만 이해하려는 경향이 있지만, 오히려 진실의 큰 몫은 개인적인 '인정 투쟁'에 있다고 보는 게 옳다. 박정희가 국민적 존경을 받아야만 박정희 시절에 고위 공직을 지냈거나 잘나갔던 사람들의 인정 욕구가 충족되기에 박정희 평가에 영향을 끼치려는 시도는 그 어떤 물질적 투쟁 못지않게 치열한 투쟁이 될 수밖에 없는 것이다.

물론 노무현 쪽도 마찬가지다. 노무현 시대가 부정되거나 폄하되면 그 시대에 잘나갔던 사람들의 삶도 큰 영향을 받을 수밖에 없기에 그들은 모든 것을 걸고서 노무현을 위대하게 만들어야만 한다. 노무현의 위대함이 곧 나의 위대함은 아닐망정 내 삶의 경쟁력에 근원이 되니까, 그건 매우 속물적인 투쟁이기도 하다.

"안철수로 단일화했으면 이기고도 남았다" 파동

"안철수로 단일화했으면 이기고도 남았다"라는 법륜 스님의 발언이 던진 파문은 어떻게 보아야 하는 걸까? 하나 마나 한 별 영양가 없는 발언이긴 했지만, 이에 펄펄 뛰는 문재인 측 인사나 지지자들의 분노도 이해하기 어려운 수준이었다. 과연 모두가 외쳤던 '정권교체'의 본질이 무엇이었던가 하는 의구심을 갖지 않을 수 없다.

예컨대, 동아대 교수 정희준은 〈민주당에 왼뺨, 안철수에 오른뺨〉이라는 《경향신문》 칼럼에서 그간 참고 참았던 안철수에 대한 불만마저 털어놓는다. 그는 "과연 안철수로 단일화됐다면 그가 박근혜를 누르고 대통령이 되었을까? 나는 안철수가 승리했을 거라는 의견에 100퍼센트 동의한다. 왜? 문재인은 그의 혼과 신을 다해 안철수를 도왔을 것이기 때문이다. 그렇다면 안철수는 최선을 다했는가. …… 진보의 패인은 여러 가지가 있겠지만 그중 하나는 법륜 스님의 지적대로 단일화가 '아름다운 단일화'는 아니었다는 점이다. 그런데 여기엔 문재인의 책임도 있지만 안철수의 책임이 더 크다"라면서 다음과 같이 말한다.

"안 캠프의 전략은 벼랑 끝 전술이었고 사실은 버티기였다. 끈질기게 협상을 늦추면서 다수의 경선 방식을 불가능하게 만들었고, 결국 자신에게 유리한 여론조사만 남겨놓은 상태에서도 이해하기 어려운 황당한 방식을 제안했다. 또 몇 번씩 협상을 중단시켰을 뿐 아니라 후보 사퇴 후 문 후보를 돕는 문제에서도 '민주당이 명분을 줘야 한다'며 남 탓만 했다. 이 지루하고 짜증 나는 단일화는 많은 국민에게 피로감을 안겼다. 더 피곤했던 것은 그(들)의 애매모호함이었다. 살다 살다 이렇게 헷갈리고 종잡을 수 없는 정치인(들)은 처음 봤다. 도대체 무슨 말을 하는지 알 수가 없었다. 선문답 같은 안철수의 말은 '측근', '관계자', '핵심 인사'의 말까지 곁들여 해석을 해봐도 알 수가 없었고 수많은 정치 평론가가 독심술까지 써봤지만 결국 헛것이었다. 한국말이 이렇게 어렵다는 것을 안철수를 통해 알게 됐다. 그는 국민과 '소통하겠다'며 나서지 않았던가. 결국 안철수는 자신의 지지율을 조금도 올리지 못하고 까먹기만 하다가 결국 문재인에게도 역전당하게 된다."⁴⁴

그런가? 과연 그렇게 보아야 하는가? 《동아일보》 논설위원 송평인이 쓴 〈안철수를 분석해야 민주당이 보인다〉라는 칼럼은 전혀 다른 분석이다. 그는 야권 패배의 이유로 지적된 것들에 다 일리가 있음을 인정하면서도 결정적인 패인을 친노 진영의 기득권 의식으로 보았다.

송평인은 "법륜 스님이 얼마 전 '안철수로 단일화했더라면'이란 가정을 던졌을 때 민주당이 보인 신경질적인 반응을 떠올려보자. 분석에 저항하는 환자는 분석가가 질환의 진짜 원인에 접근할수록 짜증을 내는 법이다. 법륜 스님의 가정은 진부하다 못해 부질없다. 그렇다고 억지는 아니다. 전문가는 안 하는지 모르겠지만 일반인은 누구나 해보는 지극히 자연스러운 발상이다. 이상한 것은 오히려 그런 것에 비정상적으로 히스테리컬한 반응을 보이는 쪽이다. 바로 그런 데서 질환의 증후를 읽어내는 것이 정신분석의 한 방법이다"며 다음과 같이 말한다.

"안철수 현상이란 1970, 80년대 대학가의 용어로 말하자면 운동권식 정치 대신에 학생 대중적 정치를 원한 것이다. 당시의 학생 대중은 야권 성향이 강하지만 그렇다고 운동권에 늘 동조한 것은 아니었다. 대중이란 말 그대로 잡다한 것이다. 그중에는 머리로만 운동을 하다가 평생 부채의식을 갖고 사는 사람도 있지만 극단으로 흐르는 운동권에 신념을 갖고 동조하지 않은 사람도 있었다. 중간에서 고뇌하던 회색인灰色人이란 유형도 있었고 졸업한 뒤 뒤늦게 정치와 사회에 눈을 뜬 사람도 있다. 그들도 서울의 봄, 6·10민주항쟁 같은 때는 대거 거리로 쏟아져 나왔다. 안철수 자신이 학생 대중이었고 그런 사람으로서는 처음으로 야권의 열광을 끌어냈다. 안철수의 정치 참여를 친노 진영이 반기는 척하면서도 '네까짓 게 무슨'이라는 내심을 끝내 숨기지 못했다. 결국 문재인이 없는 것으로 드러났지만 '안철수는 없다'라고 노골적으로 무시하는가 하면, 과거 모든 학생을 운동권과 비운동권으로 나눠 비운동권을 입신양명 도서관파로 비하하고, 단일화 국면에서는 형님-아우라는 모멸적인 관계 설정으로 애송이 취급하며 주저앉히기를 시도했다. 이 모든 것이 실은 안철수의 돌연한 부상이 친노 운동권 정치인들에게 야권의 주도권을 잃을 수도 있다는 트라우마(trauma: 상처가 된 경험)로 작용했음을 보여준다."[45]

어느 정권이건 그 정권에 대한 평가와 이해관계를 같이하는 '기득권 세력'을 낳기 마련이지만, 노무현 정권은 좀 독특했다. '참여정부'라는 이름에 걸맞게 시민사회가 정권에 적극 참여하는 바람에, 진보적 지식인과 시민 단체 등의 자율성과 객관성이 상실되고 말았다. 이는 야권의 18대 대선 패배가 친노나 민주당만의 문제가 아니라 친야 시민사회 전반의 문제이기도 하다는 걸 시사한다. 진보 진영을 대변하는 것처럼 여겨져와 사실상 그 방면의 언로를 장악한 유명 지식인들이 정치권과 안팎을 구분할 수 없을 정도로 같은 패거리가 돼버렸다는 것은 야권이 자기 교정 능력을 상실했다는 걸 의미한다. 증오 상업주의가 야권의 '아비투스(habitus: 습속)'가 된 이유이다.

증오 상업주의의 창궐엔 경로의존經路依存: path dependency이 작용하는 점도 있을 것이다. 경로의존은 한 번 경로가 결정되고 나면 그 관성과 경로의 기득권 파워 때문에 경로를 바꾸기 어렵거나 불가능해지는 현상이다. 서울과 지방의 격차, 학벌주의와 대학 입시 전쟁, 부동산 투기 등등 한국 사회를 끊임없이 괴롭히는 문제들은 모두 경로의존 현상과 관련된 것이다. 양극화된 이념적·정치적 대결 구도도 상당 부분은 경로의존의 산물일 수 있다는 인식이 필요하다. 이 인식이 널리 공유되어야 "내 생각을 바꿔야 할 때 고민도 덜하면서 바꾸고 연대도 해체해야 하면 그렇게 하고 다시 바꿔야 할 때에는 그렇게 하는" 일이 비교적 수월해질 것이다.■

안철수의 재도전은 가능한가

알게 모르게 이미 우리를 지배하고 있는 편 가르기 의식과 행태를 바꾸는 일이 제도나 법을 바꾸기보다 훨씬 더 어렵고 중요하다. 증오 상업주의를

■ 인용 부분의 원문은 다음과 같다. "우리가 우연성을 지닌 아이로니스트로서 연대를 하면서 살고 있다는 것을 인정하면 도그마를 벗어나 훨씬 민주주의를 하기 쉬울 것이다. 훨씬 더 자유로워지고 연대도 쇠사슬이 아니고 즐거움이 될 것이다. 진리를 위한 지식이 아니라도 되고 내 생각을 바꿔야 할 때 고민도 덜하면서 바꾸고 연대도 해체해야 하면 그렇게 하고 다시 바꿔야 할 때에는 그렇게 하는 것이 프라그마티즘이다. 그렇기 때문에 프라그마티즘은 체계에 명명하는 것, 이름 붙이는 것-속되게 말해 딱지를 부치는 것-을 기피한다. 그러나 프라그마티즘이 상대주의는 아니다. 아무것이나 좋다는 뜻은 아니기 때문이다. 프라그마티스트도 자신의 목숨을 걸고 지키고 싶은 신념을 위해 목숨을 바친다. 원한다면 사적 영역에서는 실존적 삶을 살 수도 있다." 임상원, 〈풍요와 자유 시대의 '민주주의, 언론, 언론 자유'〉, 한국언론학회 편, 《민주주의와 갈등: 저널리즘의 새 지평을 모색하다(제38대 한국언론학회 3차 기획세미나)》, 한국언론학회, 2012, 20쪽.

구사하는 정치인이나 정치 세력에게 유권자들이 힐난의 눈총을 주는 것, 이게 바로 정치 개혁의 출발점이다. 기존 증오 패러다임에 갇힌 의식과 행태를 고수한다면, 우리가 아무리 제도와 법을 바꾸고 뒤집어도 정치는 달라지지 않는다. 알게 모르게 증오 상업주의에 중독된 우리 모두의 의식과 행태부터 바꿔야 한다. 안철수의 재도전은 바로 이 지점에서 시작되어야 할 것이다.

아니 안철수의 재도전은 가능한가? 안철수가 어떤 방식으로 재도전하건 반드시 지켜야 할 전제 조건은 민주당을 함몰시킨 증오 상업주의를 확실하게 넘어서는 것이다. 고종석이 2012년 12월 27일에 남긴 다음과 같은 트위터 메시지야말로 안철수가 가슴 깊이 품어야 할 좌우명이다. "트위터에서 욕설을 즐기는 젊은 친구들은 제 프로필에서 존경하는 사람들 이름이나 지우고 그 짓을 해라. 노무현, 문재인, 유시민 이름 박아놓고 개망나니 짓을 하면, 그 사람들에게 도움이 되겠느냐?"

이 메시지는 의외로 중요한 의미를 갖는다. '개망나니 짓'이라는 거친 표현을 쓰긴 했지만, 실은 고종석이 평소 역설해온 '정치의 종교화'를 경고한 것이다. 즉, "깨시민(깨어 있는 시민)의 문제는 상스러움에 있는 게 아니라 정치의 종교화에 있다"라는 것이다.[46] 사실 그간 그 어떤 지도자도 열성 지지자들의 '정치의 종교화' 현상에 대해 싫은 소리를 하거나 자제를 당부한 적이 없으며, 실제로는 그걸 내심 즐기면서 부추겼다. 안철수는 결코 그래선 안 된다. 안철수의 열성 지지자들 가운데도 정치의 종교화를 시도한 사람들이 적지 않았던 점을 성찰해야 한다. 그러면서 가급적 그런 일이 벌어지지 않도록 애쓰겠다는 다짐과 더불어 실천을 해야 한다. 그게 바로 '새 정치'의 핵심이기 때문이다.

다시 말하건대, 새 정치를 위한 정책·프로그램·아이디어는 중요하지만, 그것보다 훨씬 더 중요한 것은 의식·행태·문화다. 의식·행태·문화를 시종일관 '증오의 종언'과 부합하게 만드는 것, 이것이 새 정치의 토대이며 토대가 되게끔 해야 한다. 이런 토대 위에서 증오가 아닌 실질에 의해 유권자들이 정당으로 몰려들 수 있게끔 하는 운영 소프트웨어를 가동해야 한다.■

안철수는 겸손한 동시에 예민해져야 한다. 자신에게 맹목적인 증오를 드러낸 일반 유권자들의 심리 상태를 이해하려고 노력해야 한다. 모두가 다 자신이 지지하는 사람 또는 세력이 승리하는 데 위협이 된다는 이유 때문에 안철수에 대해 적개심을 보인 건 아니었다. 한국인 특유의 위선에 대한 강한 적대감 때문에 필요 이상으로 흥분하면서 증오를 보낸 이들도 적지 않았다. 안철수는 이 점을 이해해야 한다.

안철수가 정치에 뛰어들기 전 대중의 사랑을 받으면서 누려온 이미지와 정치에 뛰어든 후 까발려진 현실 사이엔 다소 괴리가 있었다. 안철수는 앞으로 그 괴리를 미리 스스로 밝히면서 낮은 곳에 임해야 한다. 자신의 도

■ 예컨대, 박성민이 역설하는 '교회 모델'을 고려할 수도 있을 것이다. 박성민은 "한국 교회의 제일 큰 역할은 바로 '생활 공동체'입니다. 이것이야말로 새로운 정당의 모습을 고민하는 이들이 주목해야 할 한국형 교회의 성공 비결입니다. 저는 결혼식, 장례식 때 교회만큼 완벽한 서비스를 제공하는 곳을 본 적이 없어요. 신도나 그 가족이 아프면 교인들이 와서 간병까지 해줘요. 친척보다 더 낫습니다. 그리고 교회는 지금은 사라진 한국의 '대가족제'를 유지합니다"라면서 다음과 같이 말한다. "바로 이 한국형 교회에서 한국형 정당의 모습을 고민해보아야 해요. 교회는 교인들에게 재미를 줍니다. 10대들이 교회를 찾아갔던 것도 재미있으니까 간 거예요. …… 정당은 왜 교회처럼 못합니까? 무료 법률 상담, 문학 학교, 영화 학교, 댄스 학교 등 마음만 먹으면 못할 게 없을 거예요. …… 이렇게 하다보면, 자연스럽게 당을 매개로 시민끼리 교류를 하겠지요. 그러다보면 지역 사회에서 무시 못할 네트워크도 생겨날 거예요. 왜 강남의 잘난 사람들이 기를 쓰고 소망교회 같은 대형교회를 가는지 생각해보세요. 교회 가면 김앤장 로펌 변호사가 교인이니, 예배 끝나고 밥 먹다가 일상적으로 법률 자문도 받을 수 있어요. 정당은 왜 못 합니까?" 박성민·강양구, 《정치의 몰락: 보수 시대의 종언과 새로운 권력의 탄생》, 민음사, 2012, 280~283쪽.

덕성은 평균 수준, 아니 그 이하일 수도 있다고 밝히면서, 자신의 힘과 비전은 보통 사람들과의 소통에 있으며 그래서 그들의 참여가 필요하다는 점을 역설해야 한다. 자신은 리더십leadership 못지않게 팔로워십followership을 중요하게 여기며, 그래서 자신의 리더십은 '나를 따르라follow me' 대신 '나와 함께with me'를 행동 강령으로 삼는다는 점을 이해시켜야 한다.

이 모든 과정을 '어린애 수준의 깡통'으로 폄하하는 이들이 아무리 많더라도 그들에게 분노와 증오가 아닌 연민과 이해의 아량을 보이면서 그들을 포용하는 일, 이게 바로 안철수식 새 정치의 비전임을 선포하고 실천해야 한다. 그럴 때 비로소 그의 재도전은 가능하거니와 국민적 축복이 될 수 있을 것이다.

"전쟁은 사람의 마음속에서부터 시작되기 때문에 평화를 위한 방어선이 구축되어야 할 곳은 바로 사람의 마음이다." 유네스코UNESCO 헌장 서문에 삽입된 미국 시인 아키발드 맥레시Archibald MacLeish의 이 명문은 '증오 시대의 종언'을 위한 지침으로 삼아도 좋을 것 같다. 즉 증오의 종언은 법과 제도의 문제인 동시에 우리 마음속에 자리 잡아야 할 그 무엇이며, '통합'이나 '화합'은 형식인 동시에 내용(자세)의 문제가 아니겠느냐는 것이다. 증오는 사람의 마음속에서부터 시작되기 때문에 증오의 범람을 막을 방어선이 가장 먼저 구축되어야 할 곳은 바로 우리 모두의 마음이다.

머리말 '증오 시대'의 종언을 위해

1 윌러드 게일린(Willard Gaylin), 신동근 옮김, 《증오》, 황금가지, 2003/2009, 49~50쪽.
2 Samuel P. Huntington, 《The Clash of Civilizations and the Remaking of World Order》, New York: Simon & Schuster, 1996, p.97.
3 L. A. Coser, 신용하·박명규 역, 《사회사상사(Masters of Sociological Thought)》, 일지사, 1970/1978, 532쪽.
4 Samuel P. Huntington, 앞의 책, p.20.
5 엘리아스 카네티(Elias Canetti), 강두식 역, 《군중과 권력(Masse und Macht)》, 주우, 1960/1982, 27~28쪽.
6 Peter Gay, 《The Cultivation of Hatred; The Bourgeois Experience-Victoria to Freud》, New York: W.W.Norton & Co., 1993, pp.213~221.
7 제2장은 2012년 12월 15일 동국대 문화학술원 대중문화연구소 제9회 소통 포럼 '이미지 정치와 대중 소통'에서 발표한 〈미국 '무브온 모델' 수입의 명암(明暗): 한국의 '정치적 양극화'에 관한 연구〉를 이 책에 맞게 다시 쓴 것이다.
8 강준만, 〈소통의 정치 경제학: 소통의 구조적 장애요인에 관한 연구〉, 한국언론학회 엮음, 《한국 사회의 소통 위기》, 커뮤니케이션북스, 2011, 65~89쪽.
9 강준만, 〈한국 '포퓰리즘 소통'의 구조: '정치 엘리트 혐오'의 문화정치학〉, 《스피치와 커뮤니케이션》, 제17호(2012년 6월), 7~38쪽.

1 편향성은 이익이 되는 장사다

1 MSNBC는 Microsoft National Broadcasting Company의 약자로, 마이크로소프트와 제너럴 일렉트릭 소유의 NBC 방송이 1996년 7월 15일 공동으로 출범시킨 24시간 케이블 뉴스 채널이다.

2 Brian Anderson, 〈Fox Got It Right〉, 《Los Angeles Times》, October 4, 2006; 스티브 M. 바킨(Steve M. Barkin), 김응숙 옮김, 《미국 텔레비전 뉴스: 미국 방송의 사회문화사》, 커뮤니케이션북스, 2003/2004, 170~175쪽; Scott Collins, 《Crazy Like a Fox: The Inside Story of How Fox News Beat CNN》, New York: Portfolio, 2004; Lisa de Moraes, 〈Fox News Channel Celebrates 10 Years as Country's Most-Watched Cable News Network〉, 《The Washington Post》, January 31, 2012; Brian Stelter, 〈Fox News Draws the Most 'Super Tuesday' Viewers〉, 《The New York Times》, March 7, 2012; Erik Wemple, 〈Media Matters Churns Out Vitriol for Fox, Cliches〉, 《The Washington Post》, February 27, 2012.

3 Paul R. La Monica, 《Inside Rupert's Brain》, New York: Portfolio, 2009, p.5.

4 Paul R. La Monica, ibid., pp.78~79.

5 Wendy Goldman Rohm, 《The Murdoch Mission: The Digital Transformation of a Media Empire》, New York: John Wiley & Sons, 2002, pp.46~47, 209~210, 262~263.

6 Richard A. Viguerie and David Franke, 《America's Right Turn: How Conservatives Used News and Alternative Media to Take Power》, Chicago: Bonus Books, 2004, pp.224~226.

7 Cass R. Sunstein, 《Why Societies Need Dissent》, Cambridge, MA: Harvard University Press, 2003; Cass R. Sunstein, 《Going to Extremes: How Like Minds Unite and Divide》, New York: Oxford University Press, 2009.

8 Carroll J. Glynn et al., 《Public Opinion》, 2nd ed., Boulder, CO: Westview, 2004, pp.194~195.

9 Jacob Heilbrunn, 〈Right Face〉, 《The New York Times》, March 2, 2012.

10 조영신, 〈진보 언론과 보수 언론〉, 《미디어오늘》, 2006년 11월 1일, 15면; Larry J. Sabato, 《Feeding Frenzy: Attack Journalism and American Politics》, Baltimore, MD: Lanahan Publishers, 1991/2000, pp.57~58; Kerwin Swint, 《Dark Genius: The Influential Career of Legendary Political Operative and Fox News Founder Roger Ailes》, New York: Union Square Press, 2008, p.157.

11 Ken Auletta, 《Backstory: Inside the Business of News》, New York: The Penguin Press, 2003, p.258.

12 Juliet Eilperin, 《Fight Club Politics: How Partisanship Is Poisoning the House of Representatives》, New York: Rowman & Littlefield, 2006, p.1.

13 버나드 골드버그(Bernard Goldberg), 박정희 옮김, 《뉴스의 속임수》, 청년정신, 2002/2003; 앤 코울터(Ann Coulter), 이상돈·최일성 옮김, 《중상모략》, 브레인북스, 2002/2007.

14 Eric Alterman, 《What Liberal Media?: The Truth About Bias and the News》, New York: Basic Books, 2003/2004, pp.2~5.

15 앤 코울터(Ann Coulter), 앞의 책, 13쪽.

16 앤 코울터(Ann Coulter), 위의 책, 127쪽.

17 Eric Alterman, op. cit., pp.266~267; Eric Boehlert, 《Lapdogs: How the Press Rolled Over for Bush》, New York: Free Press, 2006, pp.14~15, 98~99.
18 Clifford G. Christians et al., 《Media Ethics: Cases and Moral Reasoning》, 8th ed., New York: Pearson, 2009, p.45.
19 Howard Kurtz, 《Reality Show: Inside the Last Great Television News War》, New York: Free Press, 2007, pp.427~431.
20 Joseph Minton Amann and Tom Breuer, 《Fair and Balanced, My Ass!: An Unbridled Look at the Bizarre Reality of Fox News》, New York: Nation Books, 2007; Peter Hart, 《The Oh Really? factor: Unspinning Fox New Channel's Bill O'Reilly》, New York: Seven Stories Press, 2003.
21 Murray Edelman, 《Constructing the Political Spectacle》, Chicago, IL: University of Chicago Press, 1988, pp.73~83.
22 James Davison Hunter and Alan Wolfe, 《Is There a Culture War?: A Dialogue on Values and American Public Life》, Washington, D.C.: Brookings Institution Press, 2006, p.18; Alan Wolfe, 《Does American Democracy Still Work?》, New Haven: Yale University Press, 2006, pp.6~7.
23 Scott Collins, op. cit., p.24.
24 Wendy Goldman Rohm, op. cit., p.46.
25 Roger Ailes, 《You Are the Message》, New York: Currency, 1988; Ken Auletta, op. cit.
26 Michael Wolff, 《The Man Who Owns the News: Inside the Secret World of Rupert Murdoch》, New York: Broadway Books, 2008/2010, pp.282~283.
27 David Brock, Ari Rabin-Havt, and Media Matters for America, 《The Fox Effect: How Roger Ailes Turned a Network into a Propaganda Machine》, New York: Anchor Books, 2012, p.38.
28 David Brock, Ari Rabin-Havt, and Media Matters for America, ibid., pp.63~64.
29 안수찬, 〈"입 닥쳐" 뉴스를 보게 될까: 지상파 아니지만 막강한 상업성과 영향력을 지닌 '폭스TV'〉, 《한겨레21》, 제771호(2009년 7월 31일).
30 홍제성, 〈"폭스 뉴스, 비밀 감시조직 운영" 前 간부〉, 연합뉴스, 2011년 7월 21일.
31 강인규, 《나는 스타벅스에서 불온한 상상을 한다: 미국, 미국문화 읽기》, 인물과사상사, 2008, 179쪽; Richard A. Viguerie and David Franke, op. cit., pp.219~221.
32 비키 쿤켈, 박혜원 옮김, 《본능의 경제학: 본능 속에 숨겨진 인간행동과 경제학의 비밀》, 사이, 2009, 85~86쪽.
33 Richard A. Viguerie and David Franke, op. cit., pp.219~221.
34 Ken Auletta, op. cit., p.253.
35 Roger Ailes and Jon Kraushar, 《You Are the Message: Getting What You Want By Being Who You Are》, New York: Currency, 1988/1989, p.xv. 오하이오 대학(Ohio University at

Athens) 신문방송학과를 졸업한 에일스는 이 학과가 자신에게 방송에 대한 열정을 갖게 해준 곳이었다며, 1994년부터 학생들에게 장학금을 지원했고, 2007년엔 이 학과의 방송 실습실을 두 배로 확충할 수 있게끔 상당한 돈을 기부했다. 그는 유명 여성 앵커 바버라 월터스(Barbara Walters)의 오랜 친구기도 하다. 〈Roger Ailes〉, Wikipedia.

[36] David Carr, 〈When Fox News Is the Story〉, 《The New York Times》, July 7, 2008.

[37] Scott Collins, op. cit., p.32.

[38] 강준만, 《춤추는 언론 비틀대는 선거: 언론과 선거의 사회학》, 아침, 1992, 166~168쪽.

[39] Scott Collins, op. cit., p.34.

[40] 이기홍, 〈反오바마 폭스 뉴스 시청률 쑥〉, 《동아일보》, 2009년 8월 24일; Ross R. Douthat, 〈The Coverage of Sarah Palin〉, 《The New York Times》, January 21, 2011; Alexander Zaitchik, 《Common Nonsense: Glenn Beck and the Triumph of Ignorance》, Hoboken, NJ: John Wiley & Sons, 2010, p.50.

[41] 권태호, 〈미 방송 진행자들 대놓고 오바마 비판〉, 《한겨레》, 2009년 10월 14일; 이하원, 〈"폭스 뉴스는 공화당 홍보 매체"〉, 《조선일보》, 2009년 10월 13일; Brian Stelter, 〈Fox's Volley With Obama Intensifying〉, 《The New York Times》, October 12, 2009.

[42] 황유석, 〈감정싸움… '여우'에 못 당하는 백악관〉, 《한국일보》, 2009년 10월 21일; Jim Rutenberg, 〈Behind the War between White House and Fox〉, 《The New York Times》, October 23, 2009.

[43] 성기홍, 〈美 폭스 뉴스 CEO 대선 출마설 소동〉, 연합뉴스, 2009년 10월 24일.

[44] 강진구, 〈"폭스 뉴스는 공화당의 자금 공급책"〉, 《경향신문》, 2010년 9월 4일.

[45] 심혜리, 〈"미국 보수화 선동 폭스 뉴스… 그 중심엔 로저 아일스"〉, 《경향신문》, 2011년 8월 12일.

[46] 심혜리, 위의 글; David Brock, Ari Rabin-Havt, and Media Matters for America, op. cit., p.18.

[47] 〈"FOX 뉴스·MSNBC 없애라" 미 록펠러 상원의원 요구〉, 《국민일보》, 2010년 11월 19일.

[48] Joseph Minton Amann and Tom Breuer, op. cit.; Peter Hart, op. cit.; Kerwin Swint, op. cit.

[49] Scott Collins, op. cit., p.171.

[50] David Brock, Ari Rabin-Havt, and Media Matters for America, op. cit., pp.56~58.

[51] 안수찬, 앞의 글.

[52] Michael Wolff, op. cit., p.346.

[53] 장우성, 〈'폭스 뉴스'를 통해 본 재벌의 언론시장 진출: 미국 대표적 우파 보도 채널… 보수적 선정성으로 시장 장악〉, 《기자협회보》, 2009년 8월 26일.

[54] 민병두, 〈FOX '최고의 뉴스 채널' 우뚝〉, 《문화일보》, 2002년 12월 2일; 이철민, 〈CNN, 우울한 25주년〉, 《조선일보》, 2005년 6월 1일; Scott Collins, op. cit., p.171.

[55] 김종혁, 〈TV 뉴스 진실성 싸고 美서 논란〉, 《중앙일보》, 2003년 10월 17일; 허광준, 〈미국인이 사담 후세인을 여전히 미워하는 까닭〉, 《시사IN》, 2008년 8월 9일.

56 W. Lance Bennett et al., 《When the Press Fails: Political Power and the News Media from Iraq to Katrina》, Chicago, IL: The University of Chicago Press, 2007, p.160.
57 이기홍, 〈클린턴-폭스 뉴스 '코드 편향' 공방〉, 《동아일보》, 2006년 9월 29일; Howard Kurtz, op. cit., pp.290~296.
58 Michael D. Shear, 〈Ailes Tells Fox Anchors to "Tone It Down"〉, 《The New York Times》, January 11, 2011.
59 Jacques Steinberg, 〈Fox News, Media Elite〉, 《The New York Times》, November 11, 2004.
60 Brian Anderson, op. cit.; 《방송동향과 분석》, 통권 241호(2006년 10월 15일), 63~67쪽.
61 David Brock, Ari Rabin-Havt, and Media Matters for America, op. cit., pp.107, 112~113.
62 최경영, 〈폭스 뉴스의 '미친' 존재감〉, 《시사IN》, 제174호(2011년 1월 21일).
63 Astroturf는 1966년에 나온 인조 잔디로 미국 우주 프로그램의 중심지인 텍사스주 휴스턴에 세워진 실내 스포츠 경기장 Astrodome에 최초로 사용되었기 때문에 astro라는 이름이 붙었다. Astroturf는 비유적으로 관제 또는 특정 세력의 지원과 부추김을 받아 움직이는 '사이비 풀뿌리 운동'을 뜻한다. Grant Barrett, ed., 《Oxford Dictionary of American Political Slang》, New York: Oxford University Press, 2004, p.34.
64 Lee Harris, 《The Next American Civil War: The Populist Revolt Against the Liberal Elite》, New York: Palgrave, 2010; John M. O'Hara, 《A New American Tea Party: The Counterrevolution Against Bailouts, Handouts, Reckless Spending, and More Taxes》, Hoboken, NJ: Wiley, 2010; Scott Rasmussen and Douglas Schoen, 《Mad As Hell: How the Tea Party Movement Is Fundamentally Remaking Our Two-Party System》, New York: Harper, 2010; Kate Zernike, 《Boiling Mad: Inside Tea Party America》, New York: Times Books, 2010.
65 Andrew Gelman et al., 《Red State, Blue State, Rich State, Poor State: Why Americans Vote the Way They Do》, Princeton, NJ: Princeton University Press, 2008, pp.145, 183.
66 David Callahan, 《Fortunes of Change: The Rise of the Liberal Rich and the Remaking of America》, Hoboken, NJ: John Wiley & Sons, 2010, pp.31~32.
67 Andrew Gelman et al., op. cit., p.24.
68 Ronald Brownstein, 《The Second Civil War: How Extreme Partisanship Has Paralyzed Washington and Polarized America》, New York: Penguin Books, 2007, p.11; Donald Green et al., 《Partisan Hearts and Minds: Political Parties and the Social Identities of Voters》, New Haven, Conn.: Yale University Press, 2002; Matthew Levendusky, 《The Partisan Sort: How Liberals Became Democrats and Conservatives Became Republicans》, Chicago: University of Chicago Press, 2009, pp.1~3; Sean M. Theriault, 《Party Polarization in Congress》, New York: Cambridge University Press, 2008, p.226.
69 Kerwin Swint, op. cit., p.3.

70 Jeffrey P. Jones, 《Entertaining Politics: New Political Television and Civic Culture》, New York: Rowman & Littlefield, 2005, p.51.
71 Kerwin Swint, op. cit., p.164.
72 Jeffrey P. Jones, 《Entertaining Politics: New Political Television and Civic Culture》, New York: Rowman & Littlefield, 2005, p.51.
73 Kerwin Swint, op. cit., p.164.
74 민병두, 앞의 글; Joseph M. Amann, J. M. and Tom Breuer, 《Sweet Jesus, I Hate Bill O'Reilly》, New York: Nation Books, 2006, pp.181~182; Kerwin Swint, op. cit., pp.165~167.
75 〈Roger Ailes〉, Wikipedia.
76 Ken Auletta, op. cit., p.251; David Brock, Ari Rabin-Havt, and Media Matters for America, op. cit., pp.16~17.
77 Robert Bernstein, 〈The Speed Trap〉, John de Graaf, ed., 《Take Back Your Time: Fighting Overwork and Time Poverty in America》, San Francisco, CA: Berrett-Koehler Publishers, 2003, p.103; Susan Gregory Thomas, 《Buy, Buy Baby: How Consumer Culture Manipulates Parents and Harms Young Minds》, New York: Mariner Books, 2007, p.224.
78 Catherine Lutz and Anne Lutz Fernandez, 《Carjacked: The Culture of the Automobile & Its Effect on Our Lives》, New York: Palgrave, 2010, pp.150~151; Howard Kurtz, 《Hot Air: All Talk All the Time-How the Talk Show Culture Has Changed America》, New York: BasicBooks, 1996/1997, p.259.
79 Richard A. Viguerie and David Franke, op. cit., pp.188~189.
80 권태호, 〈'극우 편향 폭스 뉴스, 주요 이슈마다 '선정·왜곡·편파'〉, 《한겨레》, 2011년 1월 5일; 이청솔, 〈오바마를 향해 거침없이 쏴라〉, 《경향신문》, 2009년 10월 14일; Dan Balz and Ronald Brownstein, 《Storming the Gates: Protest Politics and the Republican Revival》, New York: Little, Brown and Co., 1996, pp.169~171; Brian Stelter and Bill Carter, 〈Fox News's Mad, Apocalyptic, Tearful Rising Star〉, 《The New York Times》, March 30, 2009; Alexander Zaitchik, op. cit., pp.50, 200~209.
81 Jeffrey P. Jones, 《Entertaining Politics: New Political Television and Civic Culture》, New York: Rowman & Littlefield, 2005, pp.47~48.
82 Michael Wolff, op. cit., p.282.
83 최경영, 앞의 글.
84 Paul R. La Monica, op. cit., 2009, p.76.
85 David Brock, Ari Rabin-Havt, and Media Matters for America, op. cit., p.59.
86 하태원, 〈폭스 뉴스〉, 《동아일보》, 2011년 10월 5일; James L. Baughman, 《The Republic of Mass Culture: Journalism, Filmmaking, and Broadcasting in America since 1941》, 3rd ed., Baltimore, MD: The Johns Hopkins University Press, 2006; David Carr and Tim

Arango, 〈A Fox Chief at the Pinnacle of Media and Politics〉, 《The New York Times》, January 10, 2010; Peter Hart, op. cit.; Kerwin Swint, op. cit., pp.160~164.
[87] 권태호, 〈왜곡 일삼는 '폭스 뉴스', 시청률 · 신뢰도는 '1위'〉, 《한겨레》, 2010년 3월 17일.
[88] 김동준, 〈미국인 49% 폭스 뉴스 가장 신뢰〉, 《PD 저널》, 2010년 2월 10일.
[89] Ellen McCarthy and Paul Farhi, 〈How Fox News Changed the Face of Journalism〉, 《The Washington Post》, October 14, 2011.
[90] 채인택, 〈"보수엔 철퇴, 진보엔 솜방망이": 미국 보수의 디바, 뉴욕타임스 이중잣대 꼬집어〉, 《중앙일보》, 2007년 6월 30일.
[91] Andrew Gelman et al., op. cit.; Robert D. Putnam, 《Bowling Alone: The Collapse and Revival of American Community》, New York: Touchstone Book, 2000.
[92] Robert D. Putnam and David E. Campbell, 《American Grace: How Religion Divides and United Us》, New York: Simon & Schuster, 2010, p.516.
[93] David Berreby, 《US & THEM: The Science of Identity》, Chicago: University of Chicago Press, 2008; Frances E. Lee, 《Beyond Ideology: Politics, Principles, and Partisanship in the U.S. Senate》, Chicago: University of Chicago Press, 2009; Bruce Rozenblit, 《Us Against Them: How Tribalism Affects the Way We Think》, Kansas City, MO: Transcendent Publications, 2008.
[94] 〈MSNBC〉, Wikipedia.
[95] 성기홍, 〈'뉴욕타임스'가 되고 싶은 CNN의 고민〉, 《기자협회보》, 2012년 5월 9일.
[96] 이태규, 〈중도 언론이 설 자리 없는 미국 대선〉, 《기자협회보》, 2012년 10월 10일.
[97] 조준형, 〈美 선택 2012 MSNBC · 폭스 '오바마 · 롬니 홍보 대리전?〉, 연합뉴스, 2012년 11월 6일.
[98] 성기홍, 앞의 글.
[99] Richard Wolffe, 《Revival: The Struggle for Survival Inside the Obama White House》, New York: Crown Publishers, 2010, p.198.
[100] Jack Huberman, 《101 People Who Are Really Screwing America》, New York: Nation Books, 2006, p.227.
[101] Tammy Bruce, 《The American Revolution: Using the Power of the Individual to Save Our Nation from Extremists》, New York: William Morrow, 2005, p.12.
[102] James MacGregor Burns, 《Running Alone: Presidential Leadership–JFK to BUSH II Why It Has Failed and How We Can Fix It》, New York: Basic Books, 2006, p.187.
[103] Geoffrey Layman, 《The Great Divde: Religious and Cultural Conflict in American Party Politics》, New York: Columbia University Press, 2001, pp.6~15.
[104] Erik Wemple, 〈'Fair and Balanced: Fox's not-so-secret weapon〉, 《The Washington Post》, October 7, 2011.
[105] 이우탁, 〈대선 패배 美 공화당 고민 "폭스 뉴스와 거리 둘까"〉, 연합뉴스, 2012년 11월 13일.
[106] 안수찬, 앞의 글.

107) 이재진·정철운, 〈'언론 장악' MB 5년차… 눈물·분노 뒤엔 희망도 있다: 인물로 본 2012 언론계〉, 《미디어오늘》, 2012년 12월 20일.
108 정연우, 〈편향적 종편에 미래는 없다〉, 《경향신문》, 2012년 12월 8일.
109 문현숙·유선희, 〈언론사들 유례없는 장기 파업… 종편은 대선 편파 보도 '얼룩'〉, 《한겨레》, 2012년 12월 26일.
110 전홍기혜, 〈'막말' 윤창중, 박근혜 '공포정치'의 신호탄: 종편과 나꼼수, 그리고 윤창중〉, 프레시안, 2012년 12월 26일.

2 중립은 곧 악의 편이다

1 이태희, 〈민주당, '원자'가 되어 나가자〉, 《한겨레21》, 제765호(2009년 6월 19일).
2 박창식, 〈"정당 정치 한계 느꼈다… 시민 정치 운동 나설 것": 이해찬 전 국무총리〉, 《한겨레》, 2009년 8월 7일.
3 안병진, 〈옳은 것이 강한 것을 이긴다〉, 《한겨레》, 2010년 9월 2일.
4 문성근 외, 《문성근의 유쾌한 100만 민란》, 길가메시, 2011, 45쪽.
5 김보협, 〈올 3월 말 출범하는 새로운 시민 정치 운동 '내가 꿈꾸는 나라'… 다양한 사회 정치적 요구를 SNS와 정치캠페인 통해 결집시키는 한국판 '무브온'〉, 《한겨레21》, 제850호(2011년 3월 2일); 이경태, 〈조국 교수 "한국판 무브온 시작합니다"〉, 오마이뉴스, 2011년 3월 10일.
6 천관율, 〈2012년 선거판 흔들 '한국판 무브온' 시동 걸다〉, 《시사IN》, 제189호(2011년 5월 3일).
7 〈MoveOn.org〉, Wikipedia; Clay Shirky, 《Here Comes Everybody: How Change Happens When People Come Together》, New York: Penguin Books, 2008, pp.286~288.
8 조앤 블레이즈는 1956년생으로 버클리 대학에서 사학을 전공하고 골든게이트 대학 법대를 졸업한 이혼 문제 전문 여성 변호사이기도 하다. 블레이즈보다 4살 연하인 웨스 보이드는 컴퓨터 전문가로 졸업은 하지 못했지만 버클리 대학을 다녔다. 1987년에 결혼한 두 사람은 바로 그 해에 버클리 시스템스를 창업했다. 〈Blades, Joan and Boyd, Wes〉, 《Current Biography》, August 2004, p.15.
9 Matthew Hindman, 《The Myth of Digital Democracy》, Princeton, NJ: Princeton University Press, 2009, p.140; 〈MoveOn.org〉, Wikipedia; 우태희, 《오바마 시대의 세계를 움직이는 10대 파워》, 새로운 제안, 2008, 313쪽; 무브온(MoveOn.org), 송경재 외 역, 《나라를 사랑하는 50가지 방법》, 리북, 2010, 21쪽.
10 Daniel Bennett and Pam Fielding, 《The Net Effect: How Cyberdemocracy Is Changing the Political Landscape》, Merrifield, MA: e-advocates Press, 1999, p.34; David Karpf, 《The MoveOn Effect: The Unexpected Transformatrion of American Political Advocacy》, New York: Oxford University Press, 2012, p.4.
11 Richard A. Viguerie and David Franke, 《America's Right Turn: How Conservatives Used

News and Alternative Media to Take Power》, Chicago: Bonus Books, 2004, pp.306~307; Theodore Hamm, 《The New Blue Media: How Michael Moore, MoveOn.org, Jon Stewart and Company Are Transforming Progressive Politics》, New York: The New Press, 2008, p.86~87; 우태희, 앞의 책, 315쪽.

12 우태희, 위의 책, 324~325쪽.

13 Russell Brooker and Todd Schaefer Brooker, 《Public Opinion in the 21st Century: Let the People Speak?》, New York: Houghton Mifflin Co., 2006, p.162; David Karpf, 《The MoveOn Effect: The Unexpected Transformation of American Political Advocacy》, New York: Oxford University Press, 2012, p.28; Joe Trippi, 《The Revolution Will Not Be Televised: Democracy, the Internet, and the Overthrow of Everything》, New York: ReganBooks, 2004, p.117; Matthew Hindman, op. cit., p.27; 〈Blades, Joan and Boyd, Wes〉, 《Current Biography》, August 2004, p.17.

14 Ronald Brownstein, 《The Second Civil War: How Extreme Partisanship Has Paralyzed Washington and Polarized America》, New York: Penguin Books, 2007, p.337; Theodore Hamm, op. cit., pp.x~xiii; Christian Crumlish, 《The Power of Many: How the Living Web Transforming Politics, Business, and Everyday Life》, San Francisco, CA: SYBEX, 2004, p.31; 〈MoveOn.org〉, Wikipedia; 이미숙, 〈'큰손' 소로스 부시 때리기〉, 《문화일보》, 2004년 10월 30일; 강준만, 《미국사 산책 16: 제국의 그늘》, 인물과사상사, 2010, 41쪽.

15 Eric Boehlert, 《Bloggers on the Bus: How the Internet Changed Politics and the Press》, New York: Free Press, 2009, pp.14~17; 류재훈, 〈공화 후보는 '폭스 뉴스'를 좋아해〉, 《한겨레》, 2007년 8월 20일; 이정애·권귀순, 〈블로거들 '폭스 뉴스에 광고를 중단하라' 운동〉, 《한겨레》, 2008년 7월 5일.

16 우태희, 앞의 책, 316쪽.

17 Theodore Hamm, op. cit., pp. 100~101; 〈MoveOn.org〉, Wikipedia.

18 Charles Leadbeater, 《WE-THINK》, 2nd ed., London, UK: Profile Books, 2009, pp.188~189.

19 이춘재, 〈온라인 청원·시위… '아고라' 능가하는 '무브온'〉, 《한겨레》, 2008년 9월 6일.

20 류재훈, 〈보로사지 "이번 대선, 보수 종말·진보 시대 열 것": 미국 미래연구소장 보로사지 인터뷰〉, 《한겨레》, 2008년 10월 30일.

21 John F. Bibby and Brian F. Schaffner, 《Politics, Parties, Elections in America》, 6th ed., Boston, MA: Thompson Wadsworth, 2008, p.127; Ronald Brownstein, op. cit., pp.337~338; Stanley B. Greenberg, 《The Two Americas: Our Current Political Deadlock and How to Break It》, New York: Thomas Dunne Books, 2005, pp.409~410.

22 Ronald Brownstein, op. cit., pp.332~334; Christian Crumlish, op. cit., p.41; MoveOn.org, 《MoveOn's 50 Ways to Love Your Country: How to Find Your Political Voice and Become a Catalyst for Change》, San Francisco, CA: Inner Ocean Publishing, 2004;

Richard A. Viguerie and David Franke, op. cit., pp.306~307; 이춘재, 앞의 글; 이태희, 〈촛불의 지구전〉, 《한겨레21》, 제719호(2008년 7월 14일).

[23] David Karpf, op. cit., pp.130~131; Kate Zernike, 《Boiling Mad: Inside Tea Party America》, New York: Times Books, 2010, pp.31~37.

[24] Jennifer Steinhauer, 〈The G.O.P.'s Very Rapid Response Team〉, 《The New York Times》, October 24, 2011; Nicholas Confessore, 〈Ex-Romney Aide Steers Vast Machine of G.O.P. Money〉, 《The New York Times》, July 21, 2012.

[25] Daniel Bennett and Pam Fielding, op. cit., pp.32~33; David Callahan, 《Fortunes of Change: The Rise of the Liberal Rich and the Remaking of America》, Hoboken, NJ: John Wiley & Sons, 2010, p.184.

[26] James G. Gimpel and Jason E. Schuknecht, 《Patchwork Nation: Sectionalism and Political Change in American Politics》, Ann Arbor: The University of Michigan Press, 2004.

[27] 박명림, 〈한국의 국가형성, 1945~48: 미시적 접근과 해석〉, 이우진·김성주 공편, 《현대 한국 정치론》, 사회비평사, 1996, 130~131쪽; 박찬표, 《한국의 국가형성과 민주주의: 미 군정기 자유민주주의의 초기 제도화》, 고려대학교 출판부, 1997, 253쪽.

[28] 배영대, 〈이분법 정치가 국민 분열시켜 중용적 상상력 지닌 지도자 필요〉, 《중앙일보》, 2012년 3월 28일.

[29] 남궁욱, 〈"선거 때면 노무현 팔아 정치하는데 진짜 친노는 문재인·유시민·이해찬"〉, 《중앙일보》, 2012년 4월 5일.

[30] 김낙기, 〈억지와 궤변이 춤추는 나라〉, 《조선일보》, 2012년 3월 20일.

[31] 장성호, 〈난장판 폭력국회의 뿌리〉, 《경향신문》, 2008년 12월 29일.

[32] 한스 디터 겔페르트(Hans-Dieter Gelfert), 이미옥 옮김, 《전형적인 미국인: 미국과 미국인 제대로 알기》, 에코리브르, 2002/2003, 47~48쪽.

[33] 그레고리 핸더슨(Gregory Henderson), 박행웅·이종삼 옮김, 《소용돌이의 한국 정치》, 한울아카데미, 1968/2000.

[34] 김성국, 〈제8장 한국 시민사회의 구조적 불안정성과 시민권력 형성의 과제〉, 김일철 외, 《한국 사회의 구조론적 이해: 숨겨진 권력, 드러난 변화》, 아르케, 1999, 327~328쪽.

[35] 고영복, 《한국인의 성격: 그 변혁을 위한 과제》, 사회문화연구소, 2001, 10~11쪽; 김재영, 《한국 사상 오디세이》, 인물과사상사, 2004, 312~313쪽.

[36] 안병진, 〈시민운동과 정치를 구분하던 시대는 지났다〉, 《중앙일보》, 2012년 3월 3일.

[37] Benjamin R. Barber, 《A Place for Us: How to Make Society Civil and Democracy Strong》, New York: Hill and Wang, 1998, p.52.

[38] 권대열, 〈"親·反 정권 갈린 공무원들, 정책 집행 어렵게 해"〉, 《조선일보》, 2012년 5월 21일.

[39] Cass R. Sunstein, 《Why Societies Need Dissent》, Cambridge, MA: Harvard University Press, 2003; Cass R. Sunstein, 《Going to Extremes: How Like Minds Unite and Divide》,

New York: Oxford University Press, 2009.

40 Nicholas Carr, 《The Big Switch: Rewriting the World, from Edison to Google》, New York: W.W. Norton, 2008, pp.228~231.

41 Russell Brooker and Todd Schaefer Brooker, op. cit.; Tammy Bruce, 《The American Revolution: Using the Power of the Individual to Save Our Nation from Extremists》, New York: William Morrow, 2005; Richard Davis, 《The Web of Politics: The Internet's Impact on the American Political System》, New York: Oxford University Press, 1999; C. J. Glynn et al., 《Public Opinion》, 2nd ed., Boulder, CO: Westview, 2004; V. L. Hutchings, 《Public Opinion and Democratic Accountability: How Citizens Learn about Politics》, Princeton, NJ: Princeton University Press, 2003; Patricia M. Wallace, 《The Psychology of the Internet》, Cambridge, United Kingdom: Cambridge University Press, 1999.

42 캐스 R. 선스타인(Cass R. Sunstein), 이정인 옮김, 《우리는 왜 극단에 끌리는가》, 프리뷰, 2009/2011, 78쪽.

43 캐스 R. 선스타인(Cass R. Sunstein), 위의 책, 79쪽.

44 백지운, 〈전 지구화 시대 중국의 '인터넷 민족주의'〉, 《황해문화》, 제48호(2005년 가을), 219쪽.

45 엘리 패리저(Eli Pariser), 이현숙·이정태 옮김, 《생각 조종자들》, 알키, 2011, 10, 20쪽.

46 Tammy Bruce, 《The New Thought Police: Inside the Left's Assault on Free Speech and Free Minds》, New York: Forum, 2001; Diane Ravitch, 《The Language Police: How Pressure Groups Restrict What Students Learn》, New York: Alfred A. Knopf, 2003.

47 Bernard Goldberg, 《Arrogance: Rescuing America from the Media Elite》, New York: Warner Books, 2003, p.19.

48 Charles J. Sykes, 《A Nation of Victims: The Decay of the American Character》, New York: St. Martin's Press, 1992, pp.163~174; 빌 브라이슨(Bill Bryson), 정경옥 옮김, 《빌 브라이슨 발칙한 영어 산책: 엉뚱하고 발랄한 미국의 거의 모든 역사》, 살림, 1994/2009, 619~628쪽.

49 캐스 R. 선스타인(Cass R. Sunstein), 박지우·송호창 옮김, 《왜 사회에는 이견이 필요한가》, 후마니타스, 2003/2009, 226쪽.

50 정우상, 〈"사이버 정치 너무 심한 것 아냐": 인터넷 최대 수혜자 여당안에서 우려 목소리〉, 《조선일보》, 2005년 5월 14일.

51 양정대, 〈여야, 외곽단체 언어폭력 '몸살'〉, 《한국일보》, 2005년 5월 14일.

52 배성규, 〈"당게파 140명이 야당 흔들어": 중진들 "더 이상 못 참아" 대응 모임 추진〉, 《조선일보》, 2005년 5월 18일.

53 이철호, 〈여(與) 홈피 '당게 낭인' 12인이 점령〉, 《세계일보》, 2005년 6월 20일.

54 Wayne Rash, 《Politics on the Nets: Wiring the Political Process》, New York: W. H. Freeman, 1997, p.92.

55 모규엽, 〈'72시간 릴레이 집회, 이틀째 6만여 명 참석' … 영화 보고 춤추고 '촛불 축제장'〉, 《국민

일보》, 2008년 6월 7일.
56 Morris P. Fiorina et al., 《Culture War?: The Myth of a Polarized America, 3rd ed.》, New York: Longman, 2011, pp.188~192.
57 David Horowitz, 《The Art of Political War and Other Radical Pursuits》, Dallas: Spence Publishing Co., 2000, p.47.
58 Ronald Brownstein, op. cit., pp.377~378.
59 John F. Bibby and Brian F. Schaffner, op. cit., pp.157~158.
60 Francisco Panizza, 〈Introduction: Populism and the Mirror of Democracy〉, Francisco Panizza, ed., 《Populism and the Mirror of Democracy》, New York: Verso, 2005, p.22.
61 김지섭, 〈정봉주 팬카페 "이해찬 뽑아줬으니, 정봉주 빼내라"〉, 《조선일보》, 2012년 6월 12일; 윤태곤, 〈'두 번째 시험대' 오른 문재인, 활로는 어디?〉, 《프레시안》, 2012년 6월 29일; 이범수, 〈이해찬, 0.5% 차 극적 뒤집기 한 곳 찾아보니〉, 《서울신문》, 2012년 6월 11일; 황대진·박국희, 〈親盧·2030·모바일에 뒤집힌 野 경선〉, 《조선일보》, 2012년 6월 11일.
62 선대식·남소연, 〈최장집 "민주당 모바일 투표는 나쁜 혁명"〉, 《오마이뉴스》, 2012년 6월 19일.
63 이남주, 〈당심과 모바일심〉, 《경향신문》, 2012년 6월 15일.
64 류정화, 〈안철수식 총선 강연 정치 "정당보다 개인을 보라"〉, 《중앙일보》, 2012년 4월 4일, 5면.
65 양원보, 〈유시민 "중립은 없다"… 안철수 선택 압박〉, 《중앙일보》, 2012년 4월 6일, 4면.
66 곽재훈, 〈유시민 "안철수, 요 며칠 발언은 새누리당에 도움"〉, 프레시안, 2012년 4월 6일.
67 박국희, 〈안, 어제는 광주 오늘은 대구: 안철수, 탈이념·무당파 강조〉, 《조선일보》, 2012년 4월 4일, A5면.
68 이성희, 〈김제동 "나는 정치색 없다… 웃기는 데 좌우가 있나"〉, 《경향신문》, 2009년 10월 13일.
69 허문명, [허문명 기자의 사람이야기] '트위터 팔로어 130만 명' 작가 이외수: "좌파냐 우파냐 굳이 묻는다면, 난 '내 멋대로 살고파' 다"〉, 《동아일보》, 2012년 4월 30일.
70 Russell Brooker and Todd Schaefer Brooker, op. cit., p.264.
71 Hahrie Han, 《Moved to Action: Motivation, Participation, and Inequality in American Politics》, Stanford, CA: Stanford University Press, 2009, p.9.
72 Morris P. Fiorina et al., 《Culture War?: The Myth of a Polarized America》, 3rd ed., New York: Longman, 2011, pp.202~206.
73 류태건, 〈참여정부식 참여 민주주의를 비판한다〉, 《월간 인물과 사상》, 2005년 1월, 208~219쪽.
74 김신영, 〈"요즘 지도자들, SNS 눈치 보기 급급… 이젠 포퓰러리즘(populism) 시대": NYT 칼럼니스트 프리드먼 "리더가 대중에 끌려다녀… 포퓰리즘보다 더 인기 영합"〉, 《조선일보》, 2012년 6월 26일.
75 박경철, 《시골의사 박경철의 자기혁명》, 리더스북, 2011, 338~339쪽.
76 김소정, 〈인터뷰/트윗119 운영 집단계정 폭파 막는 박경귀 참개인가치연대 대표〉, 데일리안, 2011년 4월 21일.
77 유창선, 《정치의 재발견: 소셜미디어, 대한민국 정치의 판을 바꾸다!》, 지식프레임, 2012, 134쪽.

78 박송이, 〈19대 국회 초선 의원 42% "나는 중도다"〉, 《주간경향》, 제981호(2012년 6월 26일).
79 안병진, 《"다시, 정의의 길로 비틀거리며 가다": 전환기 시민 정치를 생각하며》, 당대, 2012, 40쪽.
80 전홍기혜, 〈'막말' 윤창중, 박근혜 '공포정치'의 신호탄: 종편과 나꼼수, 그리고 윤창중〉, 프레시안, 2012년 12월 26일.
81 송경재, 〈역자 서문〉, 무브온(MoveOn.org), 앞의 책, 10쪽.
82 Robert D. Putnam, 《Bowling Alone: The Collapse and Revival of American Community》, New York: A Touchstone Book, 2000, pp.341~343.
83 Gerry Shih, 〈Online Activism Finds a Home in San Francisco〉, 《The New York Times》, July 1, 2011.
84 David M. Anderson, 〈Cautious Optimism about Online Politics and Citizenship〉, David M. Anderson and Michael Cornfield, eds., 《The Civic Web: Online Politics and Democratic Values》, New York: Rowman & Littlefield, 2003, p.25.
85 R. J. Sternberg and K. Sternberg, 김정희 역, 《우리는 어쩌다 적이 되었을까?》, 21세기북스, 1998/2010, 147쪽.
86 David Berreby, 《US & THEM: The Science of Identity》, Chicago: University of Chicago Press, 2008; Bruce Rozenblit, 《Us Against Them: How Tribalism Affects the Way We Think》, Kansas City, MO: Transcendent Publications, 2008.
87 P. Bachrach and A. Botwinick, 《Power and Empowerment: A Radical Theory of Participatory Democracy》, Philadelphia, PA: Temple University Press, 1992, p.32; R. J. Dalton, 《Citizen Politics: Public Opinion and Political Parties in Advanced Industrial Democracies》, 4th ed., Washington, D.C.: CQ Press, 2006, pp.27~28.

3 우리의 소원은 소통입니다

1 김진석, 《기우뚱한 균형》, 개마고원, 2008, 239~240쪽.
2 Ronald Brownstein, 《The Second Civil War: How Extreme Partisanship Has Paralyzed Washington and Polarized America》, New York: Penguin Books, 2007, p.13.
3 Ronald Brownstein, Ibid., p.221.
4 Charles M. Blow, 〈Tea Party Tailspin〉, 《The New York Times》, March 4, 2011.
5 김민구, 〈"美 '정치'가 망가졌다": 브루킹스硏 보고서… 납세저항운동 '티 파티' 등 장외정치 인기〉, 《조선일보》, 2010년 3월 29일.
6 Alan I. Abramowitz, 《The Disappearing Center: Engaged Citizens, Polarization, and American Democracy》, New Haven: Yale University Press, 2010, p.x; Ronald Brownstein, op. cit., p.11; Theriault, Sean M. Theriault, 《Party Polarization in Congress》, New York: Cambridge University Press, 2008, p.226.

7 Marc J. Hetherington and Jonathan D. Weiler, 《Authoritarianism & Polarization in American Politics》, New York: Cambridge University Press, 2009, pp.25~26.
8 Frances E. Lee, 《Beyond Ideology: Politics, Principles, and Partisanship in the U.S. Senate》, Chicago: University of Chicago Press, 2009, pp.191~192.
9 Alan I. Abramowitz, op. cit.; Bill Bishop, 《The Big Sort: Why the Clustering of Like-Minded America Is Tearing Us Apart》, New York: Mariner Books, 2009; Earl Black and Merle Black, 《Divided America: The Ferocious Power Struggle in American Politics》, New York: Simon & Schuster, 2007; Jon R. Bond and Richard Fleisher, eds., 《Polarized Politics: Congress and the President in a Partisan Era》, Washington, D.C.: CQ Press, 2000; Juliet Eilperin, 《Fight Club Politics: How Partisanship Is Poisoning the House of Representatives》, New York: Rowman & Littlefield, 2006; Morris P. Fiorina et al., 《Culture War?: The Myth of a Polarized America》, 3rd ed., New York: Longman, 2011; Stanley B. Greenberg, 《The Two Americas: Our Current Political Deadlock and How to Break It》, New York: Thomas Dunne Books, 2005; James Davison Hunter and Alan Wolfe, 《Is There a Culture War?: A Dialogue on Values and American Public Life》, Washington, D.C.: Brookings Institution Press, 2006; Geoffrey Layman, 《The Great Divide: Religious and Cultural Conflict in American Party Politics》, New York: Columbia University Press, 2001; Matthew Levendusky, 《The Partisan Sort: How Liberals Became Democrats and Conservatives Became Republicans》, Chicago: University of Chicago Press, 2009.
10 Earl Black and Merle Black, Ibid., p.17.
11 Robert D. Putnam and David E. Campbell, 《American Grace: How Religion Divides and United Us》, New York: Simon & Schuster, 2010, p.516.
12 Robert D. Putnam, 《Bowling Alone: The Collapse and Revival of American Community》, New York: Touchstone Book, 2000; Andrew Gelman et al., 《Red State, Blue State, Rich State, Poor State: Why Americans Vote the Way They Do》, Princeton, NJ: Princeton University Press, 2008.
13 James G. Gimpel and Jason E. Schuknecht, 《Patchwork Nation: Sectionalism and Political Change in American Politics》, Ann Arbor: The University of Michigan Press, 2004.
14 이규태, 《한국인의 버릇 1: 버리고 싶은 버릇》, 신원문화사, 1991.
15 그레고리 핸더슨(Gregory Henderson), 박행웅·이종삼 옮김, 《소용돌이의 한국 정치》, 한울아카데미, 1968/2000.
16 최장집, 《민주화 이후의 민주주의: 한국 민주주의의 보수적 기원과 위기》, 후마니타스, 2002.
17 David Brooks, 〈The Modesty Manifesto〉, 《The New York Times》, March 10, 2011.
18 임혁백, 〈민주화 시대의 국가—시민사회 관계의 틀 모색: 국가, 시장, 민주주의〉, 한국 사회학회·

한국정치학회 편, 《한국의 국가와 시민사회》, 한울, 1992, 394~395쪽.
[19] Robert H. Frank and Philip J. Cook, 《The Winner-Take-All Society: Why the Few at the Top Get So Much More Than the Rest of Us》, New York: Penguin Books, 1995.
[20] 홍성태, 〈'군사적 성장주의'와 성수대교의 붕괴〉, 이병천·이광일 편, 《20세기 한국의 야만 2》, 일빛, 2001, 371~378쪽; 우석훈, 《괴물의 탄생》, 개마고원, 2008.
[21] 오원철, 《한국형 경제건설 3》, 기아경제연구소, 1996.
[22] 강준만, 《한국생활문화사전》, 인물과사상사, 2006, 684쪽.
[23] Douglas E. Schoen, 《The Political Fix: Changing the Game of American Democracy, From the Grass Roots to the White House》, New York: Times Books, 2010, pp.182~183.
[24] Ronald Brownstein, op. cit., pp.372~374.
[25] Sidney Blumenthal, 《The Strange Death of Republican America: Chronicles of a Collapsing Party》, New York: Union Square Press, 2008, p.292.
[26] Alexander Zaitchik, 《Common Nonsense: Glenn Beck and the Triumph of Ignorance》, Hoboken, NJ: John Wiley & Sons, 2010; Ross Douthat, 〈The Coverage of Sarah Palin〉, 《The New York Times》, January 21, 2011.
[27] 김민환, 〈또 하나의 명예혁명을 위해〉, 《한국일보》, 2008년 6월 10일.
[28] Jennifer Preston, 〈Internet Users Turned to Networks in Elections, Survey Finds〉, 《The New York Times》, March 17, 2011.

4 정치인들은 쓰레기다

[1] 정재철, 〈한국 신문과 복지 포퓰리즘 담론: 동아일보와 한겨레신문을 중심으로〉, 《언론과학연구》, 11권 1호(2011), 372~399쪽.
[2] 임석규, 〈보수, 진보 공격의 진화 "빨갱이 포퓰리즘": MB·오세훈·김문수 입 열면 "포퓰리즘"〉, 《한겨레》, 2011년 1월 8일.
[3] 정상호, 〈노무현 정권, '반개혁' 공세에 어떻게 대응할 것인가: '포퓰리즘 논쟁'과 '정치 개혁'을 중심으로〉, 《인물과 사상 26》, 개마고원, 2003, 121~124쪽.
[4] Lee Harris, 《The Next American Civil War: The Populist Revolt Against the Liberal Elite》, New York: Palgrave, 2010, pp.20,224.
[5] 김우택, 〈라틴아메리카의 경제적 포퓰리즘: 정치 경제학적 접근〉, 철학연구회 편, 《디지털 시대의 민주주의와 포퓰리즘》, 철학과현실사, 2004, 174쪽.
[6] John Lukacs, 《Democracy and Populism: Fear & Hatred》, New Haven: Yale University Press, 2005, p.61.
[7] 안윤모, 〈민중주의〉, 김영한 엮음, 《서양의 지적운동 II》, 지식산업사, 1998, 249~250쪽.
[8] Willis A. Carto, ed., 《Profiles in Populism》, Old Greenwich, CT: Flag Press, 1982; Willis

A. Carto, ed., 《Populism vs. Plutocracy: The Universal Struggle》, Washington, D.C.: Liberty Lobby, 1996; Richard A. Viguerie, 《The Establishment vs. The People: Is a New Populist Revolt on the Way?》, Chicago, Ill.: Regnery Gateway, 1983; Kate Zernike, 《Boiling Mad: Inside Tea Party America》, New York: Times Books, 2010.
9 정상호, 앞의 책, 124~125쪽.
10 서병훈, 《포퓰리즘: 현대민주주의 위기와 선택》, 책세상, 2008, 256~259쪽.
11 신진욱, 〈'대중민주주의'와 '포퓰리즘' 구분해야〉, 《한겨레》, 2010년 3월 25일; 안병진, 〈'진보는 대중민주주의', '보수는 포퓰리즘' 이분법적 구분 깨야〉, 《한겨레》, 2010년 4월 1일; 이동연, 〈포퓰리즘에 담긴 정치적 무의식 읽어야〉, 《한겨레》, 2010년 4월 8일; 이세영, 〈포퓰리즘 민주주의 '병리 현상' 아닌 '필수 요소': 지식인 사회 '포퓰리즘 다시 보기'〉, 《한겨레》, 2010년 3월 18일; 조희연, 〈대중 열망 아우를 전략적 '좌익 포퓰리즘' 상상한다면〉, 《한겨레》, 2010년 4월 22일; 최한수, 〈이념으로서의 '포퓰리즘'〉, 《한겨레》, 2010년 4월 1일.
12 이한구, 〈디지털 시대의 다양한 민주주의와 그 정당성〉, 철학연구회 편, 《디지털 시대의 민주주의와 포퓰리즘》, 철학과현실사, 2004, 35쪽.
13 김병국·서병훈·유석춘·임현진 공편, 《라틴아메리카의 도전과 좌절: 격동하는 정치사회》, 나남, 1991, 155쪽.
14 최한수, 앞의 글.
15 유석재, 〈중국인들은 왜 마오쩌둥의 마법에 걸렸나: 중국 문화대혁명 시기 학문과 예술〉, 《조선일보》, 2008년 1월 12일.
16 서병훈, 앞의 책, 21쪽.
17 임석규, 앞의 글; 정상호, 앞의 책, 99~130쪽; 홍윤기, 〈포퓰리즘과 민주주의: 한국 사회의 포퓰리즘 담론과 민주주의 내실화 과정을 중심으로〉, 철학연구회 편, 《디지털 시대의 민주주의와 포퓰리즘》, 철학과현실사, 2004, 284~338쪽.
18 김일영, 〈민주화, 신자유주의적 포퓰리즘, 그리고 한국: 김대중 정권과 노무현 정권을 중심으로〉, 철학연구회 편, 《디지털 시대의 민주주의와 포퓰리즘》, 철학과현실사, 2004, 11~40쪽.
19 강주화, 〈보수 단체도 '인터넷 결집' 나섰다〉, 《국민일보》, 2004년 11월 11일, 7면.
20 백철, 〈인터넷계의 '조중동', 성장과 한계〉, 《주간경향》, 제980호(2012년 6월 19일).
21 김광동 외, 《노무현과 포퓰리즘 시대》, 기파랑, 2010; 윤계섭·윤정호, 《한국경제의 자살을 막아라: 민주화와 포퓰리즘의 도전》, 한국경제신문, 2008; 이건개, 《포퓰리즘은 죽어야 한다》, 랜덤하우스, 2007.
22 조혜정, 〈'좌 클릭' 아닌 '친서민'이라 불러다오?〉, 《한겨레21》, 2011년 7월 18일.
23 백욱인, 〈모바일 소셜 네트워크 서비스와 사회운동의 변화〉, 《동향과 전망》, 84호(2012), 130~159쪽.
24 Ernesto Laclau, 《On Populist Reason》, New York: Verso, 2007; Benjamin Arditi, 〈Populism as an Internal Periphery of Democratic Politics〉, F. Panizza, ed., 《Populism and the Mirror of Democracy》, New York: Verso, 2005, pp.72~98.
25 강준만, 《한국인 코드》, 인물과사상사, 2006, 57~75쪽.

26 이강은·오승재, 〈사법 불신 위험수위: 국민 10명 중 7명 "유권무죄(有權無罪) 무권유죄(無權有罪)"〉, 《세계일보》, 2005년 4월 1일, 1면.
27 〈실형 만기 복역 8.3%: 사정에 걸린 '비리 거물' 어떻게 처리됐나〉, 《동아일보》, 2005년 1월 13일, 1면.
28 이태동, 〈노무현 정부와 '역사의 사슬'〉, 《문화일보》, 2005년 8월 22일, 31면.
29 윤중식, 〈국회의원 시의원 직업윤리 꼴찌 1·2위〉, 《국민일보》, 2006년 10월 18일, 9면.
30 라경균, 〈"정치인은 메뚜기떼 닮았다"〉, 《전북일보》, 2006년 8월 30일, 18면.
31 박노자, 《나를 배반한 역사》, 인물과사상사, 2003, 81~82쪽.
32 류정민, 〈'나는 꼼수다' 열풍, 정치 혐오 장벽을 허물다〉, 《미디어오늘》, 2011년 12월 28일.
33 Lee Harris, op. cit., pp.58~59; Richard Hofstadter, 《The Paranoid Style in American Politics and Other Essays》, Cambridege, MA: Harvard University Press, 1952/1996, pp.8~9.
34 Jeffrey Bell, 《Populism and Elitism: Politics in the Age of Equality》, Washington, D.C.: Regnery Gateway, 1992, pp.76~91.
35 김재한, 《합리와 비합리의 한국 정치사회: 맑은 물에도 정치가 산다》, 소화, 1998, 12쪽.
36 홍영림, 〈여론조사기관들 "한나라 경선 조사? 아이고, 안 할래요"〉, 《조선일보》, 2007년 8월 8일.
37 기획취재팀, 〈여론조사 공화국/민심측정 넘어 '심판관' 노릇〉, 《한국일보》, 2007년 2월 27일, 1면.
38 이동훈, 〈여론조사 후보 선출, 한국만의 '유행가'〉, 《한국일보》, 2007년 8월 6일.
39 Thomas Frank, 《One Market Under God: Extreme Capitalism, Market Populism, and the End of Economic Democracy》, New York: Doubleday, 2000; Wes D. Gehring, 《Populism and the Capra Legacy》, Westport, CT: Greenwood Press, 1995; Michael Kazin, 《The Populist Persuasion: An American History》, New York: Basic Books, 1995.
40 John Street, 《Politics & Popular Culture》, Philadelphia, PA: Temple University Press, 1997, pp.45~60.
41 Jeffrey P. Jones, 《Entertaining Politics: New Political Television and Civic Culture》, New York: Rowman & Littlefield, 2005, pp.40~41.
42 Eric O'Keefe, 《Who Rules America: The People vs. The Political Class》, Spring Green, WI: Citizen Government Foundation, 1999.
43 박승관, 〈한국 사회와 소통의 위기: 소통의 역설과 공동체의 위기〉, 한국언론학회 엮음, 《한국 사회의 소통 위기》, 커뮤니케이션북스, 2011, 156쪽.
44 천규석, 《쌀과 민주주의》, 녹색평론사, 2004, 240쪽.
45 안병진, 〈시민운동과 정치를 구분하던 시대는 지났다〉, 《중앙일보》, 2012년 3월 3일.
46 Kenneth Prewitt and Alan Stone, 《The Ruling Elites: Elite Theory, Power, and American Democracy》, New York: Harper & Row, 1973, p.4.
47 Murray Edelman, 《Constructing the Political Spectacle》, Chicago: University of Chicago Press, 1988, pp.73~83.

48 Eric Hoffer, 《The True Believer: Thoughts on the Nature of Mass Movements》, New York: Harper & Row, 1951, p.96.
49 Douglas Hyde, 《Dedication and Leadership: Learning from the Communists》, Notre Dame, Indiana: University of Notre Dame Press, 1966, pp.59~60.
50 Willard Gaylin, 《Hatred: The Psychological Descent into Violence》, New York: PublicAffairs, 2003, p.121.
51 민영·노성종, 〈소통의 조건: 한국 사회의 시민 간 정치 대화 탐구〉, 한국언론학회 엮음, 《한국 사회의 소통 위기》, 커뮤니케이션북스, 2011, 324~353쪽; 임혁백, 〈한국에서의 불통의 정치와 소통 정치의 복원〉, 한국언론학회 엮음, 《한국 사회의 소통 위기》, 커뮤니케이션북스, 2011, 3~32쪽.
52 E. J. Dionne, Jr., 《Why Americans Hate Politics》, New York: Simon & Schuster, 1991, pp.331~332.

5 '100대 0'의 증오에서 '51대 49'의 이성으로

1 류재훈, 〈힐러리 오바마는 한 뿌리?〉, 《한겨레》, 2007년 3월 27일; 오재식, 〈추천사/힘없는 사람들에게 희망을 심어준 알린스키〉, 솔 D. 알린스키, 박순성·박지우 옮김, 《급진주의자를 위한 규칙: 현실적 급진주의자를 위한 실천적 입문서》, 아르케, 1971/2008, 10쪽.
2 임성수, 〈힐러리-오바마 '정치 스승'은 알린스키 교수〉, 《국민일보》, 2007년 3월 26일; 류재훈, 위의 글; 고태성, 〈이론가 힐러리·행동가 오바마 '젊은 날 좌파의 추억'〉, 《한국일보》, 2007년 3월 27일; 김진호, 〈'알린스키 빈민 운동' 힐러리·오바마 이념의 뿌리〉, 《경향신문》, 2007년 3월 27일.
3 Stephen Hart, 《Cultural Dilemmas of Progressive Politics: Styles of Engagement among Grassroots Activists》, Chicago: The University of Chicago Press, 2001, p.72.
4 오재식, 앞의 책, 8~9쪽.
5 Stephen Hart, op. cit., p.79.
6 Sanford D. Horwitt, 《Let Them Call Me Rebel: Saul Alinsky-His Life and Legacy》, New York: Vintage Books, 1989/1992, p.39.
7 Sanford D. Horwitt, Ibid., p.260.
8 Saul D. Alinsky, 《Reveille for Radicals》, New York: Vintage Books, 1946/1989, pp.19, 21~23.
9 Saul D. Alinsky, Ibid., pp.44, 47.
10 Saul D. Alinsky, Ibid., p.192.
11 Saul D. Alinsky, Ibid., pp.193~194.
12 Saul D. Alinsky, Ibid., p.100.
13 Sanford D. Horwitt, op. cit., p.260.

14 진덕규, 〈대중운동론(에릭 호퍼 지음)〉, 권혁소 외, 《현대사조의 이해(III)》, 평민사, 1984, 169~170쪽.
15 Eric Hoffer, 《The True Believer》, New York: Harper & Row, 1951, pp.20~27.
16 Richard Wolffe, 《Renegade: The Making of a President》, New York: Three Rivers Press, 2009, pp.60~62.
17 Sanford D. Horwitt, op. cit., p.469.
18 Sanford D. Horwitt, Ibid., pp.469~470.
19 Saul D. Alinsky, 〈Afterword to the Vintage Edition〉, 《Reveille for Radicals》, New York: Vintage Books, 1946/1989, pp.224~225.
20 Richard Wolffe, op. cit., pp.60~62.
21 Erwin C. Hargrove, 《The Power of the Modern Presidency》, New York: Alfred A. Knopf, 1974; Carl M. Brauer, 〈Kennedy, Johnson, and the War on Poverty〉, 《The Journal of American History》, 69(June 1982), pp.98~119; Earl Raab, 〈What War and Which Poverty?〉, 《The Public Interest》, 3(Spring 1966), pp.45~56; Max Ways, 〈"Creative Federalism" and the Great Society〉, 《Fortune》, January 1966, pp.121~123, 222~229.
22 Sanford D. Horwitt, op. cit., p.472.
23 Sanford D. Horwitt, Ibid., pp.524~526; Saul D. Alinsky, op. cit., p.229.
24 Sanford D. Horwitt, Ibid., p.528.
25 타리크 알리(Tariq Ali), 수잔 왓킨스(Susan Watkins), 안찬수·강정석 옮김, 《1968: 희망의 시절, 분노의 나날》, 삼인, 2001; Lance Morrow, 〈The Whole World Was Watching〉, 《Time》, August 26, 1996, pp.26~27.
26 솔 D. 알린스키, 앞의 책, 33쪽.
27 Sanford D. Horwitt, op. cit., p.533.
28 솔 D. 알린스키, 앞의 책, 40쪽.
29 솔 D. 알린스키, 위의 책, 41~42쪽.
30 솔 D. 알린스키, 위의 책, 125쪽.
31 솔 D. 알린스키, 위의 책, 54~55, 58쪽.
32 솔 D. 알린스키, 위의 책, 132~133쪽.
33 솔 D. 알린스키, 위의 책, 107~108쪽.
34 솔 D. 알린스키, 위의 책, 69~92쪽.
35 솔 D. 알린스키, 위의 책, 195~199쪽.
36 Sanford D. Horwitt, op. cit., p.535.
37 Robert W. McChesney, 《The Problem of the Media: U.S. Communication Politics in the 21st Century》, New York: Monthly Review Press, 2004, p.251; Robert W. McChesney and John Nichols, 《The Death and Life of American Journalism: The Media Revolution That Will Begin the World Again》, Philadelphia, PA: Nation Books, 2010, pxiv.
38 Frances Moore Lappe and Paul Martin Du Bois, 《The Quickening of America: Rebuilding

Our Nation, Remaking Our Lives》, San Francisco, CA: Jossey-Bass, 1994, pp.58~59.
39 Kate Zernike, 《Boiling Mad: Inside Tea Party America》, New York: Times Books, 2010, pp.38~39.
40 오재식, 앞의 책, 6쪽.
41 오재식, 위의 책, 15쪽.
42 최인기, 〈[우리 사회의 빈민 운동사](3) 70년대 도시 빈민 운동〉, 참세상, 2010년 4월 14일.
43 박순성, 〈역자 후기〉, 솔 D. 알린스키, 앞의 책, 282쪽.
44 임지선, 〈[운동합시다] 나는 얼마나 운동을 갈망하나〉, 《한겨레21》, 제792호(2010년 1월 1일).
45 고동우, 〈이명박 정권이 하면 모든 게 '쇼' 인가〉, 《시사IN》, 99호(2009년 8월 8일).
46 박상훈, 〈말의 공격성〉, 《경향신문》, 2010년 1월 8일.
47 오재식, 앞의 책, 13~14쪽.

맺는 말 왜 안철수의 도전은 실패했나?

1 윌러드 게일린(Willard Gaylin), 신동근 옮김, 《증오》, 황금가지, 2003/2009, 19쪽.
2 Tammy Bruce, 《The American Revolution: Using the Power of the Individual to Save Our Nation from Extremists》, New York: William Morrow, 2005, pp.204~213.
3 김경화, 〈대선 202일 전… 국민 물음에 계속 둘러대는 안철수〉, 《조선일보》, 2012년 5월 31일.
4 김경진, 〈안철수 "정치인, 북한 문제에 입장 솔직히 밝혀야 옳다"〉, 《중앙일보》, 2012년 5월 31일.
5 박래용, 〈대한민국 국민 절반이 울었다… 울고 있다〉, 《경향신문》, 2012년 12월 20일.
6 이창곤, 〈진보 개혁의 성찰과 길: 일상의 정치〉, 《한겨레》, 2012년 12월 27일.
7 김희경, 〈"대선 패배 사죄" 민주 초선 의원들 1000배〉, 《한국일보》, 2012년 12월 27일.
8 홍종학, 〈반성(1) – 이제는 말할 수 있다〉, 2013년 1월 8일; http://www.hongjonghaak.com/454.
9 정용인, 〈'멘붕 진보' 어디서부터 다시 시작할 것인가〉, 《경향신문》, 2012년 12월 31일.
10 김대호, 〈[담론비평] (대선후보 TV토론 소감) 담대한 개혁만 얘기해도 시간이 모자란데…: 분노, 증오, 혐오, 공포에 불을 지르면 이기나?〉, 사회디자인연구소, 2012년 12월 05일.
11 이남희, 〈[국민의 선택 박근혜] 통합진보는 文의 X맨〉, 《동아일보》, 2012년 12월 24일.
12 최보윤, 〈'저항 시인' 김지하, "안철수는 깡통, 박근혜는…"〉, 《조선일보》, 2012년 11월 7일.
13 황장수, 〈[황장수의 고집 있는 세상 읽기] 진정한 담론이 없는 꼬일 대로 꼬인 사회〉, wikitree OPM, 2012년 12월 28일.
14 곽병찬, 〈안철수식 새 정치의 탈선〉, 《한겨레》, 2012년 10월 11일.
15 김진, 〈안철수는 과연 새 정치인가〉, 《중앙일보》, 2012년 11월 12일.
16 강준만, 《안철수의 힘: 2012 시대정신은 '증오의 종언' 이다》, 인물과사상사, 2012, 378쪽.
17 이은영, 〈워커힐 억센 기운에 맞선 최종현, '명당' 아니면 공장 부지도 바꾸는 이건희: '풍수 박사' 최창조가 들려주는 재벌과 풍수〉, 《신동아》, 2007년 7월, 255면.

18 고정애, 〈청와대 공간을 다시 생각함〉, 《중앙일보》, 2012년 6월 28일.
19 백영철, 〈'청와대 터가 안 좋다?' 역대 대통령 모두…〉, 《세계일보》, 2012년 7월 10일.
20 김진국, 〈구중궁궐에 갇힌 대통령〉, 《중앙일보》, 2012년 7월 27일.
21 강준만, 〈왜 한국의 청와대는 후진국형 공간인가〉, 《세계 문화의 겉과 속》, 인물과사상사, 2012, 189~196쪽.
22 고정애·김경진, 〈20년 묵은 숙제, 청와대 리디자인: 대통령 집무실 이전이냐 개조냐… 공간의 통치학〉, 《중앙일보》, 2012년 12월 13일; 〈청와대 공간, 소통형으로 재배치해야(사설)〉, 《중앙일보》, 2012년 12월 14일; 안병진, 〈미국 대통령제 성공 비밀은 백악관 공간 정치에 있다: 리더십의 공간, 백악관은 어떻게 운영되나〉, 《중앙일보》, 2012년 12월 15일.
23 박명림, 〈'안철수 현상' 읽는 법〉, 《중앙일보》, 2011년 9월 15일.
24 정태인, 〈'안철수의 생각' 어떻게 할 것인가〉, 《PD저널》, 2012년 7월 25일, 7면.
25 조지 스테파노풀러스, 최규선 옮김, 《너무나 인간적인》, 생각의나무, 1999, 206쪽.
26 하워드 진(Howard Zinn), 이아정 옮김, 《오만한 제국: 미국의 이데올로기로부터 독립》, 당대, 2001, 111쪽.
27 딕 모리스, 홍대운 옮김, 《신군주론》, 아르케, 2002, 204쪽.
28 로버트 윌슨 편, 허용범 옮김, 《대통령과 권력》, 나남, 2002, 23~24쪽.
29 로버트 사무엘슨, 〈대통령 능력에 대한 환상〉, 《뉴스위크 한국판》, 2004년 9월 15일.
30 정은희, 〈러시아의 스탈린 숭배 물결:《국제통신》"자본주의가 부르는 전체주의로의 노스텔지어"〉, 참세상, 2010년 5월 17일.
31 제임스 맥그리거 번스(James MacGregor Burns), 조중빈 옮김, 《역사를 바꾸는 리더십》, 지식의날개, 2006, 39쪽.
32 서한기, 〈유명 만화가 교수 '폭탄 발언' "안철수 대통령 되면…": 이원복 덕성여대 교수, 안철수에 쓴소리… 대통령 되면 식물로 전락〉, 《매일경제》, 2012년 6월 25일.
33 송채경화, 〈한겨레 기자, 새누리당 출입하더니 변했다?〉, 《한겨레》, 2012년 12월 27일.
34 이철희, 〈민주당, 아직도 '질서있는 수습' 타령인가?〉, 프레시안, 2012년 12월 24일.
35 송용창, 〈"문재인 위해 트위터 그만두자" 얘기도〉, 《한국일보》, 2012년 12월 25일.
36 장은교, 〈안민석 의원 "시종일관 친노 몇몇 분들이 캠프 주도"〉, 《경향신문》, 2012년 12월 25일; 김영환, 〈지금부터 시작이다, 친노의 잔도(棧道)를 불태우라!: 민주, '어제의 패배' 아닌 '내일의 패배' 두려워해야〉, 프레시안, 2012년 12월 23일.
37 장은교, 〈전해철 "대선 패배는 모두의 책임… 친노 일방 책임 주장 맞지 않다"〉, 《경향신문》, 2012년 12월 27일.
38 조기숙, 〈문 캠프, 신념만 투철했지 전략이 없었다〉, 오마이뉴스, 2012년 12월 26일.
39 이와 관련, 전 참여연대 공동대표 박상증은 "친노 세력이 민주당을 하이재킹(납치)했다"라고까지 말한다. 〈시사토크 판〉, 《TV 조선》, 2012년 1월 8일.
40 박권일, 〈[야! 한국 사회] 감수성 전쟁〉, 《한겨레》, 2013년 1월 1일.
41 김기용, 〈윤여준 "진보, 상대를 악으로 놓고 반대만 하다 패배"〉, 《동아일보》, 2013년 1월 8일.

42 김대호, 〈18대 대선의 교훈과 향후 전망(4) 진짜 패인에 대한 오래된 생각: Swing Voter의 시각에서〉, 사회디자인연구소, 2013년 1월 11일.
43 노재현, 〈문화·예술계 '넝쿨당' 고리 끊자〉, 《중앙일보》, 2012년 12월 29일.
44 정희준, 〈민주당에 왼뺨, 안철수에 오른뺨〉, 《경향신문》, 2013년 1월 15일.
45 송평인, 〈안철수를 분석해야 민주당이 보인다〉, 《동아일보》, 2013년 1월 10일.
46 박송이, 〈[특집 친노 바로 보기] "혁신하라, 친노!"〉, 《주간경향》, 제1009호(2013년 1월 15일).